横山直子 著
Yokoyama Naoko

徴税と
納税制度の
経済分析

An Economic
Analysis of
Tax Administrative
Systems

中央経済社

まえがき

　わが国の所得税において，源泉徴収制度は，徴税面・納税面という視点から見ると，非常に大きな役割を果たしている。特に給与所得に対する源泉徴収・年末調整制度は，わが国の所得税において大きな特徴を示しており，徴税効率を上げるという意味において，プラスの役割を果たしている。しかし，一方で，他の所得との徴税行政の公平性や，徴税コストなどの面から見ると，問題が存在しているといえる。

　本書は，主に，所得課税を中心に，徴税制度・納税制度の中に存在する問題について，焦点をあて，分析・検討を行うものである。本書の目的は，主に，以下の点である。

　第1に，所得税納税制度における，源泉徴収制度に着目し，申告納税制度と比較して，どのような特徴を有しているのかについて，様々な角度から探るということである。その際，特に給与所得に対する源泉徴収制度に注目する。

　第2に，徴税制度・納税制度における納税協力費（コスト）に焦点をあて，まず，納税協力費の意味を明らかにしたうえで，徴税・納税制度の中に存在する問題を考える際に，納税協力費が非常に重要なキーワードとなること，また，納税協力費に注目することが，非常に重要であるということについて見ていく。その際，納税協力費に関する先行研究は，イギリスにおける研究を中心に注目し，紹介する。

　第3に，主に，所得課税，中でも所得税と消費税においての徴税・納税システムにおける徴税費（コスト），納税協力費（コスト）の計測を試みるということである。特に，納税協力費の計測の試みに関しては，わが国においては，ほとんど行われていないので，この点については本書の大きな目的の1つである。

　第4に，イギリスにおける所得税について注目し，特にイギリスのPAYEシステム（PAYEシステムとは，賃金や給与からの税の源泉徴収に関する，

イギリスにおける Pay-As-You-Earn（PAYE）システムのことである。本書特に第3章参考）の特徴について，主にわが国の所得税における源泉徴収・年末調整システムとどのように異なっているのかなどについて探るということである。

第5に，主に所得税に関する，わが国における徴税・納税制度の方向性について探るということである。その際に，徴税効率，徴税行政の公平性，徴税費・納税協力費などを考慮に入れながら検討する。

そして第6に，わが国の徴税・納税制度における納税意識に着目し，徴税費，納税協力費との関連について注目し検討を深める。

本書は，以下のように構成している。本書は，序章，第1部，第2部，第3部，終章という構成になっており，第1部は，第1章から第3章，第2部は第4章から第8章，第3部は第9章から第11章である。

序章は，本書における，目的，視点，特徴を明らかにするとともに，本書の構造，構成を示している。また，本文の内容に密接に関連のある，源泉課税，源泉徴収制度の歴史に関する注目すべき点について触れる。

第1部は，徴税・納税の制度的分析に関するものである。

第1章「わが国における所得税納税システムの特徴」では，わが国の所得税納税システムの中で，申告所得納税者の人数や割合は低く，ある程度一定の割合に抑えられてきたのではないのか，という点に注目し，申告所得納税者数と源泉所得（特に給与所得）納税者数の推移や構成比，伸び比を見ていく。また，これに関連して，サラリーマンでも申告を行うケースについて，特定支出控除のもつ問題点について，着目し検討を行っていく。

第2章「わが国における申告納税制度と源泉徴収制度」は，申告納税制度と源泉徴収制度についての特徴を，より細かく検討しようとするものである。給与所得に対する所得税は，どのような特徴を有しているのか，また，申告納税と比較してどのような特徴があるのか，などについて検討を行っていく。様々な数値を用いることによって，なぜ，給与所得納税者は重税感・不公平感を感じているのかを中心に探っていく。

第3章「イギリスの所得税におけるPAYEシステムの特徴」は，イギリスにおける所得税について，その中でも，PAYEシステムに注目し，主に，その特徴を探っていくことを目的としている。PAYEシステムの特徴について，また，わが国の源泉徴収・年末調整システムとどのように特徴が異なっているのか，などについて探り，その中から，わが国における源泉徴収・年末調整システムについて考える際に，注目すべき点，重要な点について探っていく。

続いて第2部は，徴税・納税のコスト分析に関するものである。

第4章「納税システムにおける納税協力費－イギリスにおけるコスト分析を中心に－」は，納税協力費に注目し，主に，その根拠や位置づけを探ることを目的としている。納税協力費の根拠や位置づけを探る際には，イギリスにおける研究を主に紹介し，参考にしている。また，イギリスにおける，徴税（納税）システム，徴税費（コスト）に関して，いくつかの紹介を行う。

第5章「徴税コストと徴税行政の公平性－所得税納税システムの問題点－」は，わが国の納税システムの中での源泉徴収・年末調整システムの持つ問題点を，主に徴税コストと徴税行政の公平性に注目して検討することを目的としている。源泉所得税の徴税コストが低く抑えられていることを数値を示して表し，また，源泉所得税がないと仮定した場合に所得税全体の徴税コストはどれだけ増大することになるのか，さらに納税協力費をも含めた広義の徴税コストの値は源泉所得税と申告所得税の間でどれだけの差があるのかなどを算出する。

第6章「所得税に関する納税協力費の特徴」では，所得税に関する納税協力費に注目してより詳細に研究を深めその特徴を明らかにする。源泉所得税と申告所得税に関する納税協力費の値とその特徴を明らかにし，納税協力費を上昇させる要因は何かについて分析を行い，納税協力費を低くするためにはどのような方策が考えられるのかについて検討を深めていく。

第7章「消費税に関する納税協力費の特徴」は，消費税に関する納税協力費に注目し，より緻密に分析を進めながらその特徴を明らかにすることを目的としている。消費税の納税協力費に焦点をあて，納税協力費の値を算出し，消費税に関する納税協力費の重要性をより明らかにしながら消費税の納税協力費が有する特徴を詳細にとらえ，さらに納税協力費を低くすることを可能にする方

策について探っていく。

　第8章「所得税と住民税に関する徴税・納税制度」では，住民税に関する徴税費，納税協力費について値の算出を行い，住民税についての普通徴収，特別徴収それぞれに関する広義の徴税費の値の特徴を明らかにするために，普通徴収，特別徴収に関する数値の算出を試み，分析を進め，さらに所得税，住民税に関する納税協力費についての比較を行いながら，所得税と住民税に関する徴税制度，納税制度の方向性について探っていく。

　さらに続いて第3部は，納税意識と納税協力費の分析に関するものである。
　第9章「徴税・納税システムにおける納税意識」は，特に所得税に注目して，納税協力費をできるだけ低く抑え，納税意識を可能な限り高めるためにはどのような方策が考えられるのかについて探ることを目的としている。納税意識について，源泉徴収納税者がどのような意味で納税意識が低いといえるのかを詳しく探るために，納税意識の考え方を整理・分類しながら検討を行っていく。
　第10章「所得税と消費税の納税意識」では，申告所得税納税者，源泉徴収義務者，源泉所得税納税者，消費税納税義務者，消費税負担者それぞれの納税意識の特徴をきめ細かく詳細に分析し，納税意識に影響を与える要素を明確にしながら徴税・納税制度，徴税費の特徴を明確にし，さらに納税協力費の意義，重要性，特徴について一層明らかにしていく。
　第11章「地方税に関する納税協力費と納税意識」は，効率性と納税意識に注目し，より検討を深めようとするものであり，納税意識と効率性を高めることを可能にする徴税システムとはどのようなものであるかについて探っていくことを目的としている。徴税行政の効率性を高める場合に納税意識はどのように変化するのかについて，徴税行政の方向性を考え合わせながら検討を進めていく。そのため効率性について特に徴税行政の効率性に注目して検討していく。
　第12章「今後の徴税・納税制度」では，第11章までの分析・検討を通じて得られたことを考え合わせ，今後のわが国における徴税・納税制度の方向性に関して，特に述べておきたいことについて触れている。今後，マイナンバー制度の進展により，納税協力費，納税意識の意義，重要性はますます高まると考えられるため，マイナンバー制度と，主に，徴税費・納税協力費，納税意識と

の関連という観点から見ている

　本書の作成にあたって，多くの方々にご指導をいただいた。とりわけ，故山本栄一博士（元・関西学院大学教授）には，細やかな点まで丁寧にご指導いただき，心より深く感謝申し上げたい。山本栄一先生には，特に，現実に税，財政を取り巻く問題・課題に常に注目して研究を行うことの重要性をご教示いただいた。研究を進める中で，山本栄一先生からいただいたご恩は，あまりにも大きく，深く感謝している。また，林宜嗣関西学院大学教授には，広い視野で様々な観点から研究を進めることの重要性をいつも学ばせていただき，多大なるご教示をいただいている。

　本書は，関西学院大学に提出した学位論文『徴税と納税制度の経済分析－所得課税を中心に－』（平成18年9月，関西学院大学大学院経済学研究科学位取得，甲経第30号）を加筆修正したものである。学位論文を審査していただいた故山本栄一教授，林宜嗣教授，高林喜久生教授に感謝を申し上げたい。

　また，本書のもととなっている論文の多くは，日本財政学会，日本地方財政学会において報告させていただいているものであり，学会報告の際に，討論者の方，座長，フロアーの先生方から貴重なご意見をいただいた。また，すべてのお名前をお示しすることができないが，これらの先生方に心よりお礼を申し上げたい。

　本書を執筆するのに時間を要したため，現時点で読み返してみると，データの面で新しいとは言いにくい側面が見られるが，本書は，上述のように徴税制度・納税制度の中に存在する問題について，焦点をあてて分析・検討を行うものであり，本書を通して強調していること，今後の方向性として示していることは，現時点，そして今後の視点からも重要なものであると思われるためお許しいただきたい。

　本書がこのように出版できるのは，素晴らしい研究環境が整っている，本務校である大阪産業大学のおかげであるところが大きい。また，本書の出版にあたって，平成27年度大阪産業大学学会学術研究書出版助成より助成が与えられることとなった。心より感謝申し上げたい。

本書の出版にあたって，ご理解とご尽力いただいた中央経済社経営編集部の市田由紀子氏に厚く御礼申し上げたい。

2016年1月

横山　直子

目　次

まえがき

序　章　租税制度の徴税と納税をめぐる問題 ―― 1

1　本書の視点と特徴　1
2　勤労所得への源泉課税の導入
　　―1940年（昭和15年）の税制改革　4
3　申告納税制度の採用と勤労所得への源泉徴収の導入
　　―1947年（昭和22年）の税制改革　7
4　本章のまとめ　9

■ 第1部　徴税・納税制度の制度分析 ■

第1章　わが国における所得税納税システムの特徴 ―― 16

1.1　所得税納税システムの視点　16
1.2　所得税納税者数と税額の推移　17
　　1.2.1　所得税納税者数の推移　17
　　1.2.2　所得税額の推移　19
1.3　徴税担当者の推移　21
　　1.3.1　源泉徴収義務者数の推移　21
　　1.3.2　税務職員数の推移　22
1.4　所得税に関する税制改正と控除の変遷　24
　　1.4.1　所得税に関する主な税制改正　24
　　1.4.2　所得税における主な控除の変遷　26
　　1.4.3　給与所得控除　30
　　1.4.4　特定支出控除　31

1.5 申告納税と源泉徴収の方向性 33

第2章 わが国における申告納税制度と源泉徴収制度 ——— 37

2.1 給与所得納税者の税負担感 37
2.2 納税者数と税額に関する推移
　　　——所得種類別の推移を中心に 38
　　2.2.1　申告所得税の納税者数と税額 38
　　2.2.2　源泉所得税の税額 40
2.3 給与所得に対する源泉所得税 41
　　2.3.1　給与所得への源泉徴収の歴史 41
　　2.3.2　給与所得納税者の納税額 42
2.4 申告納税と源泉徴収に関する税額と納税者数の特徴 44
　　2.4.1　合計所得階級別の申告納税者数と納税額の推移 44
　　2.4.2　給与所得階級別の給与所得納税者数と税額の推移 45
2.5 給与所得に対する課税と申告納税制度 46
　　2.5.1　源泉徴収制度
　　　　　——給与所得に対する課税を中心に 46
　　2.5.2　申告納税制度 47
2.6 申告所得納税者と給与所得納税者の税負担感の要因 50

第3章 イギリスの所得税におけるPAYEシステムの特徴 ——— 53

3.1 PAYEシステムの観点 53
3.2 イギリスにおける所得税の特徴 54
　　3.2.1　所得税の創設 54
　　3.2.2　イギリスの所得税の特徴
　　　　　——シェデュールシステムを中心に 56
3.3 PAYEシステムのしくみと特徴 58

3.3.1　PAYEシステムのしくみ　58
　　　3.3.2　累積型システムと非累積型システム　60
　　　3.3.3　PAYEシステムにおけるタックス・コード　63
3.4　PAYEシステムのメリットや問題点として
　　　考えられている点　65
　　　3.4.1　PAYEシステムのメリットとして
　　　　　　考えられている点　66
　　　3.4.2　PAYEシステムの問題点として
　　　　　　考えられている点　66
　　　3.4.3　PAYEシステムの特徴に関してその他の
　　　　　　考えられている点　68
3.5　PAYEシステムと源泉徴収制度　69

第2部　徴税・納税のコスト分析

第4章　納税システムにおける納税協力費
　　　―イギリスにおけるコスト分析を中心に―　76

4.1　徴税費と納税協力費　76
4.2　納税協力費の意義と位置づけ　77
　　　4.2.1　納税協力費とは何か　77
　　　4.2.2　納税協力費の重要性　80
4.3　納税協力費を考える際の重要性　81
　　　4.3.1　納税協力費を考える際に注意しなければ
　　　　　　ならない点　81
　　　4.3.2　納税協力費をめぐる問題点　85
　　　4.3.3　納税協力費をめぐって今後重要な点,
　　　　　　さらに考えるべき点　85
4.4　イギリスにおける徴税・納税システムと徴税コスト　88
　　　4.4.1　課税当局（the Revenue Departments）と
　　　　　　税収　88
　　　4.4.2　職員数と徴税コスト　91
4.5　納税協力費の重要性の高まり　93

第5章　徴税コストと徴税行政の公平性
―所得税納税システムの問題点―――― 97

- 5.1 徴税行政の公平性の視点　97
- 5.2 制度的背景―源泉徴収制度のこれまでの動向　98
    - 5.2.1 源泉徴収制度の開始　98
    - 5.2.2 給与所得への源泉徴収開始　99
    - 5.2.3 年末調整制度の採用　100
    - 5.2.4 シャウプ勧告における源泉徴収制度のあり方　100
    - 5.2.5 シャウプ勧告以後の源泉徴収制度に関する改正　101
- 5.3 国税収入と徴税コストの推移　102
- 5.4 税別に見た徴税コストの動向　105
    - 5.4.1 税別に見た各税の徴税コスト　105
    - 5.4.2 申告所得税と源泉所得税の比較　107
- 5.5 徴税行政の公平性と徴税コスト　111

第6章　所得税に関する納税協力費の特徴 ―――― 115

- 6.1 所得税の納税協力費の多様性　115
- 6.2 所得税に関する納税協力費の重要性　116
    - 6.2.1 納税協力費に関する先行研究の概観　116
    - 6.2.2 納税協力費の重要性　119
- 6.3 納税協力費の計測　121
    - 6.3.1 測定方法　121
    - 6.3.2 納税協力費の計測と数値　124
- 6.4 所得税の納税協力費　127
    - 6.4.1 納税協力費の特徴　127
    - 6.4.2 納税協力費を低くする方策　130
- 6.5 納税協力費の注目すべき点　131

第 7 章 消費税に関する納税協力費の特徴 ——— 135

- 7.1 消費税への注目の高まり　135
- 7.2 消費税に関する納税協力費の測定　136
    - 7.2.1 消費税納税協力費の測定方法　136
    - 7.2.2 消費税納税協力費に関するベネフィットとロス　137
- 7.3 消費税の納税協力費が有する特徴　139
    - 7.3.1 納税協力費の大きさ　139
    - 7.3.2 納税協力費に関するベネフィットとロス　140
- 7.4 消費税に関する納税協力費の方向性　142
    - 7.4.1 簡易申告が一般申告となると想定する場合の納税協力費への影響　142
    - 7.4.2 課税期間が短縮される場合の納税協力費への影響　143
    - 7.4.3 消費税の納税協力費の方向性　146
- 7.5 消費税の方向性と重要な視点　148

第 8 章 所得税と住民税に関する徴税・納税制度 — 152

- 8.1 所得税と住民税の視点　152
- 8.2 住民税の徴税費・納税協力費　153
    - 8.2.1 住民税の徴税費　153
    - 8.2.2 住民税の納税協力費　154
- 8.3 所得税と住民税の徴税費・納税協力費の比較　155
    - 8.3.1 所得税と住民税の徴税費・納税協力費の比較と特徴　155
- 8.4 所得税と住民税に関する徴税・納税制度の方向性　159
    - 8.4.1 所得税と住民税の徴税・納税制度に関するしくみ　159
    - 8.4.2 現行と徴税一元化の場合の徴税費　163

8.5 徴税・納税制度の方向性と広義の徴税費の重要性　165

第3部　納税意識と納税協力費の分析

第9章　徴税・納税システムにおける納税意識 —— 170

9.1 納税協力費と納税意識の関連　170
9.2 納税協力費の分類　171
 9.2.1　納税協力費の整理　171
 9.2.2　わが国の納税協力費　173
9.3 納税意識の大きさと納税協力費　176
 9.3.1　納税意識　176
 9.3.2　納税意識と納税協力費の関係　176
9.4 納税協力費と納税意識の方向性　180
 9.4.1　納税協力費の変化の可能性　180
 9.4.2　わが国における納税協力費と納税意識の方向性　181
9.5 低い納税協力費と高い納税意識の実現のための方策　183

第10章　所得税と消費税の納税意識 —— 187

10.1 納税意識に影響を与える要素　187
10.2 所得税・消費税の徴税・納税制度と納税意識　188
 10.2.1　所得税，消費税の徴税費　188
 10.2.2　所得税，消費税の徴税費比較　190
 10.2.3　徴税・納税制度と納税意識　191
10.3 所得税・消費税に関する納税意識，納税協力費の大きさと徴税費　192
 10.3.1　所得税，消費税の納税協力費　193
 10.3.2　所得税，消費税に関する納税協力費の比較　196

　　　　10.3.3　所得税，消費税の徴税費・納税協力費
　　　　　　　　比較　200
　10.4　徴税・納税制度，徴税費，納税協力費の意義と
　　　　納税意識との関連の重要性　202
　　　　10.4.1　徴税・納税制度，徴税費，納税協力費と
　　　　　　　　納税意識の関連　202
　　　　10.4.2　徴税費，納税協力費と納税意識の関連の
　　　　　　　　重要性　203
　10.5　納税協力費の奥深さと納税意識との関連　204

第11章　地方税に関する納税協力費と納税意識 — 207

　11.1　住民税の税負担感の視点　207
　11.2　徴税行政の効率性の視点の整理　208
　　　　11.2.1　住民税の徴税システム　208
　　　　11.2.2　現行住民税徴税システムにおける
　　　　　　　　徴税コストと納税協力コスト　210
　11.3　納税意識の多様性　211
　　　　11.3.1　納税意識の意味の分類　211
　　　　11.3.2　住民税の負担感　211
　　　　11.3.3　納税意識を高めるための方策　215
　11.4　徴税行政の方向性と納税意識　218
　　　　11.4.1　現行の徴税システムと徴税一元化　218
　　　　11.4.2　徴税一元化による徴税効率と納税意識　221
　11.5　高い納税意識と徴税行政の効率性　223

第12章　今後の徴税・納税制度
　　　　　　―マイナンバー制度を考える― 227

　12.1　今後のわが国における徴税・納税制度の方向性
　　　　において重要な視点　227
　12.2　マイナンバー制度と納税協力費・納税意識　229
　　　　12.2.1　マイナンバー制度のしくみ　229

12.2.2 マイナンバー制度の意義
　　　　──税の観点を中心に　230
12.2.3 納税協力費，納税意識との関連　231

付　　録　納税協力費算定に関する資料　235
参考文献　241

索　引　248

※　注記の文献，文献の引用は，横山直子（2010）等，著者名と発行年だけを略記し，執筆者の名前，著書名，論文名，発行年，出版社名は，巻末の参考文献リストに掲載しています。

【初出一覧】

序　章	書き下ろし。
第1章	横山直子（2002）「わが国における所得税納税システムの特徴」『経済情報学論集』第16号を加筆修正。
第2章	横山直子（2003）「わが国における申告納税制度と源泉徴収制度」『経済情報学論集』第17号を加筆修正。
第3章	横山直子（2005b）「イギリスの所得税におけるPAYEシステムの特徴」『経済情報学論集』第21号を加筆修正。
第4章	横山直子（2005a）「納税システムにおける納税協力費―納税協力費の根拠と位置づけに関連して―」『経済情報学論集』第20号を加筆修正。
第5章	横山直子（1998）「わが国における所得税納税システムの問題点―徴税コストと徴税行政の公平性―」『関西学院経済学研究』第29号を加筆修正。
第6章	横山直子（2010）「所得税に関する納税協力費の特徴」『経済情報学論集』第29号を加筆修正。
第7章	横山直子（2011b）「わが国における消費税の納税協力費の特徴」『経済情報学論集』第31号を加筆修正。
第8章	横山直子（2009）「所得税と住民税に関する徴税制度・納税制度」『経済情報学論集』第28号を加筆修正。
第9章	横山直子（2008b）「納税協力費と納税意識」『経済学論究』第62巻第1号を加筆修正。
第10章	横山直子（2015）「徴税・納税制度と納税意識に関する研究―所得税・消費税を中心に―」『大阪産業大学経済論集』第16巻第1・2合併号を加筆修正。
第11章	横山直子（2008a）「地方財政における効率性と納税意識」『経済情報学論集』第26号を加筆修正。
第12章	書き下ろし。

序　章

租税制度の徴税と納税をめぐる問題

1　本書の視点と特徴

　本書は，様々な角度から分析・検討を行っていく[1]が，その中でキーワードとなるのは，主に，次の点である。
　徴税と納税，徴税行政の公平性，徴税費（コスト），納税協力費（コスト）[2]，徴税の効率性，源泉徴収制度，年末調整制度，納税意識。
　それぞれのキーワードの意味は，本書を通じて明らかにしていくが，このいくつかについて，本文に入る前に，若干の用語の説明をしておきたい。
　まず，徴税と納税についてであるが，徴税という用語は，特に徴税側の側面を強調する場合に用いて，納税という用語は，特に納税側の側面を強調する場合に用いている。徴税・納税システムの中に存在する問題を検討する際に，徴税，納税のどちらの側面から見ているかによって視点が異なるのであるから，両者について明確に区別しなければならない。
　徴税費[3]とは，徴税・納税システムの中で，徴税（者）側が負担する費用のことを示している。例えば，わが国における国税の場合，税務職員に関する費用などが含まれる。
　一方，納税協力費[4]とは，徴税・納税システムの中で，納税（者）側が負担する費用のことを示している[5]。納税者が納税を行うのに際して負担することとなる費用や，また，例えば，わが国における給与所得に対する所得税の場合，

企業が行う源泉徴収・年末調整に関する事務に関してかかる費用が含まれるということになる。

なお，本書では，サンフォード（C. Sandford）によるコストの分類を参考にして，この徴税費と納税協力費をあわせたものを広義の徴税費[6]として考えている。

次に，本書において検討している範囲を明確にしておきたい。

本書では，所得課税に大きな焦点をあてているわけであるが，基本的にはその中でも所得税について注目しており，さらに，給与所得に対する所得税を中心に焦点をあてている。

そのことに関連して，源泉徴収・年末調整制度について特に注目しているのであり，それを取り巻く問題などについて，徴税・納税システムという観点から検討を行っていくというものである。

続いてイギリスの所得税や徴税費などについて注目している点について，その意味を説明しておく。

まず第1に，イギリスは所得税をはじめて導入した国であるという点である。この点については，その背景も含めて非常に興味深い。また，イギリスの所得税は，PAYEシステムという特有のシステムを有しており，その特徴について，わが国の所得税における源泉徴収・年末調整システムとどのように異なっているのかなどについて探るということが，わが国の所得税納税システムを考える際に，重要な意味を持つと考えるからである。

さらに第2に，本書に関する研究を進めていくにあたって，2003年（平成15年）9月から2004年（平成16年）8月までの1年間，イギリスのオックスフォード大学（University of Oxford）に留学する機会を与えられ，本書の研究，本書の作成に関連する非常に有意義な研究を行うことができたからである。その間に様々な知識を得ることができ，その成果は，本書全体に及んでいるが，中でも，特に，本書第3章，第4章においてあらわしている。

以上をふまえて，本書の特徴について総括すると次のようになる。

1つ目は，所得税に関する徴税・納税システムにおける，徴税費と，さらに納税協力費に注目しているという点である。特に，納税協力費（コスト）に注目し，詳しく分析・検討を行っている点が，本書の大きな特徴の１つであることを強調しておきたい。

　2つ目は，わが国において，これまでにもほとんど計測されていない，納税協力費（コスト）について，試算を行っているということである。徴税費（コスト）に関して，納税協力費（コスト）も含めた広義の徴税費（コスト）の算出を試み，コストの分析・検討を行っているという点が本書の特徴の１つである。

　3つ目は，給与所得に対する所得税に関する源泉徴収・年末調整制度は，徴税効率を上げるという点においてのプラス面の一方で，徴税行政の公平性や徴税費，納税協力費の観点から見ると問題も多いという面について，検討を行っているという点である。

　4つ目は，納税意識に注目し，納税協力費をできるだけ低く抑え，納税意識を可能な限り高めるためにはどのような方策が考えられるのかを探っていることである。

　本書においては，本文の第1部，第2部を通して，主として所得課税に関する徴税・納税制度に注目しており，その中でも，給与所得に関する源泉徴収制度について，特に着目している。

　そこで，本文に入る前に，わが国における徴税・納税制度がどのように変遷してきたのかについて触れながら，いつから給与所得（勤労所得）に対する源泉徴収がはじまったのか，また，徴収義務者の役割はどのように考えられていたのかなどについて，見ておきたい[7]。

　給与所得（勤労所得）に対する源泉徴収について注目する際には，1940年（昭和15年）の税制改革と1947年（昭和22年）の税制改革が重要な改正である。この2つの税制改革は，重要な改革であり，本来ならば詳しく見ておく必要があるのであるが，ここでは，本書本文の内容にとって特に注目したい重要な問題に絞って見ておくこととしたい[8]。

　本章では，1940年（昭和15年）と1947年（昭和22年）の税制改革について，

特に給与所得（勤労所得）に関する源泉徴収について着目しながら，見ておきたい。

また，この2つの税制改革を見ることから，源泉課税，賦課課税，源泉徴収，申告納税のそれぞれについて明確にしておきたい。

2　勤労所得への源泉課税の導入
──1940年（昭和15年）の税制改革

1940年（昭和15年）の税制改革において，勤労所得に対する源泉課税[9]がはじめて導入された。1940年（昭和15年）の改革は，大規模な改革がなされた[10]という意味において，注目すべき非常に重要な改革である。

1940年（昭和15年）の税制改革の背景の1つについて，当時以前においても，何度も増税が行われていたのであるが，所得税の増徴に関してはその極限に達したように考えられ，所得税の抜本的改正を行わなければ，それ以上の税収入を得ることが困難な状態となった，とされている[11]。以下に見るように，この改正において，分類所得税制度の採用により，納税および徴税の簡易化を図るため，勤労所得への源泉課税など，源泉課税の分野が著しく拡大されるようになった[12]。

所得税に関する改革についての（本稿において注目したい）重要な点は，以下の通りである[13]。

1）　分類所得税と総合所得税の二本建制度とする。
2）　分類所得税は，個人所得を不動産所得，配当利子所得，事業所得，勤労所得，山林所得，退職所得の6種に分けて，種類ごとに異なった税率を課す。
3）　総合所得税は，個人について各種の所得を総合し，所得金額中5,000円を超える部分に対し，超過累進税率によって課税する。
4）　勤労所得に対する分類所得税は，源泉課税の方法による。

また，法人については，法人税を賦課することとし，それまで第一種所得税

とされていたものが独立した税目となった[14]。

　所得税制度における分類所得税と総合所得税の二本建制は理想的な制度であったというわけではなかったという指摘がある[15]。分類所得税を中心とする大衆課税のシステムとして所得税制を体系化しようとするものであった，と指摘されている[16]。

　分類所得税には，目標の1つに徴税の簡易化という大きな目標が与えられていた[17]。この徴税の簡易化のためにはできるだけ源泉課税の方法によることとし，勤労所得についても源泉課税の方法が採用されることとなった。勤労所得への源泉課税はわが国における最初の試みであって，その成果に対して多くの関心が持たれていた[18]。

　このときの改正において，源泉課税の持つ意義が，それ以前と比較して変化したことに注目することが重要である[19]。それ以前の源泉課税は，それ自体独立の意義を有しなかったのに対して，この改正における源泉課税は，分類所得税そのものとしても意義があると同時に，総合所得税に対しては，補充的意義を持つものであって，所得税における源泉課税の職分が大きな働きをするようになった[20]のである。

　当時の勤労所得に対する課税について，より細かく見ると，勤労所得は，その支給される場所の関係その他課税上の便宜から，甲種の勤労所得と乙種の勤労所得の2つに区分されていた[21]。このうち，源泉課税されるのは，甲種の勤労所得であり，乙種の勤労所得は賦課課税されるということになっていた[22]。乙種の勤労所得については，源泉課税ではなく，前年中の実績によって，賦課徴収されていたのである。

　甲種の勤労所得には，税法施行地において支払を受ける俸給，給料，歳費，費用弁償，年金，恩給および賞与ならびにこれらの性質を有する給与が該当し，乙種の勤労所得は，甲種の給与所得に属さない俸給，給料，歳費，費用弁償，年金，恩給および賞与ならびにこれらの性質を有する給与である[23]。

　また，課税技術上の問題から，常時，10人未満の者を雇っている個人雇主や，また，10人以上の者を雇っていても税務署長から源泉課税をすべき旨の指定のない個人雇主から受ける分は，乙種の勤労所得に該当していた[24]。法人は，指

定の必要なく源泉課税をしなければならないことになっていた[25]。

　ちなみに，勤労所得以外の所得についても目を向けると，甲種の配当利子所得，甲種の勤労所得，甲種の退職所得に対する分類所得税は，源泉課税の方法がとられていたが，その他の所得に対する分類所得税は，原則として前年中の実績により賦課徴収されていた[26]。

　このように，当時は，源泉課税と賦課課税という2つの徴税方法が存在していたということになるが，ここで，この両者の相違について整理しておきたい。

　源泉課税は，所得の生ずる源泉において税金を徴収するものであり，所得の発生時期と租税負担の時期とが同時になる徴税方法である[27]。

　一方，賦課課税は，納税義務者が申告し，税務署で調査し，さらに所得調査委員会の審議によって税務署長が決定するという手続きを経て，納期を区分して（当時は4期に区分）納税するものであり，所得の発生時期よりも租税負担の時期が後になる徴税方法である[28]。

　次に，甲種の勤労所得に対して採用されていた源泉課税について，徴税面，徴収面から見ておきたい。本書の本文において取り上げる中で，大きなキーワードの1つである「納税協力費」に関わる部分である点である。

　注目すべきは，支払者が給与を受ける者，それぞれについての税金を算出することは，かなり手数がかかることであるという点が指摘されていた[29]ということに関する点である。また，源泉課税の成果を上げるには，支払者の協力に期待する部分が大きいという点が指摘されていた[30]。

　この点に関連して，徴収交付金と呼ばれるものが存在していたことについて注目したい。支払者が，政府の委託により，給与支払の際，源泉課税を行っていくためには，帳簿の準備，事務担当職員の配置など，相当の経費が必要であり，政府はその経費の一部を補償するために支払者に交付金を請求する権利を与えていたのである[31]。具体的には，支払者が毎年取り扱った甲種の勤労所得に対する分類所得税の納税者一人につき10銭が交付されることになっていた[32]。取り扱った納税者数の計算については，1月から12月までの各支給期間を全部通じて納税した場合でも一人として計算し，1回だけ納税した場合も一人として計算されていた[33]。

3 申告納税制度の採用と勤労所得への源泉徴収の導入
　　──1947年（昭和22年）の税制改革

　本書の本文との関連の中で注目したいのは，以下に見るように，1947年の税制改革によって，総合所得税一本制度となることに伴い，勤労所得への課税は，源泉課税から源泉徴収へと変わり，年末調整が必要となったという点である[34]。

　1947年（昭和22年）の税制改正は，戦後1回目の本格的な税制改正であり，戦後税制史の発端となっているため大きな意義があるものであったといわれているものである[35]。

　1947年（昭和22年）の税制改革の背景にはインフレーションと民主化の波があったとされる[36]。この改正以前の制度においては，賦課課税の対象となる課税所得については前年中の収入を基準として課税する方式をとっていたのに対し，源泉課税の対象となる課税所得については，当年度の所得を基準として源泉課税する方式がとられていた。このような制度のもとでは，当時のようなインフレーションが進行する中では，賦課課税を受けるものと，源泉課税を受けるものとの間に負担のアンバランスが生じたのである[37]。

　1947年（昭和22年）の税制改正の特色は，インフレーションに即応する措置を講じたことと，租税の民主化を図ったことであるとされている[38]。租税の上にも民主的な制度を導入する努力がなされ，その代表的なものが申告納税制度であった[39]。

　1947年（昭和22年）の税制改革における所得税に関する改革についての（本書において注目したい）重要な点は，以下の通りである[40]。

1） 分類所得税と総合所得税の二本建制度を廃止し，総合所得税の一本制度となる（あらゆる所得を総合して一本の超過累進税率により課税する制度に改められる）。
2） 原則として申告納税の方法による（原則として当年の所得により課税所得を計算し，納税者がその申告するところにより自らが税額を算出

して納税する，予算申告納税制度を採用する）。
3） 勤労所得に対する所得税については，源泉で徴収する（徴収過不足額については，後でこれを精算することとされる）。

なお，税率，控除について触れておくと，基礎控除は，4,800円と定められ，税率は一万円以下20％から百万円超75％までの12段階とされた。また，勤労所得には20％（最高6,000円）の勤労控除が認められた[41]。この勤労控除は，給与所得について実額による経費控除を認めていない，ということを示している[42]。

このように，1947年（昭和22年）の税制改革では，納税方法については，従来の賦課課税から申告納税に切り替えられたが，勤労所得に関しては，従来の源泉課税を源泉徴収として維持し，源泉徴収税額表を整備するなどの措置がとられた[43]。

勤労所得に対する所得税については，給与の支給期間に応じ税表に掲げる一定の税額を源泉で徴収し，確定申告の際，過不足の精算を行う建前となった[44]。

ただし，ここで注目したいのは，勤労所得（給与所得）について，（所得金額が一定金額以下（5万円以下）の場合，）年末調整の制度が採用されることとなったという点である[45]。本書本文の中で，特に問題として挙げているうちの1つである年末調整制度は，このときの税制改革において，導入されたのである。

この税制改革における大きな改革点の1つは，予算課税と申告納税制度が採用されることになったことである[46]。この点に関して，その意義や移行期に伴う問題やその対策についてなどについて，触れておきたい。

申告納税制度が導入されることによって，その推進の1つの手段として，納税義務者が正確な課税標準を申告することを第三者の通報によってけん制するために，第三者通報制度というものがはじめられた[47]。

また，申告納税制度が導入されるということは，納税者が税法をよく理解し，納税者がなすべきことを当然なし，進んで税務に協力するという態度が要請されるわけであり，この点が税制の民主化という目標に合致するゆえんでもあったと指摘されている[48]。

さらに，このとき，予算課税に移行することとなったという点について注意

が必要である[49]。この点については，1947年（昭和22年）の税制改革が行われる背景で触れたように，当時のインフレ下における負担の不均衡などに関する問題が影響している[50]。このときの，予算課税制度は，その年の進行につれて修正される当年実績による実質的な予算課税主義であるとされる[51]。

1947年（昭和22年）から予算課税制度が導入されるということに伴い，実績課税から予算課税へ（の移行期）に生ずる問題に対して（21年の所得に対する課税についての問題があるということである），その橋渡しとして，1946年（昭和21年）の所得に課税する増加所得税というものがあった[52]。

本書本文に関連して特に注目したいのは，1947年（22年）の税制改革によって，総合所得税の一本制度となり，（原則として申告納税制度が導入されることとなって，）年末調整制度が導入されることとなったという点である。

4　本章のまとめ[53]

ここで，本章2節，3節で見てきた，1940年（昭和15年），1947年（昭和22年）の税制改革の内容の中で，本書の本文に関連して，特に注目したいことについて改めて強調しておきたい。

第1は，給与所得（勤労所得）に対する課税について1940年（昭和15年）の改革では源泉課税，1947年（昭和22年）の改革では，源泉徴収ということばが用いられているという点に関してのことである。

1940年（昭和15年）の税制改革のときは，所得税に分類所得税と総合所得税の二本建制度が採用され，勤労所得（甲種）に対する分類所得税は源泉課税の方法によるとされたが，源泉課税は，所得税の前どり，ということではなかった[54]。

一方，1947年（昭和22年）の税制改革のときには，所得税は総合所得税の一本制度となり，勤労所得への所得税は，源泉で徴収することとされ，所得税を前どりするという制度となったのである[55]。そして，これに伴い，このときに，年末調整制度が導入されることになったのであるが，この点については，本文に関連して特に注目したい点の1つである。

第2は，1940年（昭和15年）に給与所得（勤労所得）にはじめて源泉課税が

導入された当時から，（給与）支払者の事務負担などについて，問題として考えられていたという点である。この点に関しては，本文では，現在でも存在している納税協力費に関連する問題として，特に注目したい点である。

【注】

1 本書では，特に徴税制度，納税制度に焦点をあてているので，その点において，分析・検討などを行っていくのに際して，サンフォード（Sandford）らによる研究は，非常に参考になっている。本章末注2で挙げたサンフォードらによる文献や，C. Sandford (1973)，また，本書末の参考文献におけるサンフォードによる文献を参考。わが国所得税における源泉徴収制度，年末調整制度，に関して分析・検討を行っていくのに際しては，主に，金子宏 (1991)，小林長谷雄・雪岡重喜・田口卯一 (1941)，小林長谷雄・雪岡重喜・田口卯一 (1942)，齋藤貴男 (1996)，藤田晴 (1992)，山本栄一 (1989)，などを参考にしている。詳細については，本注1や本章末注2における文献を参照。

2 納税協力費については，主に，イギリスにおけるサンフォードらによる研究を参考にしている。納税協力費とは，サンフォードらによる研究における，compliance costs を日本語にしたものである。納税協力費については，主に，C. Sandford, M. Godwin and P. Hardwick (1989), C. Sandford (1989), C. Sandford (ed.) (1995a), C. Sandford (ed.) (1995b), C. Sandford (2000) を本書においては，参考にしている。詳しくは，本書第4章で見ているので，第4章で挙げている文献などを参照。また，本書巻末の参考文献におけるその他のサンフォードによる文献についても参照。

3 徴税費については，主に，イギリスにおけるサンフォードらによる研究を参考にしている。徴税費とは，サンフォードらによる研究における，administrative costs を日本語にしたものである。徴税費については，主に，C. Sandford, M. Godwin and P. Hardwick (1989)*Ibid.*, C. Sandford (1989)*Ibid.*, C. Sandford (ed.) (1995a)*Ibid.*, C. Sandford (ed.) (1995b)*Ibid.*, C. Sandford (2000)*Ibid.* を本書においては，参考にしている。詳しくは，本書第4章で見ているので，第4章で挙げている文献などを参照。また，本書末の参考文献におけるその他のサンフォードによる文献についても参照。

4 納税協力費に関しては，本章末注2を参考。

5 わが国においては，納税協力費についての計測がほとんど行われていないが，他国では行われている。例えば，イギリスにおける，C. Sandford, M. Godwin and P. Hardwick (1989) *Ibid.* を参考。

6 広義の徴税費に関しては，主に，イギリスにおけるサンフォードらによる研究を参考にしている。広義の徴税費とは，サンフォードらによる研究における，operating costs を日本語にしたものである。広義の徴税費，徴税費，納税協力費などコストの分類については，主に，C. Sandford, M. Godwin and P. Hardwick (1989)*Ibid.*, C. Sandford (1989) *Ibid.*, C. Sandford (ed.) (1995a)*Ibid.*, C. Sandford (ed.) (1995b)*Ibid.*, C. Sandford (2000) *Ibid.* を本書においては，参考にしている。詳しくは，本書第4章で見ているので，第4章で挙げている文献などを参照。また，本書巻末の参考文献におけるその他のサンフォー

ドによる文献についても参照。
7 給与所得（勤労所得）に対する源泉徴収の導入の詳しい背景や、導入以前の源泉課税がどのようになっていたのかについて、詳しくは、大蔵省昭和財政史編集室編（1957）、勝正憲（1938）、金子宏（1991）、小林長谷雄・雪岡重喜・田口卯一（1941）、小林長谷雄・雪岡重喜・田口卯一（1942）等を参考。また、藤田晴（1992）を参照。
8 これらの税制改革の詳しい内容などについては、それぞれ本章末注9〜55において挙げている文献を参照のこと。
9 この当時は、源泉徴収ではなく、源泉課税と呼ばれていたということに注意する必要がある。源泉課税という言葉については、「源泉課税とは、課税標準となる所得を所得の生ずる源泉に於いて捕捉して課税せんとするもので、各人の納むべき税金を、所得の支払者が支払の際天引徴収し、之を取り纏めて一定の時期までに政府に納入するという仕組の課税方法をいふのである。」とされている（小林長谷雄・雪岡重喜・田口卯一（1941）pp.6-7、小林長谷雄・雪岡重喜・田口卯一（1942）pp.10-11参考）。
10 この点については、大蔵省昭和財政史編集室編（1957）pp.560-569、金子宏（1991）pp.16-22を参考。
11 小林長谷雄・雪岡重喜・田口卯一（1941）pp.11-12、小林長谷雄・雪岡重喜・田口卯一（1942）p.16参考。また、佐藤進（1970）pp.230-231についても参照。
12 小林長谷雄・雪岡重喜・田口卯一（1941）p.12、小林長谷雄・雪岡重喜・田口卯一（1942）p.16参考。
13 大蔵省昭和財政史編集室編（1957）pp.560-569、林榮夫（1958）pp.6-7、佐藤進（1970）pp.230-231、小林長谷雄・雪岡重喜・田口卯一（1941）pp.12-14、小林長谷雄・雪岡重喜・田口卯一（1942）pp.16-18参考。
14 佐藤進（1970）p.231、大蔵省昭和財政史編集室編（1957）p.569参考。
15 林榮夫（1958）p.7参考。
16 林榮夫（1958）p.7参考。
17 小林長谷雄・雪岡重喜・田口卯一（1941）p.13、小林長谷雄・雪岡重喜・田口卯一（1942）p.17参考。
18 小林長谷雄・雪岡重喜・田口卯一（1941）p.13、小林長谷雄・雪岡重喜・田口卯一（1942）pp.17-18参考。
19 小林長谷雄・雪岡重喜・田口卯一（1941）pp.8-9、小林長谷雄・雪岡重喜・田口卯一（1942）pp.12-13参考。
20 小林長谷雄・雪岡重喜・田口卯一（1941）pp.8-9、小林長谷雄・雪岡重喜・田口卯一（1942）pp.12-13参考。
21 小林長谷雄・雪岡重喜・田口卯一（1941）pp.18-20、小林長谷雄・雪岡重喜・田口卯一（1942）pp.23-24、大蔵省昭和財政史編集室編（1957）p.562参考。
22 小林長谷雄・雪岡重喜・田口卯一（1941）pp.18-20、小林長谷雄・雪岡重喜・田口卯一（1942）pp.23-24、大蔵省昭和財政史編集室編（1957）pp.566-567参考。
23 大蔵省昭和財政史編集室編（1957）p.562参考。また、小林長谷雄・雪岡重喜・田口卯一（1941）p.19、小林長谷雄・雪岡重喜・田口卯一（1942）p.23を参照。
24 小林長谷雄・雪岡重喜・田口卯一（1941）p.19、小林長谷雄・雪岡重喜・田口卯一（1942）p.23参考。
25 小林長谷雄・雪岡重喜・田口卯一（1941）p.25、小林長谷雄・雪岡重喜・田口卯一

(1942) pp.31-32参考。

26 大蔵省昭和財政史編集室編 (1957) pp.566-567参考。小林長谷雄・雪岡重喜・田口卯一 (1941) pp.14-21, 小林長谷雄・雪岡重喜・田口卯一 (1942) pp.18-27についても参照。

27 小林長谷雄・雪岡重喜・田口卯一 (1941) p.24, 小林長谷雄・雪岡重喜・田口卯一 (1942) p.30参考。

28 小林長谷雄・雪岡重喜・田口卯一 (1941) p.25, 小林長谷雄・雪岡重喜・田口卯一 (1942) p.31, 大蔵省昭和財政史編集室編 (1957) pp.566-567参考。

29 小林長谷雄・雪岡重喜・田口卯一 (1941) p.153, 小林長谷雄・雪岡重喜・田口卯一 (1942) p.168参考。

30 小林長谷雄・雪岡重喜・田口卯一 (1941) p.153, 小林長谷雄・雪岡重喜・田口卯一 (1942) p.168参考。

31 小林長谷雄・雪岡重喜・田口卯一 (1941) pp.183-184, 小林長谷雄・雪岡重喜・田口卯一 (1942) p.195参考。

32 小林長谷雄・雪岡重喜・田口卯一 (1941) p.184, 小林長谷雄・雪岡重喜・田口卯一 (1942) p.195参考。

33 小林長谷雄・雪岡重喜・田口卯一 (1941) p.184, 小林長谷雄・雪岡重喜・田口卯一 (1942) p.196参考。

34 この点について, 金子宏 (1991) pp.27-35参考。

35 松隈秀雄監修・日本租税研究協会 (1959) p.2参考。

36 松隈秀雄監修・日本租税研究協会 (1959) pp.1-2, 佐藤進 (1970) pp.233-234, 佐藤進・宮島洋共著 (1990) pp.3-4参考。

37 林榮夫 (1958) pp.75-76参考。また, 松隈秀雄監修・日本租税研究協会 (1959) p.8について参照。

38 松隈秀雄監修・日本租税研究協会 (1959) p.2参考。

39 松隈秀雄監修・日本租税研究協会 (1959) p.4参考。

40 松隈秀雄監修・日本租税研究協会 (1959) pp.6-10, 佐藤進 (1970) p.236, 佐藤進・宮島洋共著 (1990) pp.5-6, 大蔵省財政史室編 (1977) pp.237-262, 東京大学社会科学研究所編 (1974) pp.209-210参考。

41 佐藤進 (1970) p.236, 松隈秀雄監修・日本租税研究協会 (1959) p.9, 大蔵省財政史室編 (1977) pp.246-247参考。

42 金子宏 (1991) p.33において指摘されている。金子宏 (1991) p.33によると, 「給与所得に対する所得税の徴収を原則として年末調整によって完結させることは, 給与所得について実額による経費控除を認めた場合には不可能である」とされる。

43 佐藤進 (1970) p.236参考。

44 大蔵省財政史室編 (1977) pp.251-252, 金子宏 (1991) p.27参考。

45 大蔵省財政史室編 (1977) pp.246-248, 金子宏 (1991) pp.32-33参考。

46 松隈秀雄監修・日本租税研究協会 (1959) pp.8-9, 林榮夫 (1958) p.77, 佐藤進 (1970) p.236, 大蔵省財政史室編 (1977) p.224参考。

47 松隈秀雄監修・日本租税研究協会 (1959) p.5, 佐藤進 (1970) p.236, 大蔵省財政史室編 (1977) p.258参考。

48 松隈秀雄監修・日本租税研究協会 (1959) pp.4-5参考。

49 松隈秀雄監修・日本租税研究協会 (1959) pp.8-10, 林榮夫 (1958) pp.75-77, 大蔵省

財政史室編（1977）pp.249-250参考。
50　松隈秀雄監修・日本租税研究協会（1959）p.8，林榮夫（1958）pp.75-76参考。
51　松隈秀雄監修・日本租税研究協会（1959）pp.8-9参考。
52　松隈秀雄監修・日本租税研究協会（1959）p.9，林榮夫（1958）pp.77-79，大蔵
　　省財政史室編（1977）pp.224-236参考。
53　本章末注9～52に挙げている文献を参考。
54　この点について，金子宏（1991）p.22参考。
55　この点について，金子宏（1991）p.27参考。

第 1 部

徴税・納税制度の制度分析

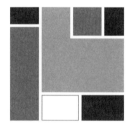

第1章

わが国における所得税納税システムの特徴[1]

1.1 所得税納税システムの視点

　所得税の源泉徴収制度は，明治32年の所得税法の改正により，公社債の利子について支払の際に2％の税率で所得税を源泉徴収し，その都度国に納付することとされたのがそのはじまりである[2]。

　その後昭和15年の税制改正において，所得税を分類所得税と総合所得税の二本立てとする新しい所得税課税の体系が樹立され，これに伴い分類所得税のうち，勤労所得，退職所得，配当・利子所得が源泉課税（源泉徴収）の対象とされた。

　昭和22年の税制改正においては，これまでの分類所得税と総合所得税の二本立てという課税制度が廃止されて，超過累進税率による一本立ての総合課税制度と申告納税制度が採用された。これにより給与所得については新たに年末調整制度が設けられたのである。

　現在の給与所得を中心とする源泉徴収制度は，昭和15年に勤労所得を初めて源泉課税（源泉徴収）の対象に加えたことにはじまり，昭和22年に年末調整制度を創設したことによって確立されたといえる。

　本章は，わが国における所得税の納税システムについて注目するものである。わが国の所得税納税システムの中で，源泉所得納税者数が多いということが，1つの大きな特徴であると考えられるが，実際には，どのように推移してきた

のであろうか。申告所得納税者の人数や割合は低く，ある程度一定の割合に抑えられてきたのではないのか。本章ではこの点に注目し，まず申告所得納税者数と源泉所得（特に給与所得）納税者数の推移や構成比，伸び比を見ていくことからはじめる。そして申告所得納税者の割合が低く源泉所得納税者の割合が高いということは，国の徴税コストが低く，源泉徴収義務者が負担する納税協力費が高くなっているのではないかということについて考察していくこととする[3]。

また，このことに関連して，サラリーマンであっても申告を行うケースについて，さらには特定支出控除制度の持つ問題点について，着目し検討を行っていく。その中から，日本の所得税納税システムの特徴を，主に，徴税面・納税面の視点から探っていくこととする。

1.2 所得納税者数と税額の推移

1.2.1 所得税納税者数の推移

図1－1は，1981年から2011年までの間における所得税納税者数の推移に関する値をグラフに示したものである。源泉所得税納税者数については給与所得納税者の数値のみを表している。

図1－1によると，申告所得税の方が，明らかに納税者数の伸び方が小さく，源泉所得税納税者数の方が増加したことがわかる。申告所得税納税者数は，過去約30年間の間に，1980年代はじめ頃と比較して，1990年代前半には約1.4倍大きくなり，2005年，2006年，2007年に1.3倍から1.4倍大きくなっているだけであり，源泉所得税納税者数の増大の仕方に比べると，非常に小さい伸びだといえる。

申告納税者数は1981年に約617万人，1985年に約737万人，1990年に約855万人，1995年に約802万人，2000年に約727万人，2005年に約829万人，2011年に約607万人と推移している。

一方，源泉所得税納税者（給与所得）は1981年に約3,078万人，1985年に約3,290万人，1990年に約3,488万人，1995年に約3,881万人，2000年に約3,887万人，

図1−1◆所得税納税者数の推移

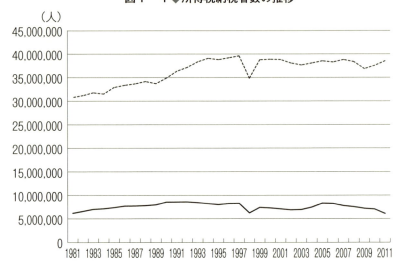

出所：国税庁編（2000）『国税庁五十年史』大蔵財務協会，国税庁編『国税庁統計年報書』大蔵財務協会，各年度版，より作成したものである。

2005年に約3,853万人，2011年に約3,853人となっている。

申告所得税納税者数は，源泉所得税数の推移と比較すると，1980年代以降ほぼ一定の割合で推移していることがわかる。過去約30年間に，構成割合で見ると，申告所得税納税者は約15％から20％程度と小さい値に抑えられてきているといえる。

図1−2は納税者の伸び率について見たものである。源泉所得税納税者数（給与所得）の方は伸び率がマイナスになることが少なく10％以上の伸び率を示すこともあるが，一方申告所得税納税者数は伸び率が大きくなることもかなりマイナスになることもあることがわかる。

以上の図1−1，図1−2から言えることを整理すると，以下のようになる。

① 申告納税者数は，過去約30年の間，一定の低い割合（15〜20％程度）に抑えられてきた。
② 申告納税者数は，源泉所得税納税者数と比較して，過去約30年間にあまり増大していない。

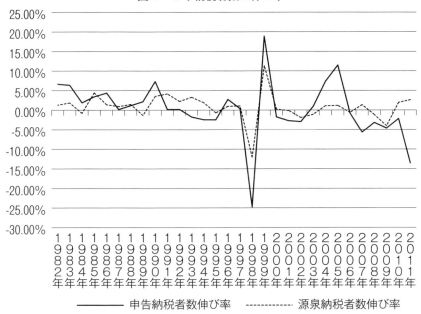

図1－2◆納税者数の伸び率

出所：国税庁編（2000）『国税庁五十年史』大蔵財務協会，国税庁編『国税庁統計年報書』大蔵財務協会，各年度版，より作成したものである。

③　伸び率で見ると，過去約30年の間に，源泉所得税納税者数は減少することが少なく，一方申告所得税納税者は大きく減少することがしばしばあるということがわかる。

1.2.2　所得税額の推移

図1－3は1981年から2011年までの，所得税の税額の推移に関するグラフを表したものである。ここでも源泉所得税額には給与所得税額のみを取り上げている。

図1－3のグラフによると，所得税税額とそれぞれの割合の推移は，申告所得税について，1981年約2兆4,091億円，1985年約2兆8,811億円，1990年約6兆6,022億円，1995年約3兆4,647億円，2000年約2兆6,753億円，2005年約2兆6,734億円，2011年約2兆3,093億円となっている。

一方，源泉所得税（給与所得税額）については，1981年約5兆7,800億円，

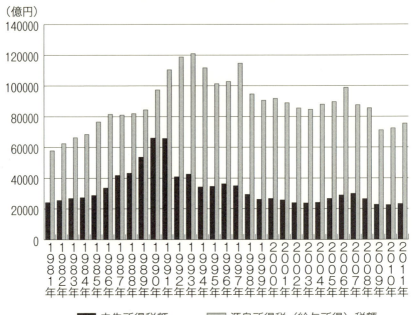

図1－3◆申告・源泉（給与）所得税額の推移

出所：国税庁編（2000）『国税庁五十年史』大蔵財務協会，国税庁編『国税庁統計年報書』大蔵財務協会，各年度版，より作成したものである。

1985年約7兆6,613億円，1990年約9兆7,350億円，1995年約10兆1,337億円，2000年約9兆1,754億円，2005年約8兆9,630億円，2011年約7兆5,529億円と推移している。

申告所得税額の構成比は1987年から1991年頃までは30％から40％を超える時もあったが，税額が特に近年減少しているため，構成比も20％から25％前後と低くなっていることがわかる。つまり，近年では，源泉所得税額の割合は，75％から80％程度と高い水準で推移しているのである。

また，源泉所得税に比べると申告所得税の方がかなり変動が大きく，落ち込みが激しい時があることが見てとれる。

以上の図1－3から言えることを整理すると以下のようになる。

① 申告所得税の税額の構成比は，過去約30年の間，約20％から40％と低い。
② 申告所得税額は源泉所得税額と比較して，税収が大きく落ち込むことが

ある。

ここまで見てきたように、源泉所得税（給与所得税）については、納税者数、税額ともに、申告所得税と比較して、その割合は非常に大きい。このことは、日本の所得税納税システムの大きな特徴であるとともに、特に、源泉所得税納税者数割合が非常に高い水準で推移しているということがいくつかの注目すべき点を生みだしているということに注意する必要がある。問題点の1つは、納税協力費に関する点であるが、次節で、この点について見ることとする。

1.3 徴税担当者の推移

前節で、申告所得税納税者数は源泉所得税納税者数に比べるとあまり増大しておらず、その構成比も比較的小さく抑えられてきたことを見てきた。一方、申告所得税は、納税者数は少ないけれども、徴税コスト[4]は源泉所得税と比較して非常に大きい[5]。このことは言うまでもなく、申告所得税は源泉所得税に比べて、税収が小さく、税務職員数が多く必要であるということが大きく影響しているが、源泉所得税の方は、納税協力費が大きくかかっているということを忘れてはならない[6]。

源泉所得税（給与所得税）に関する納税協力費を考えるとき、源泉所得税（給与所得税）納税者個人の納税協力費は低いかもしれないが、徴税代行業務を行っている源泉徴収義務者の納税協力費は高いと考えられるのである[7]。

そこで本節では、徴税側と徴税代行を行っている者の人数の推移を見るために、税務職員数と、徴税代行事務を行う源泉徴収義務者の人数が、どのように変化してきたのかを示すこととする。

1.3.1 源泉徴収義務者数の推移

図1-4は、1981年から2011年における給与所得に関する源泉徴収義務者数の推移について見たものである。

給与所得の源泉徴収義務者数は、1981年には約305万件であったものが、1990年には約374万件、1998年には約401万件と安定的な微増となっている。ただし、最近10年間は、微減という状況が続いている。

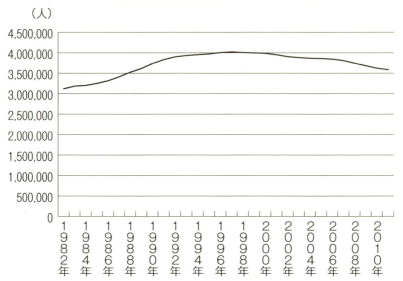

図1-4◆源泉徴収義務者数（給与所得）の推移

出所：国税庁編（2000）『国税庁五十年史』大蔵財務協会，国税庁編『国税庁統計年報書』大蔵財務協会，各年度版，より作成したものである。

　源泉徴収義務者数の伸び率で見ると，1980年代前半から1990年代後半にかけては，プラスの伸び率を示したが，近年はマイナスの伸び率を示すという状況が続いているといえる。

　源泉所得税納税者数，源泉所得税額がともに大きく，各々その割合が申告所得税と比べて高いということは，徴税側の徴税コストを低くすることに大きく貢献しているのであるが，一方で，源泉徴収義務者数の増大を伴い，納税協力費を上昇させることにつながっていると考えられるという点を忘れてはならない。

1.3.2　税務職員数の推移

　図1-5は，1981年から2011年における税務職員数の推移について見たものである。

　図1-5によると，1981年から1997年までは税務職員数が増大していたが，1997年から2006年までは年々減少傾向にあり，2006年から2011年まではほぼ同

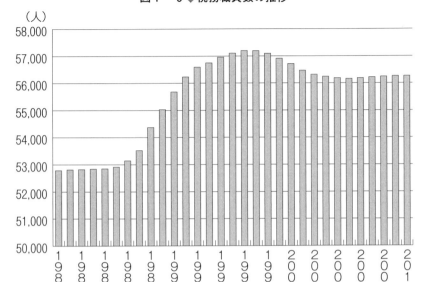

図1−5◆税務職員数の推移

出所：国税庁編『国税庁統計年報書』大蔵財務協会，各年度版，より作成したものである

じの人数で推移する傾向である。税務職員数について1981年の値を1とした場合の伸び比で見ると，1980年代前半と比べて人数の多い傾向にある1990年代後半，例えば1997年で見ても1981年と比較して約1.1倍程度の伸びしかしていないことがわかる。このことは先の節で見たように，源泉所得税納税者と比較して，申告所得税納税者数は少ない傾向で推移していることと関係があるといえる。

源泉徴収義務者数が少しずつではあるが増大してきた傾向がある一方で，税務職員数は大きく増大していないということは，源泉徴収義務者が負担する納税協力費が大きくなっている可能性があるということがわかるのである。源泉所得税に関する徴税費（いわば狭義の徴税費）は表面上低いが，その背後には，源泉徴収義務者による徴税代行事務に伴う多額の納税協力費が存在していることを忘れてはならない。つまり，納税協力費をも含めたいわば広義の徴税費（徴税費（国）＋納税協力費（民間））で見てみると，源泉所得税についての徴税費はかなり高い値となるのである[8]。

上記の1.2とこの1.3で見たことを整理すると以下のことが言える。

① 税務職員数が微増で済んでいるのは、申告所得税納税者数が、過去約30年間の傾向から見て大きく増大しておらず、構成比も低く抑えられてきたからではないのか。

② 源泉所得税納税者数が増大するとともに、源泉徴収義務者数が少しずつではあるが増大してきた傾向が見られることから、源泉所得税に関する納税協力費がかなり大きいと考えられる[9]。

1.4 所得税に関する税制改正と控除の変遷

ここでは、主にサラリーマンであっても申告を行うケースについて取り上げ、検討していく。源泉所得税納税者（給与所得税納税者）であっても、申告を行うケースが存在しているが、必ずしも多いとは言えない。給与所得に対する所得税について、月々は源泉徴収されるとしても、年末調整ではなく、申告を行うという機会ができれば、納税意識を増大させることに貢献するといえる。

徴税面・納税面（特に納税面）の視点から、申告所得と源泉所得（給与所得）について、比較して見るとき、「申告を行う機会があるのかどうか」という点が、重要なポイントの1つとなる[10]。源泉所得（給与所得）税納税者であるサラリーマンで、年末調整が行われ、申告を行うことがないということは、納税者の負担感を軽減させ、納税意識を低くすることにつながるという問題を生じさせる[11]。サラリーマンにも、年末調整ではなく申告の機会があるということは、税の負担感や納税意識を高めることに貢献すると考えられるのである。

これまでに、サラリーマンで申告を行うケースというのは、どのように推移してきたのであろうか。まず、わが国におけるこれまでの所得税に関する税制改正や控除の変遷ついて見ることからはじめる。

1.4.1 所得税に関する主な税制改正

表1-1は、1950年から1999年における税制改正の推移（主に所得税関係）についてまとめたものである。ここから、様々な控除が創設されてきたことを見ることができるが、本書では、給与所得者が確定申告を必要とするケースに

関連するものを中心に注目したい。

表1-1◆所得税に関する税制改正の推移

1950年	シャウプ勧告に基づく抜本的税制改正
	青色申告制度の導入
	（富裕税の創設）
1951年	老年者控除，寡婦控除の新設
	生命保険料控除の復活
1952年	青色申告者の専従者控除の創設
1953年	所得税の最高税率の引上げ
	有価証券の譲渡所得に対する所得税課税の廃止
	有価証券取引税の創設
	（富裕税の廃止）
	利子所得について分離10％課税の導入
1955年	利子所得の非課税措置
	概算による概算所得控除制度の新設
1957年	税率の累進度の大幅な緩和
	資産所得の世帯合算制度の新設
1958年	貯蓄の増強を図るための措置がとられる
1959年	扶養控除の引上げと最低税率の刻みの緩和
1961年	配偶者控除の創設
1962年	寄付金控除の創設
1963年	少額貯蓄非課税制度が設けられる
1964年	損害保険料控除制度が設けられる
1965年	所得税法（および法人税法）の全面改正
	配当所得の源泉選択制度の創設
1969年	所得税の税率の緩和
1973年	みなし法人課税制度の創設
1974年	所得税の大型減税
	給与所得控除の拡充
1980年	少額貯蓄等利用カード（グリーンカード）の採用＊注
1981年	寡夫控除の創設
1987年	税率構造の見直し
	配偶者特別控除の創設
	給与所得者の特定支出の控除の特例の創設（昭和63年分から）

1992年	青色申告特別控除制度創設（平成5年度から）
	（青色申告控除制度は廃止）
1994年	平成6年分、所得税の特別減税
1995年	平成7年分、所得時の特別減税
1996年	平成8年分、所得税の特別減税
1998年	所得税・個人住民税の特別減税
1999年	最高税率の引下げ（50％を37％へ）
	所得税の定率減税

＊注：少額貯蓄非課税制度（マル優制度）に関して，1980年グリーンカード制度が創設されたが，1985年に廃止された。（国税庁編（2000）『国税庁五十年史』大蔵財務協会，参考）
出所：国税庁編（2000）『国税庁五十年史』大蔵財務協会，武田昌輔（1983）『近代税制の沿革－所得税・法人税を中心として－』（日本税理士会連合会編集）（現代税務全集39），ぎょうせい，より作成。
（藤田晴（1992）『所得税の基礎理論』，中央経済社，水野勝（2006）『税制改正五十年－回顧と展望－』大蔵財務協会，についても参考。）

1.4.2　所得税における主な控除の変遷[12]

ここでは，サラリーマンであっても確定申告の必要がある控除について注目する。

所得税で認められている所得控除（あるいは税額控除）の中には，収入獲得のための経費ではなく，個人的な支出[13]（あるいは損失）に関するものが少なくない。このような控除を通じて税負担を軽減することの主なねらいは，次の2点に整理される[14]。

① 担税能力を減少させる特殊な支出あるいは資産損失について，税負担を調整する。

② 社会的に望ましいと考えられる特定のタイプの支出を，課税上優遇すること。

このうち，上記①に属する控除の代表的な例として，わが国所得税では，医療費控除，社会保険料控除，雑損控除などがある。また，②の種類の控除の実例としては，寄付金控除，生命保険料控除などを挙げることができる。この種の控除は，普通は奨励補助金的な意図をもって導入される。

上記のような控除のうち，雑損控除，医療費控除，寄付金控除については，

サラリーマンがこれらの控除の適用を受ける場合,確定申告を行って還付を受けることとなる。このことは,本章で注目している,給与所得納税者(サラリーマン)であって,確定申告をするという納税者に関わりがある。

表1-2は,1999年と2010年における申告納税者における控除の利用状況について示したものである。1999年については,生命保険料控除(一般),損害保険料控除の利用率がそれぞれ,84.2%,62.2%に達しており,医療費控除も約15%の納税者が利用している。他方,雑損控除の利用率は0.1%で,寄付金控除の利用率も1.5%と低いのがわかる[15]。

一方,2010年についてみると,生命保険料控除(一般)の利用率が69.6%となっており,医療費控除は約29%と1999年と比較しても利用率の値が大きく,他方,雑損控除の利用率は0.1%で,寄付金控除の利用率も3.2%と低いことが

表1-2◆申告所得税納税者における所得控除等の利用状況(1999年,2010年)

区分	控除適用者数(千人)(1999年)	控除適用割合(%)(1999年)	控除適用者数(千人)(2010年)	控除適用割合(%)(2010年)
雑損控除	6	0.1	6	0.1
医療費控除	1,091	14.7	2,026	28.9
社会保険料控除	6,681	90.3	6,637	94.5
小規模企業共済等掛金控除	586	7.9	447	6.4
生命保険料控除(一般)	6,233	84.2	4,886	69.6
生命保険料控除(個人年金)	1,168	15.8	516	7.3
損害保険料控除	4,601	62.2	—	—
寄付金控除	109	1.5	226	3.2
障害者等控除	2,214	29.9	776	11.0
配偶者控除	2,314	31.3	2,330	33.2
配偶者特別控除	2,117	28.6	183	2.6
扶養控除	2,311	31.2	1,347	19.2
基礎控除	7,401	100	7,021	100
地震保険料控除	—	—	2,250	32.1

出所:国税庁『平成11年分税務統計から見た申告所得税の実態』,『平成22年分税務統計から見た申告所得税の実態』より作成。

わかる。

　実に多くの控除項目が，源泉徴収制度，年末調整制度の中で扱われるしくみとなっているのであるが，例外的に，サラリーマンであっても税務署での確定申告が必要になる控除もある。先に述べたように，所得控除である雑損控除，医療費控除，寄付金控除の3種類と，税額控除である住宅取得等特別控除である。災害や医療費，住宅取得等の問題は個人差が大きすぎて，その他の控除のようには，源泉徴収・年末調整システムの中に組み込まれることはなかったのである[16]。これらの控除が，源泉徴収・年末調整システムの中に収まっていない点は重要である。

　表1-3は，雑損控除，医療費控除，寄付金控除のこれまでの変遷について見たものである。まず，医療費控除について見てみる。源泉徴収・年末調整システムのもとでは，税務署にやってくるサラリーマンのうち年末調整で処理されない医療費控除の適用を受けるのが目的の納税者は多い[17]。

　これによると，1950年では，所得額の10％を超える医療費について最高10万円までの控除を認める制度であった。1975年度には，定額の足切り方式となっており，定額の足切り限度が5万円まで引き下げられたが，足切り額の所得に対する比率が高所得者ほど低くなるという点で，公平の観点から見ても問題があるといえる[18]。

　また，寄付金控除は1962年度に創設されたものである。当時は，控除率20％の税額控除であり，足切り限度は30万円あるいは所得金額の3％のいずれか低い方であった。そして足切り限度額が次第に引き下げられ，1974年度に1万円の足切り方式に変更されたのである[19]。

　次に，生命保険料控除，損害保険料控除について注目したい。1993年の政府税制調査会答申（今後の税制のあり方についての答申）[20]は，各種の所得控除について以下のような考え方を強調している[21]。

　「①特別な支出の態様に応じた個別の所得控除として，雑損控除，医療費控除，寄付金控除，生命保険料控除，損害保険料控除等があるが，このうち，生命保険料控除，損害保険料控除については，存続すべきであるという意見もあったが，生命保険，損害保険の加入率が相当の水準に達していること，これらによる減収規模も相当の額に達していること，既に利子所得が原則課税され

表1-3 ◆ わが国所得税における控除の主な変遷

年	控除名	内容
1950年	医療費控除	支出した医療費が所得金額の10%を超過するときは、その超過額(最高10万円)は所得金額から控除。
1955年	概算所得控除制度	選択による概算所得控除制度の新設。
		概算所得控除を選択する場合、社会保険料控除、医療費控除および雑損控除の適用を認めないとするもの。
1958年	貯蓄控除制度	貯蓄控除制度の導入。
1962年	寄付金控除	寄付金控除の創設。一定の限度内の金額について、その金額の20%の税額控除を認めることとされたもの。
1964年	損害保険料控除	損害保険料控除制度の創設。
1972年	住宅取得控除	住宅取得控除の創設(税額控除)。
1973年	寄付金控除	社会福祉への貢献、教育の振興等のためにした寄付金については、寄付金の額のうち、所得金額の3%を超える部分の金額を所得控除。
1974年	寄付金控除	社会福祉への貢献、教育の振興等のためにした寄付金については、寄付金の額のうち、1万円を超える部分の金額を所得控除。
1975年	医療費控除	医療費のうち、所得金額の5%相当額と5万円とのいずれか低い金額を超える部分の金額(最高200万円)。
1976年	寄付金控除	社会福祉への貢献、教育の振興等のためにした寄付金、政党その他一定の政治団体または特定の公職の候補者に対する寄付金については、寄付金の額のうち、1万円を超える部分の金額を所得控除。
1984年	生命保険料控除	一般の生命保険料に加えて個人年金保険料分の控除ができる。
1988年	特定支出控除	給与所得者の特定支出控除導入。(平成63年分以降)給与所得の金額の計算上、特定支出の額が給与所得控除を超える場合には、申告により、その超える分を控除することができる。
	医療費控除	(平成63年分以降)医療費のうち、所得金額の5%相当額と10万円とのいずれか低い金額を超える部分の金額(最高200万円)。
1995年	政治献金税額控除	政治献金税額控除の創設。個人の行う政治団体等に対する献金のうち、政党・政治資金団体に対する献金については、寄付金控除に代えて、税額控除を選択できる。

出所:大蔵省(財務省)『財政金融統計月報』(各年分)、武田昌輔(1983)『近代税制の沿革ー所得税・法人税を中心としてー』(日本税理士会連合会編集)(現代税務全集39)、ぎょうせい、より作成。
(国税庁編(2000)『国税庁五十年史』大蔵財務協会、日本租税研究協会編『税制参考資料集』(各年度版)、藤田晴(1992)『所得税の基礎理論』中央経済社、水野勝(2006)『税制改正五十年ー回顧と展望ー』大蔵財務協会、についても参考。)

ていること等にかんがみれば，そのあり方について見直しを行うことが適当であると考える。

②納税者の置かれた社会的条件の差異等に着目して新規控除を創設することについては，制度がいたずらに複雑になるとともに，そもそも様々な国民の生活態様の中から特定の条件や家計支出を抜き出して税制上斟酌するには自ずから限界があること等から，適当でない。」

わが国における公的年金の財政運営は，急速な高齢化を背景に，より一層困難な事態に遭遇すると考えられる。このような時代の流れの中で，生命保険などに係る控除制度は柔軟に対応し，税制が自助努力による生活保障を阻害しないように配慮する必要がある[22]。

1.4.3　給与所得控除[23]

給与所得者の間に給与所得課税に対する不満が絶えない理由として，1986年10月の税制抜本的見直しの答申[24]では「給与所得控除の性格が必ずしも明らかでないこと，経費について実額控除が行い得ないこと，また，その結果，給与所得者には，通常，自ら所得税の課税標準と税額を計算して申告納税に参画する機会がないこと等にあるのではないかと考える」[25]，としている。そして，給与所得控除の性格を明らかにするため，現行の給与所得控除を「勤務費用の概算控除」と「他の所得との負担調整のための特別控除」に区分して，その適用関係を整理し，その上で，「勤務費用の概算控除」について，選択により現実に勤務に要した費用の控除ができるようにして，給与所得にも申告納税の途を拓くこととしてはどうかと提案した[26]。同答申は以下のように提案している。

「①給与所得控除の性格の明確化

給与所得控除を「勤務費用の概算控除」と「他の所得との負担調整のための特別控除」に分ける場合，具体的にどのように分けるかについては，必ずしも客観的な基準があるわけではなく，給与所得控除額の各々二分の一相当額部分をもって概算控除部分と特別控除部分とすることが適当であろう。」[27]

「②実額控除制度の導入

我が国においては，給与所得者の職務上必要な備品等に係る経費や職務に関し必要な旅費等は使用者が負担することが通例であり，ほとんどの給与所得者

にとっては自ら負担する必要経費の額が現行の給与所得控除の額あるいは概算控除の額を上回ることはほとんどないと考えられること，また，税制の簡素化を図る必要があること等の見地から，実額控除との選択制を導入するのは適当ではないのではないかとする指摘がある。

しかしながら，給与所得者の不満の一因が，勤務に伴う費用の実額控除が認められず，源泉徴収によって課税関係が終了し，納税義務の確定手続に参画する途がないことにあるとすれば，たとえ実額控除を選択する事例が少ないこととなっても，サラリーマンが確定申告を通じて自らの所得税の課税標準及び税額を確定させることができる途を拓くことは，公平感の維持，納税意識の形成の上でも重要なことと考える。このような見地から，勤務に伴う費用の実額控除と概算控除との選択制を導入するのが適当である。」[28]

しかし，こののち，実額控除一部導入の構想は残ったものの，給与所得控除の全額を超えなければ認められない，つまり給与所得控除の全額と実額控除との選択制になり，特定支出控除はスタートしていくのである。

1.4.4　特定支出控除[29]

昭和62年の改正で給与所得について特定支出控除の制度が設けられ，特定支出の合計額が給与所得控除額を超える者は，申告によりその超過分の金額を給与所得控除のほかに控除することが認められる。控除対象となる特定支出の範囲は以下の通りである。

① 通勤費→通勤のために通常必要な運賃などの額。
② 転任に伴う転居のための引越し費用→転任に伴う転居のために通常必要な運賃，宿泊費および家財の運送費の額。
③ 研修費→職務の遂行に直接必要な技術または知識を習得することを目的として受講する研修費。
④ 資格取得費→職務に直接必要な資格を取得するための費用。
⑤ 単身赴任者の帰宅旅費→転任に伴い単身赴任をしている者の帰宅のための往復旅費。

（適用手続）　確定申告書に特定支出の額の支出に関する明細書や勤務先の証明書を添付するとともに，その額を証する領収書などの書類を添

付し，または提示する。

　なお，平成24年度税制改正により，特定支出控除の適用判定基準について，給与所得控除額の2分の1とすることとなり，本改正が所得税は平成25年分から適用されている[30]。特定支出控除の特例制度の概要について，給与所得者が特定支出をした場合において，その年中の特定支出の額の合計額が給与所得控除額の2分の1を超えるときは，給与所得の金額は給与等の収入金額からその給与所得控除額の2分の1およびその超える部分の金額を控除した残額とすることができるとされており，特定支出の範囲について，①通勤費，②転任に伴う転居ための引越し費用，③研修費，④資格取得費，⑤単身赴任者の帰宅旅費，そして⑥勤務必要経費（職務に関連するものとして必要な図書費，衣服費，交際費）とされている[31]。

　特定支出制度については，実額控除への道を拓いたという点では意義があるが，その実効性は疑わしいとして以下のような問題点が挙げられる[32]。

① 特定支出の内容が限定されすぎていること。
② 給与所得控除の全額を上回った場合に限りこの制度を選択できるという点。
③ その認定にあたり，すべて給与等の支払者の証明を必要としていること。
④ 給与収入獲得のため多額の特殊経費を必要とする職業に従事する被用者の立場は，あまり改善されない。要するに，実額控除を選択する給与所得者と事業所得者との取扱いが，経費控除面において平等になっていない。

　上記②の点について，給与所得控除の全額を上回った場合に限りこの制度を選択できるということは，給与所得控除は全額が必要経費と見なされていると考えなくてはならない。給与所得控除に他の要素が含まれているのであれば，その分を差し引いた残額の超過分が特定支出控除の対象とならなくてはならないからである。給与所得控除の意義が必要経費のみにないとされていたことは先に見た通りである[33]。

　今日，特定支出制度が適用されてから25年以上が経過しているが，その利用者はきわめて少ないのである。

1.5 申告納税と源泉徴収の方向性

　わが国の所得税納税システムの中には，源泉徴収・年末調整というシステム[34]が存在している。源泉徴収制度とは，所得税法により給与等の源泉徴収の対象と定められた所得の支払者を源泉徴収義務者とし，この源泉徴収義務者がその支払の際，その所得を受ける納税義務者（サラリーマン等）の納税すべき所得税を一定の割合で徴収し，これを納税者本人に代わって納入する制度である。また，年末調整はこうして源泉徴収された金額と本来納付すべき正当な金額とを，源泉徴収義務者が暦年の最後の給与支払を行う際に対比し，精算調整する行為である。

　この連動する源泉徴収・年末調整システムは，源泉徴収義務者に納税協力費を負担させて徴税手続きを行わせるしくみであるといえる。わが国では，源泉所得税納税者数が多く，このシステムが整備されているため，本章でも見たように，税務職員数を大きく増加させずに済んでおり，表面上の徴税コストが低く抑えられている。これはまた，本章1.2で示したように，申告所得税納税者数に比べて源泉所得税納税者数の割合が大きく，人数も増大してきていることからも，より一層言えるのである。しかし，表面上の徴税コスト（いわゆる狭義の徴税コスト）が現状で低く抑えられている一方で，納税協力費も含めた広義の徴税コスト（徴税費（国）＋納税協力費（民間））は高い値となることを忘れてはならない。このことは本章1.3で見たように，税務職員数が横ばいで推移してきたのに対し，源泉徴収義務者数はかなり増大してきていることからもいえる。

　毎月の給与支払時における源泉徴収の段階では考慮されない生命保険料控除，損害保険料控除などが年末調整の段階で行われ，過納額は納税義務者に還付されることになる。ただし，雑損控除，医療費控除，寄付金控除等一部の控除項目は年末調整の対象となっておらず，これらの控除を受ける場合には，納税義務者が確定申告を行って精算する必要がある。本章では，サラリーマンであって申告を行うケースであるとしてこれらの控除に注目し，変遷などについて見

たが，それぞれの変更の理由・意味合いについて，十分に検討を行うことができなかったのでこの点については今後の課題としたい。

民主主義的租税制度の観点からは，給与所得について原則として年末調整によってすべての課税関係を終了させる制度は，たとえ効率性の観点からはメリットがあるとしても，決して好ましいとは言えない。将来的には，給与所得者にもたとえ選択的ではあれ，確定申告の機会を与え，実額による経費控除を認めることが望ましい[35]。この点について，本章でも触れた特定支出控除制度は，その方向に向けての制度改革の第一歩と見てよいだろうが，問題点が多く，利用者もあまりにも少ないというのが現状である。

特定支出控除制度や還付申告の機会をサラリーマンに与えること（雑損控除，医療費控除，寄付金控除）によって，納税に関心のある人を増やしていく傾向があるのであろうか，また，年末調整制度がなくなる方向に向かっているのだろうか，疑問が残る。源泉徴収・年末調整というシステムの中で，特に年末調整制度は，かなりの納税協力費を負担させていることからいっても，問題が多く，見直す必要があると考える。

【注】

1 所得税に関する徴税コスト・徴税行政の公平性についてや，所得税納税システムに関する問題点については，横山直子（1998）ならびに横山直子（2000）において述べているので参照。本書では，第2部（第4章から第8章）において詳しく述べているので参照されたい。
2 所得税の源泉徴収に関する歴史について，詳しくは序章を参照。ここでは主に金子宏（1991）を参考にしている。
3 徴税費（コスト）や納税協力費（コスト）については，参考文献に挙げているサンフォードによる文献を参考。また，本書の第2部（第4章から第8章）において詳しく見ているので参照。
4 徴税コストとは，税を100円徴収するのに国の徴税費がいくらかかっているのかを示すもので，国税100円当たりの徴税コスト＝（徴税費／国税収入）×100で表される。『国税庁統計年報書』の手法を参考にしている。本書第2部を参照。
5 横山直子（2000）の中で，徴税コストを計算しているが，これによれば1996年で見て申告所得税の徴税コストは源泉所得税の約30倍のコストがかかっていると試算している。

6 源泉徴収義務者は，月々の源泉徴収事務に加え，1年に1回の年末調整事務を行うので，かなりの時間的・金銭的・心理的コストを負担していると考えられ，これを納税協力費としている。これについては，横山直子（1998），横山直子（2000）において詳しく検討している。なお，本書の第2部（第4章から第8章）において詳しく見ているので参照。
7 この点についても，本章末注1で挙げた論文および本書第2部（第4章から第8章）を参照。
8 納税協力費や広義の徴税費については，それぞれの値を試算するなど，本章末注1で挙げた論文および本書第2部（第4章から第8章）にて，詳しく検討しているので参照されたい。
9 納税協力費の分で，税務職員を何人増員することが可能なのかについて，横山直子（2000）において計算を試みているので参照。
10 申告を行う機会があるかどうかということは，源泉所得（給与所得）納税者個人の納税協力費が大きくなるか，小さくなるかということにも関わってくる。
11 納税者の負担感や納税意識については，藤田晴（1992）第10章や，山本栄一（1989）第8章などを参照。また，本書第2章，横山直子（2003）についても参照。
12 ここでは，藤田晴（1992）第4章を参考にしている。また，齊藤貴男（1996）についても参考にしている。
13 個人的支出控除については，藤田晴（1992）第4章を参考にしている。
14 この点に関しては，藤田晴（1992）pp.93-94を参考。
15 藤田晴（1992）pp.94-97を参照。
16 これらの点に関しては，齊藤貴男（1996）pp.54-55を参考。
17 これらの点に関しては，齊藤貴男（1996）pp167-168を参考。
18 これらの点に関しては，藤田晴（1992）pp.97-98を参考。
19 これらの点に関しては，藤田晴（1992）p.99を参考。『財政金融統計月報』についても参考。
20 税制調査会編（1994）『今後の税制のあり方についての答申（平成5年11月）』大蔵省印刷局。
21 税制調査会編（1994）p.24.
22 これらの点に関しては，藤田晴（1992）pp.98-99を参考。
23 ここでは，藤田晴（1992）第5章を参考にしている。
24 税制調査会編（1986）『税制の抜本的見直しについての答申（昭和61年10月）』
25 税制調査会編（1986）p.30.
26 税制調査会編（1986）pp.30-31.
27 税制調査会編（1986）p.31.
28 税制調査会編（1986）pp.31-32.
29 ここでは，住澤整編著（2014）や，藤田晴（1992）第5章，齊藤貴男（1996）第5章を参考にしている。
30 住澤整編著（2014）を参考。
31 住澤整編著（2014）pp.96-97参考。
32 これらの点に関しては，藤田晴（1992）pp.110-111，齊藤貴男（1996）pp.134-146を参考。
33 この点に関しては，齊藤貴男（1996）pp.134-135を参考。

34 源泉徴収・年末調整システムということばが，齊藤貴男（1996）において用いられている。
35 この点については，金子宏（1991）p.48を参考。

第 2 章

わが国における申告納税制度と源泉徴収制度

2.1 給与所得納税者の税負担感

　わが国における所得税納税システムの中には，源泉徴収・年末調整システムが存在している。そのため，源泉所得税の徴税コストが申告所得税と比較して非常に低いということが特徴の1つとして挙げられる。これは，少ない徴税費で（少ない税務職員数で）多くの税収をあげることが可能であることを意味している。さらに源泉徴収表や支払調書の制度と結びついて，源泉徴収の対象となる所得に関する限り，誰にどれだけの所得があるのかについての把握を可能にし，総合累進所得税を執行面で支える役割を果たしているのである。その観点から見れば，源泉徴収制度の持つプラス面は評価されるべきものであるといえる。しかしながら，表面上の徴税費が小さい一方で，その背後には，源泉徴収義務者による徴税代行事務に伴う多額の納税協力費が存在していることを忘れてはならない。納税協力費も含めた広義の徴税費で見ると，源泉所得税についての徴税費はかなり高い値となるのである[1]。

　この点に関連して，例えば，税務職員数が比較的横ばいで推移してきたのに対し，源泉徴収義務者数はかなり増大してきていることや，申告所得納税者数に比べて源泉所得税納税者数の割合が大きく，人数自体も増加してきていることなどの特徴を，わが国の所得税納税システムは有しているといえるのである[2]。

　本章は，申告納税制度と源泉徴収制度についての特徴をより細かく検討しよ

うとするものである。具体的にはそれぞれの納税者数，税額などの構成を見ていくことからはじめ，源泉所得税納税者の中では特に給与所得税納税者に注目していく。給与所得に対する所得税は，どのような特徴を有しているのか，また，申告納税と比較してどのような特徴があるのか，などについて検討を行っていく。その中から，様々な数値を用いることによって，なぜ，給与所得納税者は重税感・不公平感を感じているのかを中心に探っていくこととする。

2.2 納税者数と税額に関する推移
——所得種類別の推移を中心に

はじめに，申告所得税，源泉所得税それぞれについて，所得種類別に見ていくこととする。申告所得では事業所得，源泉所得では給与所得について，特に注目したい。

2.2.1 申告所得税の納税者数と税額

図2-1は，申告所得税に関して，所得種類別納税者数とそれぞれの構成比について1990年から2000年の間の推移を見たものである。申告納税者数は，1990年約855万人，1992年約858万人，1995年約802万人，1998年約622万人，1999年約740万人，2000年約727万人となっている。そのうち営業所得者数は1990年約251万人，1992年約246万人，1995年約213万人，1998年約127万人，1999年約168万人，2000年約164万人となっている。

構成比で見ると，事業所得者の納税者数の構成比が約40％から30％へと徐々に減少しているのがわかる。特に営業所得納税者数について10年間で比較すると，構成比が約10％減少していることがわかる。

申告所得税納税者の所得種類別伸び率について推移を見ると，農業所得納税者の伸び率以外は，若干の差はあるものの比較的似通った推移をしていることがわかる。1997年までは農業所得納税者数以外の伸び率は増減率とも安定的に推移している。しかし1998年には営業所得納税者数の伸び率が約40％減少したことをはじめ，申告納税者数全体で見ても約25％減少しており，1999年には増加したもののそれぞれの所得納税者とも1997年の水準を下回る納税者数となっ

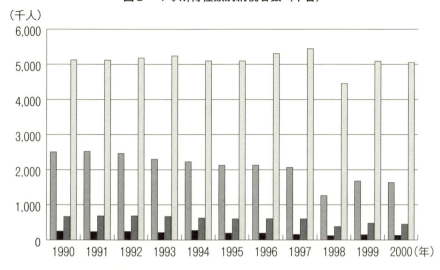

図2－1◆所得種類別納税者数（申告）

出所：国税庁編『国税庁統計年報書』大蔵財務協会，各年度版より作成。

ている。

一方，図2－2は，2011年における申告所得税の所得種類別納税者数と納税額について見たものである。申告納税者数は約607万人であり，申告納税者における事業所得者数は約154万人，不動産所得者は約106万人，給与所得者約230万人，雑所得者は約94万人，他の所得者は約23万人となっている。一方，申告納税額は約2兆3,092億円で，事業所得者納税額は約5,151億円，不動産所得者納税額は約6,305億円，給与所得者納税額は約5,255億円，雑所得者納税額は約629億円，他の所得者納税額は約5,752億円となっている。

事業所得者納税額の構成比は，約22％程度である。事業所得以外所得者納税額の構成比は約78％であり，その内，不動産所得者納税額の構成比は約27％，給与所得者納税額の構成比は約23％，雑所得者納税額の構成比は約3％であり，他の所得者納税額の構成比は約25％となっている。不動産所得者と他の所得者の納税額の全体に占める割合はそれぞれ約27％，約25％と非常に高いといえる。納税者数で比較した不動産所得納税者の構成比はそれほど多くないが，納税額で比較すると不動産所得者納税額の構成比は高いということが1つの特徴である。

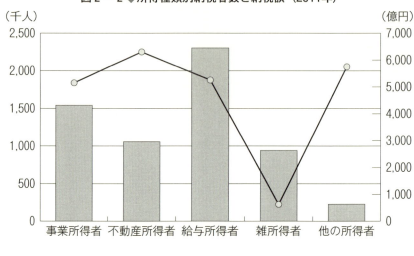

図2－2◆所得種類別納税者数と納税額（2011年）

出所：国税庁編『国税庁統計年報書』大蔵財務協会，平成23年度版より作成。

2.2.2　源泉所得税の税額

　ここでは，源泉所得税に関する納税者について，給与所得税納税者のみに着目する。図2－3は，1990年から2010年までの間の給与所得者数とそのうちの納税者数について，それぞれの推移を見たものである。給与所得納税者数は，1990年約3,488万人，1995年約3,881万人，2000年約3,887万人，2005年約3,853万人，2010年約3,755万人となっている。給与所得者数はほとんど毎年増大しており，1990年と2010年を比較すると，約621万人増大している。給与所得納税者数については，1990年から1997年までは，ほとんど毎年増加していたが，1998年に減少したのち2000年までにまた増加し，その後，同じくらいの納税者数で近年まで推移しており，納税者割合は，約80％から90％に達していることがわかる。

　納税者数の推移についても申告所得税と源泉所得税では特徴が異なっている。1990年から2000年で見て，申告所得税の場合，特に営業所得者納税者数について，その10年間に約30％減少していたのに対して，源泉所得税の場合，給与所

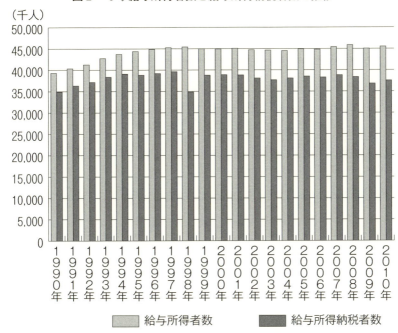

図 2 − 3 ◆給与所得者数と給与所得納税者数の推移

出所：国税庁編『国税庁統計年報書』大蔵財務協会，各年度版より作成。

得納税者数はむしろ約10％上昇しているということが特徴的である。

2.3 給与所得に対する源泉所得税

2.3.1 給与所得への源泉徴収の歴史[3]

わが国における所得税は1940年の所得税法によって全面的に改正された。この改正は，戦費調達のために必要な税収を調達することができなかったことに対処しようとするものであるが，その基本的特色は，分類所得税と総合所得税の二本建の制度を採用したことにあった。この改正のもとで源泉課税の範囲は著しく拡大され，勤労所得（給与所得）に対しても源泉課税の方法で徴収されることになった。これは，大衆課税化した所得税を確実かつ迅速に徴収するための手段であったと見ることができる[4]。

この改正のもとでは，源泉課税の意義や特色についてそれ以前よりも精密な議論が展開され，源泉課税の特有性として以下の点が挙げられている[5]。

① 支払者は税金の徴収に関し国家から委託を受けている。
② 支払者が所得支払の際，税金を天引き徴収するものである。
③ 天引きされるがゆえに納税上の苦痛が少ない。
④ 他の租税に見られるように国家の権力に依って強制的に徴収されるという感じが少ない。
⑤ 原則として申告等の手続きを要しない。
⑥ 徴税費が比較的少なくて済む。
⑦ 租税技術的に見れば単一の比例税率をもって課税する以外に途がない。
⑧ さらに源泉課税の所得税については人的事情を考慮することが不可能である。

続いて1947年の税制改正によって，わが国で初めて近代的な総合累進所得税が採用された。給与所得の源泉徴収について，注目すべきことは，いわゆる年末調整の制度が採用されたことである。要するにこの制度は給与所得が一定金額以下の場合には，確定申告の手続きを省略して，年末調整で所得税の納税を完結させようとするものであり，それは納税者にとっても租税行政にとっても簡便な制度であるといえる[6]。

給与所得に対する所得税の徴収を原則として年末調整によって完結させることは，給与所得について実額による経費控除を認めた場合には不可能である。換言すれば，それは実額による経費控除を認めない制度と結びついてのみ成立しうる制度であるといえる。近代所得税の原理からすれば，たとえ選択的にであれ，給与所得についても実額による経費控除を認めるのが望ましいはずであるが，当時の状況のもとでは，実額控除を認めることは考えられないことであったに違いないと思われる。しかし，実額控除の否定は，わが国の所得税制度の最も重要な問題点の1つとして議論の対象とされていくことになるのである[7]。

2.3.2 給与所得納税者の納税額

給与所得納税者は，重税感を抱いているといわれる。ここでは，給与所得納

税者の税額割合の推移を見ることによって，実際に税負担は重くなってきているのかを検討し，さらに重税感を抱く原因について若干の考察を試みることにする[8]。

図2－4は，1990年から2010年までの間における，給与所得納税者の給与総額，所得税額さらに税額割合の推移について見たものである。給与総額については，1990年約160兆円，1995年約194兆円，2000年約195兆円，2005年約185兆円，2010年約170兆円となっている。また給与に対する税額は，1990年約9兆7,350億円，1995年約10兆1,337億円，2000年約9兆1,754億円，2005年約8兆9,630億円，2010年約7兆2,473億円であり，税額割合は，1990年約6.07％，1995年約5.23％，2000年約4.70％，2005年約4.85％，2010年約4.26％と推移している。

全体を通してみると，1997年までは給与総額についてはほぼ一貫して増大しているが，所得税額については，1994年以降減少傾向にあることがわかる。税額割合についても1993年までは6％から6.5％程度で推移していたのに対し，1994年以降は減少し1999年では4.5％程度にとどまっていることが見てとれる。

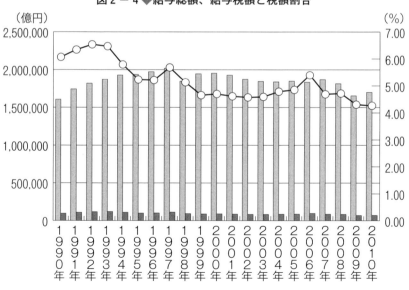

図2－4◆給与総額、給与税額と税額割合

出所：国税庁編『国税庁統計年報書』大蔵財務協会，各年度版より作成。

ここで注意しなければならないのは，1994年，96年，98年，99年には減税が行われていたので，税額割合が減少しているかどうかを見る場合には，その点を考慮する必要があるという点である[9]。

2.4 申告納税と源泉徴収に関する税額と納税者数の特徴

次に，申告所得税と源泉所得（給与所得）税の特徴について，別の視点から見ることとする。申告所得税については，合計所得階級別について，源泉所得（給与所得）税については，給与階級別について見ることによって，それぞれどのような特徴を見出すことができるのであろうか，比較してみることとする。

2.4.1 合計所得階級別の申告納税者数と納税額の推移

図2－5は，2011年における申告所得納税者数について，合計所得階級別の構成比を見たものである。図2－5を見ると，申告納税者数約607万人を合計所得階級別に見ると，100万円以下の者約8％，200万円以下の者約25％，300万円以下の者約20％，400万円以下の者約12％，500万円以下の者約8％，600万円以下の者約5％，700万円以下の者約4％，800万円以下の者約3％，

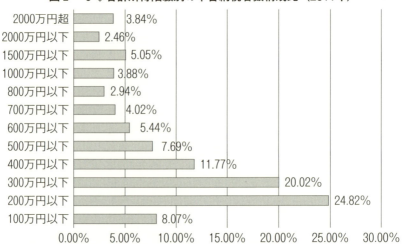

図2－5 ◆合計所得階級別の申告納税者数構成比（2011年）

2000万円超	3.84%
2000万円以下	2.46%
1500万円以下	5.05%
1000万円以下	3.88%
800万円以下	2.94%
700万円以下	4.02%
600万円以下	5.44%
500万円以下	7.69%
400万円以下	11.77%
300万円以下	20.02%
200万円以下	24.82%
100万円以下	8.07%

出所：国税庁編『国税庁統計年報書』大蔵財務協会，平成23年度版より作成。

1,000万円以下の者約4％，1,500万円以下の者約5％，2,000万円以下の者約2％，2,000万円超の者約4％となっている。

2.4.2 給与所得階級別の給与所得納税者数と税額の推移

図2－6は2011年における給与所得納税者数について，給与階級別の構成比を見たものである。給与所得納税者の構成比を見ると給与階級1,000万円超の者の構成比は全体の約5％程度にとどまっている。100万円超600万円以下の者について各階級の構成比は高く，合わせて約80％に達している。

先に見た，申告納税者の場合とは，統計資料の関係上同じ指標で見ていないため厳密な意味での比較をすることはできないが，以下のことは言えると考えられる。

納税者数で見ると，給与所得税に対して申告所得税の方が，高額所得者の納税者の比率が高い。申告所得税については，合計所得階級が1,000万円超の者の納税者数構成比が10％以上と高い水準であったのに対して，源泉所得税については給与階級1,000万円超の者の構成比は全体の約5％程度にとどまっている。また，給与所得税の場合には，給与階級100万円超1,000万円以下のどの階級にも，税額の構成比が5％程度から10％程度の割合で分布していることがわ

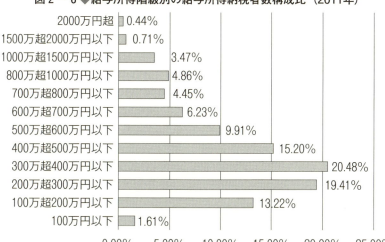

図2－6 ◆給与所得階級別の給与所得納税者数構成比（2011年）

出所：国税庁編『国税庁統計年報書』大蔵財務協会，平成23年度版より作成。

かる。

　先に見たように，給与所得税の給与総額は増大傾向，あるいは安定的な微増・微減傾向にあるのに対して税額は減税などの影響もあって減少していることから，税額割合は近年減少しているが，より詳細に見ると給与階級によって給与総額や税額の増減率は異なるはずであるので注意が必要である。

2.5　給与所得に対する課税と申告納税制度[10]

2.5.1　源泉徴収制度—給与所得に対する課税を中心に

　給与所得に対する所得税については，源泉徴収制度が採用され，給料などが支払われる際に，その支払額に応じた所得税が天引きされ，国に納付される。さらに，その年の最後の給与などの支払が行われる際に，その年中の給与の総額に対する正規の年税額と給与の支払の都度天引き徴収された所得税の額とを対比して過不足額の精算（年末調整）が行われ，給与所得者が申告納税をする手数を省くこととされている[11]。

　また，給与所得者が通勤費，転勤に伴う引越費用などの特定支出をした場合に，その合計額が給与所得控除額を超える時には，給与所得の金額の計算上，給与所得控除額のほかその超える部分の金額も控除することができるという特例が設けられている[12]。この特定支出控除制度については，実額控除への道を拓いたという点では意義があるといえるが，特定支出の内容が限定されすぎているなど，問題点が多く，その実効性は疑わしい[13]。

　源泉徴収制度の役割としては以下の点が挙げられる[14]。

① 税務行政費の節約→特に給与所得に関する源泉徴収制度は，年末調整制度とあいまって，きわめて多数の納税者の申告による納税を不要とするので，この効果が絶大である。

　この点に関連して，筆者は申告所得税にかかる徴税コストと源泉所得税にかかる徴税コストを1996年について比較を試みているが，源泉所得税の方がかなり小さなコストで済んでいるとの結果を得た[15]。これは，源泉所得税は所得税

収入に占める割合が非常に大きいにもかかわらず，それに関わる税務職員数がかなり少なく済んでいることが大きく影響している。しかし，そのことは同時に，源泉徴収義務者がかなりの部分の徴税代行を行っているからにほかならないことを意味している。源泉所得税に関わる徴税費用の低さについて述べる際には，そのことを忘れてはならない。

② 納税者の負担感の軽減→給与所得者が源泉徴収だけで所得税を納付できる制度は，給与所得者にとっての所得税負担感を軽減し，それを間接税に近いものにする効果がある。

この点について，厳密に言うと，間接税の負担感が少ないということと源泉所得税の負担感が少ないということとは，意味が異なる。山本栄一（1989）において，この点に関して以下のように述べられている[16]。

「間接税は負担そのものが実質的な納税者にとって不明確であることによって負担感が少ないのであって，その点は所得税では徴税方法の如何にかかわらず負担は明らかである。したがって，徴税方法による負担感の相違は主観的心理的な問題であるといえる。」[17]

なお，税の負担感や納税意識の問題については，本書全体で注目している大きな問題であり，本書第2部，第3部において詳しく検討している。

③ 申告漏れ対策→源泉徴収制度は，支払調書提出制度とあいまって，所得の申告漏れを抑制するための有力な手段となる。

2.5.2 申告納税制度[18]

申告納税方式が有効に機能するためには，申告所得の裏付けとして，その算定に必要な粗収入，経費支出などに関する資料が提示されねばならない。したがって，申告納税者に対して，最小限の記帳と帳簿などの保管を要求することはやむを得ない。戦後日本の所得税制の基礎を築いたシャウプ勧告[19]は，近代的な所得税制を確立するためには，適正な記帳に基づく自己申告の健全な発展が不可欠であることを強調した。この見地から，申告納税の改善を促進するために導入されたのが青色申告制度である。この制度は，一定の基準に合致した

帳簿を備え，その帳簿に基づいて所得と税額の計算ができる納税者に対して，納税上の特典を与えることにより，合理的な記帳の慣習を定着させようと意図したものである[20]。

具体的には，青色申告者については，事業専従者給与の必要経費算入や青色申告特別控除の適用など，所得計算上あるいは申告や納税の手続きの上で様々な特典が与えられている。青色申告特別控除は，1992年度の税制改正において創設されたものである（1993年分から適用）[21]。

青色申告の普及状況を見るために，青色申告納税者数と申告納税者全体に占める青色申告納税者数の割合に関する1996年から2011年までの推移について見たものが図2-7である。青色申告納税者数は，1996年に約255万人，1997年に約257万人に達したことがあったが，1998年には約200万人に減少し，2007年まで微増・微減の状況となり，その後，減少傾向となり2011年には約218万人となっている。申告納税者に占める割合で見ると，ほぼ30％程度の水準で推移

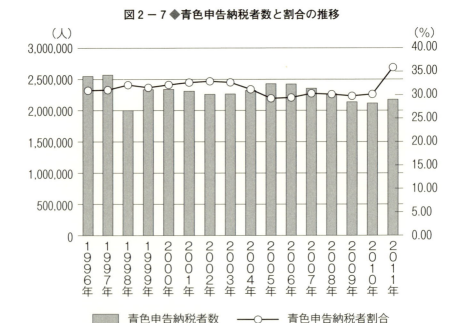

図2-7◆青色申告納税者数と割合の推移

出所：国税庁編『国税庁統計年報書』大蔵財務協会，各年度版，国税庁企画課編『税務統計から見た申告所得税の実態』各年分より作成。

していることがわかる。

青色申告納税者の割合が約30％程度の水準というように低いとはいえない水準で推移している要因の1つとして専従者控除があるということが考えられる。

そこで青色申告納税者のうち，青色事業専従者のある者の割合について，1996年から2011年の間の推移を見たのが図2－8である。1996年には約44％の割合であったが，1998年にはその割合が40％を下回り，2005年以降は25％から約30％の水準で推移している。

先に述べたように，自営業者には事業所得の一部を専従者給与として支払うことが認められている。全額を事業所得として申告する場合と比較して，その一部を給与所得として分割することが可能であれば，支払う税額が軽減できることになる。また，専従者給与には給与所得控除も適用される。さらに，帳簿

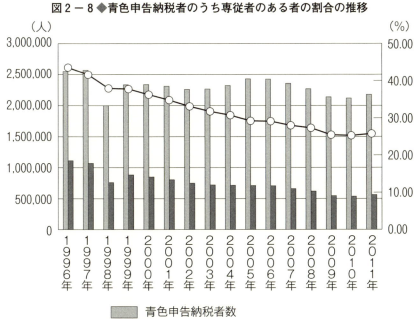

図2－8◆青色申告納税者のうち専従者のある者の割合の推移

出所：国税庁編『国税庁統計年報書』大蔵財務協会，各年度版，国税庁企画課編『税務統計から見た申告所得税の実態』各年分より作成。

を作成することで特別な控除が認められる。このように見ると，給与所得と比較して，明らかに優遇されているといえ，このことが給与所得納税者の重税感を一層助長している[22]原因の1つと考えられるのである。

2.6 申告所得納税者と給与所得納税者の税負担感の要因

　わが国における所得税は，源泉徴収による税の税額の割合が非常に高く，申告所得税の税収と比較してもかなり大きいということが特徴の1つであるといえる。また，納税者数で見ても給与所得納税者数はかなり多い。このように税収面で見ても納税者数の面で見ても，大きな割合を占めている給与所得納税者は，所得税の納税に関して重税感を抱いているといわれており，本章ではその点に注目して，申告所得税と源泉所得税の特徴を比較しながら見ることによって検討を行ってきた。本章で見たように，同じ所得税であっても，申告所得税と源泉所得税では，税収，納税者数，またそれぞれの制度が持つ特徴など様々な面から見て，かなり異なっているといえるのである。

　給与所得に対する所得税について採用される源泉徴収制度は，徴収確保の観点からはきわめて進歩した制度であり，源泉徴収義務者に租税徴収の役割を部分的に負わせる（納税協力費を負担させる）ことによって，徴税コストの節約にも大きく貢献している。しかし，民主主義的租税制度の観点からは，給与所得について原則として年末調整によってすべての課税関係を終了させる制度は，たとえ効率性の観点からメリットがあるとしても，決して好ましいとは言えず，給与所得者にも，選択的ではあれ確定申告の機会を与え，実額による経費控除を認めることが好ましいといえる[23]。さらに，小さいといわれる徴税コストに関して言えば，その背後に，源泉徴収義務者による徴税代行事務に伴う多額の納税協力費が存在していることを忘れてはならない。つまり，納税協力費も含めて徴税費を考えた場合，徴税費はかなり高い値になるといえるのである。

　申告所得納税者との比較で見ると，給与所得納税者が重税感を抱く原因の一部分が浮かび上がる。青色申告者については，事業専従者給与の必要経費算入や青色申告特別控除の適用など，様々な特典が認められている。自営業者には，事業所得の一部を専従者給与として支払うことが認められており，全額を事業

所得として申告するよりも，その一部を給与所得として分割すれば，支払う税額が軽減できるのである。さらに帳簿を作成することで特別な控除が認められる。このような優遇措置は，もちろん給与所得納税者は利用できないのであるから，重税感を一層助長しているといえるのである。

【注】

1 所得課税に関する徴税コスト・徴税行政の公平性についてや，徴税費，納税協力費，源泉徴収義務者の負担する納税協力費については，横山直子（1998），本書第5章，ならびに横山直子（2000）において詳しく検討しているので参照されたい。本書2部（第4章から第8章）についても参照。納税協力費，徴税費，広義の徴税費などについては，サンフォードらの分類を参考にしている。参考文献に挙げているサンフォードによる文献（本書第4章末注1に挙げている文献）を参考。
2 この点について，横山直子（2002），本書第1章において検討しているので参照されたい。
3 源泉徴収の歴史に関しては，本書の序章で見ているので，詳しくは序章と序章末注で挙げている文献を参照のこと。ここでは，主に，金子宏（1991）を参考にしている。
4 これらの点に関しては，金子宏（1991）pp.18-19を参考。
5 小林長谷雄，雪岡重喜，田口卯一（1941）p.7，小林長谷雄，雪岡重喜，田口卯一（1942）p.11を参考。
6 この点に関しては，金子宏（1991）pp.27-33を参考。
7 この点に関しては，金子宏（1991）pp.33-34を参考。
8 ここでは，給与所得納税者の重税感などに関して，主に，富岡幸雄（1992）第4章，本間正明編著（1994）第5章を参考にしている。
9 給与所得納税者が重税感を抱く原因について，減税などの影響を省いて考えると，給与総額の伸び率に対して納税額の伸び率の方が大きい場合，つまり給与収入が毎年増加していても，税額がそれを上回る率で増大しているために重税感を抱くということが考えられるのであり，給与総額の伸び率に対して税額の伸び率が大幅に上回っているときがあることに注目する必要がある（この点について富岡幸雄（1992）第4章，本間正明編著（1994）第5章参考）。
10 ここでは，藤田晴（1992）を参考にしている。
11 この点に関しては，稲垣光隆編（2002）を参考。
12 この点に関しては，稲垣光隆編（2002）pp.82-83を参考。
13 この点に関しては，藤田晴（1992）pp.110-112を参考。特定支出控除制度に関しては，藤田晴（1992），齊藤貴男（1996），金子宏（1991）などを参照。また，本書第1章，横山直子（2002）も参照されたい。
14 藤田晴（1992）第10章，p.284，山本栄一（1989）第8章を参考。

15 徴税コスト測定について本書第5章において見ているので参考。また，横山直子（1998），横山直子（2000）についても参照。本書第2部において徴税コストについては詳しく見ているので参照。
16 山本栄一（1989）。
17 山本栄一（1989）p.193.
18 ここでは，藤田晴（1992）第10章を参考。
19 Shoup Mission（1949）を参考。
20 これらの点に関しては，藤田晴（1992）p.283を参考。
21 稲垣光隆編（2002）p.100を参考。
22 この点に関しては，本間正明編著（1994）第5章，pp.196-197を参考。
23 この点に関しては，金子宏（1991）p.48参考。

第 3 章

イギリスの所得税における PAYEシステムの特徴

3.1 PAYEシステムの観点

　第1, 2章において, 主に, わが国における所得税納税システムにおける特徴について見てきた。

　わが国では, 所得税納税システムの中に, 源泉徴収・年末調整システムが存在している。この源泉徴収・年末調整システムは, 国が負担する徴税費（コスト）を低くし, 徴税効率を上げるという点について, プラスの役割を果たしているが, 一方で, 源泉徴収義務者に, 大きな納税協力費（コスト）を負担させているという点についても注目することが重要である。

　徴税費（コスト）・納税協力費（コスト）に関しては, これまでにも, イギリスにおいて数多くの研究が行われてきている[1]。イギリスにおいては, 所得税において, PAYEシステムが存在している。イギリスにおける, 源泉徴収に関するシステムは, どのようなものなのであろうか。

　本章では, イギリスにおける所得税について, その中でも, PAYE（Pay-As-You-Earn）システムとよばれるシステムに注目し, 主に, その特徴を探っていくことを目的としている。イギリスのPAYEシステムとはどのようなものであるのか, どのような特徴を有しているのか, また, わが国の源泉徴収・年末調整システムとは特徴が異なっているのであろうか, そうだとすれば, どのように異なっているのか, などについて探っていくこととする。その中から,

わが国における源泉徴収・年末調整システムについて考える際に，注目すべき点，重要な点について探っていきたい。

まず，第1に，イギリスの所得税に注目し，どのような特徴を有しているのかについて，ごく簡単に，概観することからはじめることとする。

第2に，PAYEシステムのしくみや特徴に焦点をあてる。イギリスにおけるPAYEシステムとは，一体，どのようなものであるのか，わが国と比較してどのような特徴を有しているのであろうか，などについて，見ていくこととする。

第3に，PAYEシステムのメリットとして，どのようなことが考えられているのか，問題点としてはどのような点が考えられているのか，などについて注目し，いくつかの紹介を行う。

3.2 イギリスにおける所得税の特徴

3.2.1 所得税の創設

ここでは，とくに，所得税がいつ導入され，源泉課税制度がいつ導入され，また，PAYEシステムがいつ導入されたかについて，注目したい。

所得税は，イギリスにおいて，ピット（William Pitt）により導入された。本章では，ここで，所得税の歴史について，簡単に見ておくこととする[2]。

所得税は，ピット（Pitt）によって，1799年に導入された[3]。ピットの所得税は，戦費調達や，その他の様々な事情から導入されたものである[4]。

ピットの所得税の特徴の1つは，19のケース（cases）を含む，4つの項目（heads）に基づいて，申告（書）を必要とする点であった。項目は，次のようなものであった[5]。

  Ⅰ（ケース1から14） 土地や家屋からの所得
  Ⅱ（ケース15，16） 事業，専門職，年金，雇用などからの所得
  Ⅲ（ケース17，18） 国外にある財産からの所得
  Ⅳ（ケース19）   上の項目に含まれていない所得

ピットの所得税は，1802年に廃止された[6]。

ピットの所得税は，1802年に廃止されたが，1803年には，アディントン（Addington）の所得税が創設された[7]。アディントンの所得税は，ピットの所得税とは異なる特徴を有していた。注目すべき点の1つは，源泉課税制度を導入したことであり，もう1つは，所得が，いくつかのシェデュール（schedules）に分類されたということである[8]。

1803年に，査定方法（method of assessment）に関する，基本的な変更点が導入された。変更点は，納税者が，総所得について直接申告をするのではなく，所得が便利な数のカテゴリーあるいはシェデュールに分類されて，各シェデュールにおいて，税が可能な限り，所得の源泉で課税されるというものであった[9]。

所得税について，源泉課税制度が導入されたことにより，以前の，総所得の申告による方法と比較して，その効果は，直ちに，著しいものであったとされている。査定方法の変更により，徴税効率の上昇という効果がもたらされたとされている[10]。

このように，ピットの所得税とアディントンの所得税では，その特徴について，大きく異なる点があったのである。

その後，所得税は，1816年に廃止され[11]，1842年に，ピール（Peel）によって，再び導入されたのである[12]。

PAYEシステムは，第二次世界大戦中に生じた，査定や徴収に関する多くの困難な問題を克服するために，1944年に導入された（当時は，何百万人もの労働者が，初めて，所得税を納税するということとなっていたのである）[13]。

PAYEシステムは，多くのメリットをもたらした。1つは，課税年度末まで，徴税を待つ必要がないので，政府のキャッシュ・フローが改善されたという点である。またさらに，納税者にとっても，課税年度末に，多額の請求書（a large bill）に直面することがなくなり，各期に（例えば毎週）納税することになるので，納税がしやすくなった，などの点が指摘されている[14]。

3.2.2 イギリスの所得税の特徴―シェデュールシステムを中心に

① 税率と控除について

イギリスの所得税の特徴について見る前に，イギリスの所得税における税率と控除について，簡単に見ておくこととする。

表3-1は，2003/2004年度におけるイギリスの所得税率ついて，示したものである。税率は，10％のスターティング・レイト（starting rate）と，22％のベーシック・レイト（basic rate）と，40％のハイヤー・レイト（higher rate）となっている[15]。

ベーシック・レイト帯（basic rate band）が非常に長いということは，簡素であるということ（simplicity）と一致した，1つの特徴を，長い間備えてきている[16]。

この点に関連して，長いベーシック・レイト帯は，納税者間の公平性について見ると，いくつかのよくない効果を生んでいるという指摘がある。つまり，非常に低い所得の納税者が，高い限界税率（22％）で納税しているという点についてのことである。もちろん，同じ限界税率が，非常に広い所得層の納税者に適用されるということでもある[17]。

表3-1 ◆所得税の税率

		課税所得（単位：ポンド）
Stating rate	10％	0-1,960
Basic rate	22％	1,961-30,500
Higher rate	40％	30,500超

注：以下の点に注意。
　・貯蓄所得については，10％，20％，40％で課税される。
　・配当については，10％，32.5％で課税される。
　　（詳しくは，出所の文献について，参照）
出所：A. Melville (2005), *Taxation Finance Act 2004, 10th edition*, Pearson Education, Financial Times Prentice Hall, p.xi., P. Rowes (2004), *Taxation and self-assessment, incorporating the Finance Act 2003, 22nd edition*, 2003, Thomson Learning, pp.3-6., S. James and C. Nobes (2003), *The Economics of Taxation, 7th edition, updated 2003/2004*, Pearson Education, Financial Times Prentice Hall, pp.158-159, より作成。

次に、表3-2は、2003/2004年度における基礎控除について示したものである。主な基礎控除は、前年の小売物価指数の上昇に応じて、毎年、増加されるよう求められている[18]。基礎控除は、イギリスに居住しているそれぞれの納税者が利用できるものである[19]。

表3-2◆基礎控除

基礎控除（64歳まで）	4,615ポンド
基礎控除（65歳から74歳まで）	6,610ポンド
基礎控除（75歳以上）	6,720ポンド

注：この表は、Personal allowanceについてのみ見たものである。その他の控除などについて、詳しくは、出所の文献を参照。
出所：A. Melville (2005) p.xi, P. Rowes (2004) pp.3-6, S. James and C. Nobes (2003) pp.157-158, より作成。

② イギリス所得税におけるシェデュールシステム[20]

所得は、その源泉（sources）によって、いくつかの「シェデュール（Schedules）」に分類され、さらに各シェデュールは、「ケース（Cases）」に細分される[21]。各シェデュールやケースのもとで、算定（assess）される主な所得のタイプは以下の通り（表3-3）である。

シェデュールBについては、1988年に廃止され、シェデュールCについては、1996年に廃止されている[22]。

ここで注目したいのは、シェデュールEについてである。主に、雇用所得に関係するものであったシェデュールEは、2003年4月6日から廃止された。しかし、規定の大部分は、所得税（給与と年金）法2003（Income Tax（Earnings and Pensions）Act 2003）にそのまま移行されている。新しい法律は、雇用所得が算定される方法において、基本的な変更点を持つものではない。しかし、現在では、雇用所得については、「シェデュールEの所得」というよりも「雇用所得」と呼ばれている[23]。

それぞれのシェデュールやケースは、各課税年度に生じた所得額を決定するために、一連の規則から成り立っているということを、正しく理解することが重要である。規則は、シェデュールやケースごとに異なっているので、正しいカテゴリーに所得を割り当てることが、きわめて重要である[24]。

表3－3◆イギリス所得税におけるシェデュールシステム

Schedule A	イギリスにある資産からの所得（例えば，賃貸料など）
Schedule D	
Case Ⅰ	事業（trade）からの利益
Case Ⅱ	専門職（profession or vocation）からの利益
Case Ⅲ	受取利子と年次支払金
Case Ⅳ	海外の証券からの利子
Case Ⅴ	海外にある財産（possessions）からの所得
Case Ⅵ	他の Schedule または Case のもとで算定されない所得
Schedule F	イギリスの企業からの受取配当

注：シェデュールシステムについての詳細は，出所の文献を参照。
出所：K. Nightingale (2002), *Taxation Theory and Practice*, 4th edition, 2002/2003, Pearson Education, Financial Times Prentice Hall, pp.71-72., A. Lymer and D. Hancock (2003), *Taxation Policy and Practice*, 9th edition, 2002/2003, Thomson Learning, chap.4, pp4-5., S. James and C. Nobes (2003) p.156., A. Melville (2005) p.16, A. Foreman and G. Mowles (2003), *Tax Handbook 2003-04*, Pearson Education, Zurich, pp.27-28, より作成。

3.3　PAYEシステムのしくみと特徴

3.3.1　PAYEシステムのしくみ

　賃金や給与からの税の源泉徴収に関する，イギリスにおける Pay-As-You-Earn（PAYE）のしくみは，独特のものである[25]。非常に正確に税を徴収することを可能にしているシステムであるため，独特なのである。また，効率的に機能させるために，納税者側の協力をほとんど必要としていないという点も珍しい。これは，ほとんどすべての作業が，雇用主と内国歳入庁（the Inland Revenue）によって行われているためである[26]。

　わが国においても，給与所得などに対して源泉徴収・年末調整システムが存在しており，徴税漏れが少なく，国の徴税コストを節約できるため，徴税効率を上げているが，後に見るように，イギリスのシステムとは，異なるものである。

　この章では，イギリスの PAYE システムが，わが国における源泉徴収・年

末調整システムとどのように異なるのかについて探っていきたい。

　PAYEシステムのもとで，雇用主は，賃金・給与の支払時に従業員から，所得税と国民保険料（National Insurance Contributions（NICs））を徴収する[27]。雇用主は，課税年度中における各課税月ごとに，所得税と国民保険料（NICs）を徴収する責任を負っており，徴収額を課税月の終了後14日以内に，支払わなければならない。課税月は，6日から次の月の5日までなので，雇用主は，一般に，各月の19日までに支払を行うということになる[28]。

例)[29]
課税月	支払期日
4月6日から5月5日	5月19日
5月6日から6月5日	6月19日
6月6日から7月5日	7月19日

　PAYEシステムの作業は，特に，小企業にとって負担となるものであると考えられており，これを和らげるために，毎月ではなく，年4回（3ヶ月ごとに），雇用主が徴収額を支払うことが可能となる場合がある。これは，1ヶ月当たりの支払いが，平均1,500ポンド以下である雇用主に認められているものである[30]。

　PAYEシステムは，タックス・コード（tax codes）の考え（concept）に基づいているものである[31]。この，タックス・コードに関する点については，後に見ることとする。

　また，イギリスのPAYEシステムは，累積的基準（cumulative basis）で，行われているものである[32]。わが国における給与所得に対する源泉徴収制度は，イギリスのような累積的基準で行われていない。イギリスのPAYEのように，累積的基準にて行われる累積型システム（cumulative system）と，（日本の源泉徴収制度のような）非累積型システム（non-cumulative system）の比較については，後に行うとして，ここではごく簡単にイギリスにおけるPAYEシステムの特徴を見ておく[33]。

累積すること（cumulation）とは，納税者の給与（pay）と控除（allowances）が，課税年度を通じて累積されるということを意味している。いずれの一時点の源泉徴収額も，現時点を含め現時点までの課税年度を通じて受け取った所得に依存しているように，である[34]。つまり，累積型システムである，イギリスのシステムは，課税年度におけるそれぞれの時点において，確実に，年全体の負担額の適切な割合が支払われているようにしようとするものである[35]。

他方，非累積型システムは，各納税期間を別々に取り扱う。その結果，累積型システムにおいては，課税年度を通じて正確な税額を源泉徴収することが可能であり，払戻し（rebate）―還付―を課税年度終了後ではなく，そのときに支払うことが可能となるのである[36]。

累進的な所得税の場合，納税者の所得（income）や控除が課税年度の途中に変化した場合には，非累積型源泉徴収システム（non-cumulative withholding system）は，累積型システム（cumulative system）において考えられるような結果・効果を得ることができないと考えられている[37]。その原因は，非累積型システムにおいては，それぞれの報酬期間が，別々に扱われるために，納税者は，課税年度全体を通じた水準を考慮すると，適切であると思われる税のブラケットよりも，高い税のブラケットに押し込まれる（高い税のブラケットを強いられる）ことが，しばしばあり，その結果，多くの税が源泉徴収されるということがあるからである[38]。

3.3.2　累積型システムと非累積型システム[39]

イギリスにおける PAYE のような累積型システムについて，まずはじめに，C.Sandford（1992）[40]の中で挙げられている例を紹介し，これを参照しながら見ていくこととする。

例の中では，計算を簡単にできるようにするために，納税者の1年間の総控除額を520ポンドと仮定されている。この控除額は，納税者の毎週の控除額10ポンドに分割される。税は，表3－4のように徴収されていく。納税額は，課税年度を通してとらえた負担額に即したものに，維持されている[41]。

ここで，累積型システム（cumulative system）と非累積型システム（non-cumulative system）の間の違いをわかりやすく理解するために，S. James

第3章　イギリスの所得税におけるPAYEシステムの特徴　61

表3－4 ◆累積型PAYEの働きに関する例

(単位：ポンド)

週 (Week)	各週の所得 (Weekly income)	累積所得 (Cumulative income)	累積控除額 (Cumulative allowances)	累積課税所得 (Cumulative taxable income)	税率 (Rate of tax)	累積納税額 (Cumulative tax due)	各週の納税額 (Tax paid each week)
1	50	50	10	40	30%	12	12
2	50	100	20	80	30%	24	12
3	80	180	30	150	30%	45	21
4	20	200	40	160	30%	48	3
5	0	200	50	150	30%	45	-3
6	100	300	60	240	30%	72	27

注：第5週の各週の納税額欄の-3は、払戻し (rebate) を示している。
出所：C. Sandford (1992), *Economics of Public Finance, 4th edition, An Economic Analysis of Government Expenditure and Revenue in the United Kingdom*, Pergamon Press, p. 150. より作成。

and C. Nobes (2003)[42]において挙げられている例を紹介し、これを参照にしながら、それぞれについて見ることとする。

基本税率は25％と仮定されており、また、例の中で、個人は、当該年度にトータルで2,080ポンドの控除があり、所得は週ごとに変動すると仮定されている[43]。

① 累積型システム (cumulative system)[44]

表3－5は累積型システムについて、示されたものである[45]。累積することの効果とは、納税者の控除額を、給与期間 (pay periods)（例えば週給の場合、52）で割り、それを、年度が経過するにつれて累積していくことである。例の中で、フリー・ペイ (free pay) の控除額は、1週当たり40ポンドの割合で累積している (表3－5の中のコラム4)。累積フリー・ペイが現時点 (現時点まで) の累積給与 (表3－5のコラム3) から控除され、累積課税給与 (表3－5のコラム5) が導かれる。累積納税額は、累積課税給与の25％として計算され、実際の納税額は、累積納税額とすでに徴収された税額との差額になる。

課税年度の第1週 (week 1) において、この個人は、160ポンドを稼ぎ、40ポンドのフリー・ペイがあり、課税給与120ポンドがある。この120ポンドに対

表3－5 ◆累積型の例

(単位：ポンド)

1	2	3	4	5	6	7
週 (Week)	総給与 (Gross pay)	現時点の 累積給与 (Cumulative pay to date)	累積フリー ・ペイ (Cumulative free pay)	累積課税給与 （コラム3－ コラム4） (Cumulative taxable pay)	累積納税額 （コラム5 の25％） (Cumulative tax due)	実際の 納税額 (Actual tax due)
1	160	160	40	120	30	30
2	200	360	80	280	70	40
3	0	360	120	240	60	-10

出所：S. James. and C. Nobes (2003), *The Economics of Taxation, 7th edition, updated 2003/2004*, Pearson Education, Financial Times Prentice Hall, p.171, より作成。

する納税額は，30ポンドである。同様に，第2週（week 2）において，この個人の給与が200ポンドに上昇し，累積フリー・ペイが80ポンドに上昇すると，累積納税額は70ポンドになる。しかしながら，30ポンドは，すでに，前の週に徴収されているので，第2週における最終的な負担は40ポンドとなる。ここで，第3週において，この個人の所得がゼロとなったと仮定される。フリー・ペイは累積を続けるので，第3週には120ポンドに達し，このため累積納税額は60ポンドに低下するということになる。しかしながら，70ポンドは，すでに納税されているので，原則として，この個人は，その週（この場合，第3週）にその差額についての払戻し（rebate）―還付―を受け取ることができるというようになるはずである。しかしながら，イギリスにおいて，このような特徴は，制限されている[46]。

② 非累積型システム（non-cumulative system）[47]

表3－6は，非累積型システムについて，示されたものである[48]。累積型システムにおいては，各期に正しい税額が源泉徴収されるということがわかる。一方，非累積型システムの場合には，そうではない。表3－6を用いて見た累積型システムの場合と同様の例によって見ると，控除は，先ほどと同じく，報酬期間数で割られるが，非累積型システムの場合には，累積されない。第1週

表3-6 ◆非累積型徴収の例

(単位：ポンド)

週 (Week)	総給与 (Gross pay)	フリー・ペイ (Free pay)	課税給与 (Taxable pay)	納税額 (Tax due)
1	160	40	120	30
2	200	40	160	40
3	0	40	0	0

出所：S. James. and C. Nobes (2003), *The Economics of Taxation, 7th edition, updated 2003/2004*, Pearson Education, Financial Times Prentice Hall, p.172, より作成。

と第2週においては，累積型システムと非累積型システムの間で効果は同じであるが，第3週において，この個人はすべての控除を使い切らないのである。

超過税額が，課税年度の間に払い戻されるというメカニズムがないので，第3週までに，非累積型システムにおいては10ポンド多く徴収することになっている。もし，例の中にあるような，一律の基本税率ではなく，一連の税率（a series of rates）が採用されていたら，徴収額は，より超過してしまうことになる可能性がある。それは，所得が高くなった週において，この個人は，課税年度を全体として見たときに，ふさわしい状況よりも，より高いブラケット（brackets）に押し上げられるかもしれないからである。非累積型システムにおいても，超過徴収税額が，結局は払い戻されるということは事実である。しかし，それは，納税者の最終的な負担額が計算された後になされるのである。これは，課税年度終了前になされることはできないが，課税年度終了後に，適切になされるであろうということである[49]。

わが国は，非累積型システムをとっており，年末調整が行われる。例えば，年末調整還付金がある場合には，12月の給与支払の際に，払い戻される（還付される）ことが多い。

3.3.3 PAYEシステムにおけるタックス・コード[50]

次に，PAYEシステムにおける，タックス・コード（tax code）について注目する。わが国における源泉徴収・年末調整システムは，ここで見られるような，タックス・コードの考え方を有していない。

タックス・コード（tax code）は，個々の個人的状況・事情を考慮に入れて計算されたものであり，これにより源泉徴収される税額は，かなり正確なものである。最終的なタックス・コードは，個人の総控除額の10分の1の値となっている[51]。タックス・コードは，また，サフィックス（末尾に添えた文字）（suffix）を有しており，一般にアルファベット文字で示されている。最も一般的なサフィックスは，Lであり，これは，この従業員が，基礎控除の資格のみ有しているということを示している[52]。一般的なサフィックスとして，以下のようなもの（表3－7）がある[53]。

タックス・コード・サフィックスの目的は，基礎控除が増加するたびに必要とされる記録作業を，容易にするということである。控除額の増加が生じた場合に，内国歳入庁（the Inland Revenue）は，例えば，基礎控除の増加を反映するのに必要とされる額分だけ，すべてのLコードを増加するように，また，65歳から74歳の人々に適用される基礎控除の増加を反映するのに必要とされる額分だけ，すべてのPコードを増加するようになど，雇用主に知らせる。タックス・コード・サフィックスの存在は，国内におけるすべての従業員について，個別的に記録するという必要性をなくすのである[54]。

ここで，タックス・コードの考えに基づいて，PAYEシステムがどのように機能しているのかについて見ておく[55]。

査定過程（assessment process）の第1段階は，納税者が，納税申告書を作成することによって，内国歳入庁に，個人的状況・事情についての詳細を報告することである。納税者の状況・事情が変化しない限りにおいては，PAYEシステムは，毎年の申告書の提出を必要とするものではない[56]。

表3－7◆タックス・コード・サフィックスの意味の一例

サフィックス（suffix）	意味
L	基礎控除
P	65歳から74歳の人々に適用される基礎控除
BR	税は基本税率（basic rate）で徴収されるということ
NT	税は徴収されないということ

出所：A. Melville (2005) p.105, K. Nightingale (2002) p.591, A. Foreman and G. Mowles (2003) p.69, などを参考にして作成。

従業員が資格のある控除が，タックス・コードに直される。例えば，基礎控除（2002／2003においては4,615ポンド）のみの資格がある個人の場合，コード461L が与えられる。コードの数字の部分は，納税者の資格のある控除について加え合わせることによって計算されたものであり，最後の桁の数字は含んでいない。つまり，461という数字は，10ポンドの控除の幅を表している[57]。

第2段階は，納税者に「コード通知書」を送付することである。これは，タックス・コードを示し，納税者が内国歳入庁の数字を確認することができるように，どのように計算されたかを示すものである。また，納税者は，後にコードに影響する可能性のあるような，個人的状況・事情の変化が生じれば，納税申告書を待たずに，タックス・オフィス（tax office）に知らせるように，通知される[58]。

さらにまた，納税者のタックス・コードは，雇用主に送付される。コードは，納税者の控除額によって決定されるけれども，従業員の個人的状況・事情の詳細について，雇用主に明らかにするものではない。内国歳入庁は，また，正しい源泉徴収税額を計算するのに必要なタックス・テーブル（tax tables）を雇用主に送付する[59]。

課税年度末に，すべての雇用主は，従業員のリストを，給与と源泉徴収税額の詳細とともに，タックス・オフィスに送付することを必要とされる。それから，各個人についての数字が確認される。タックス・コードが正しく設定されており，PAYE システムが適切に機能していれば，さらに調整が必要とされることはない[60]。

3.4 PAYE システムのメリットや問題点として考えられている点

これまでに見てきた中から，イギリスにおける PAYE システムが，わが国における源泉徴収・年末調整システムとは異なるしくみや特徴を有しているということが理解できる。ここでは，イギリスにおける PAYE システムの特徴について，さらに，明らかにするために，PAYE システムのメリットとして考えられている点と問題点として考えられている点のそれぞれについて，見て

いくこととする[61]。

3.4.1 PAYEシステムのメリットとして考えられている点

累積型システムにおいては，自動的な方法で正しい答えに到達するというメリットがあるということは明らかである[62]。

つまり，累積型PAYEシステムにおいて，最も重要なメリットとして考えられているのは，雇用所得から税が，とても正確に源泉徴収されるという点である[63]。これは，ほとんどの従業員の税の支払について，年末調整を行う必要がないということを意味している[64]。これはまた，大多数の従業員は，毎年，納税申告書を記入する必要がないということも意味している[65]。この点に関しては，納税者にとっての納税協力費（compliance costs）が最小化される（小さくなる）ということが言われている[66]。

他のPAYEが有するメリットとして，次のような点が考えられている。課税年度の途中で，納税者の資格のある控除（allowances）が増大すれば，すぐにベネフィットを受けられるように，コードが増加されるという点である。（タックス・コードの増加は，源泉される税の減少という結果になることに注意が必要である。）これは，納税者が，税の払い戻し—還付—の資格があることになれば，年末というのでなく，現在の課税年度の間に，支払われうるということを意味しているのである[67]。

その他のPAYEシステムのメリットとして，「コーディング・イン（coding in）」として知られることのある技術がある。これは，何らかの理由で，納税者が年末に，所得に対して不十分な税額しか納税していなかった場合に用いられるものである。直ちに納税を要求する代わりに，内国歳入庁が，適切な額ずつ，納税者のタックス・コードを減少させることによって，後の年度にわたって，ゆっくりと（そして少しずつ），未払い税額（outstanding tax）を回復していくというものである[68]。

3.4.2 PAYEシステムの問題点として考えられている点

累積型源泉徴収における本質的・きわめて重要なメリットが，精密・正確であることを考え合わせると，本質的な問題点は，様々な状況のもとで，そのよ

うな正確さ・精密さを維持する必要性から生じるものであると考えられている。問題点は，2つのカテゴリーに属していると考えられている。1つ目は，累積的な過程（cumulative process）を維持する困難性を取り扱うということに関する点である。2つ目は，多くの年末調整をしないようにするために，システムの他の側面をよく考える（design）必要性があることに関する点である[69]。

　従業員が仕事を変える場合に，累積すること（cumulation）を維持する困難性が生じる。これには，2つの側面があると考えられている[70]。1つは，新しい雇用主が，累積的な過程（cumulative process）を持続するための情報を持つことを，確保する必要があるという点である。もう1つは，従業員のファイル（file）が新しいタックス・ディストリクト（tax district）に，移動されなければならないという点である[71]。

　従業員が仕事を変わる場合，雇用主は，フォーム（P45）[72]（従業員のタックス・コード，総給与（gross pay），現時点の納税額（tax paid to date）などを示したもの）を発行する。P45について，パート1は，内国歳入庁へ（その個人の最初の（もとの）タックス・ディストリクト（tax district）に）送られる。パート2とパート3は，新しい雇用主に移すために，従業員に渡される。パート4のフォームは，従業員が保持する。パート2のフォームは，源泉徴収するための権限（authorization）として，新しい雇用主によって保持され，パート3は，内国歳入庁へ（新しいタックス・ディストリクト（tax district）に）送られる[73]。

　P45の手順は，多くの欠点を有していると言われている[74]。第1は，仕事の数に関するものである。PAYEを取り扱っているタックス・ディストリクト（tax district）においては，タックス・ディストリクト（tax district）の総職員数の少なくとも10％が，この仕事のみに従事しているという点である。第2は，P45の一部分が，しばしば紛失されたり，または，置き忘れられたり，あるいは，従業員がもとの仕事を離れた後に発行されたりというような，プロセスの複雑性に関するものである。第3の可能性のある点は，その年度内の以前の仕事で，新しい従業員が，どの程度稼いでいたかについて，新しい雇用主が，たやすく知ることができるため，システムが，個人のプライバシーを侵害すると考えられるという点である[75]。

PAYE システムの累積型であるという要素は，ほとんどの納税者にとって，毎年，申告書を作成する必要性がなくなるということについて先に見た。しかしながら，このことには，デメリットとなる点があり，たやすく，間違った納税額になるかもしれないのである。個人は，毎年，所得に関する計算書にサインする必要がなければ，臨時の給与や収入について，容易に，忘れてしまうことになる。また，毎年の申告書が必要でなければ，納税者は，特定の控除や経費の資格があることについて，または，それらを要求するということについて，気づかない可能性もあるのである[76]。

3.4.3 PAYE システムの特徴に関してその他の考えられている点

ここで，PAYE システムの特徴に関連して，納税協力費（compliance costs）に関する点について触れておきたい[77]。

徴税に関するコスト（税制が機能していく中でかかるコスト）は，公共部門（課税当局）によって負担されるコストと民間部門に負担されるコストに分類される。納税協力費は，民間部門である，個人の納税者や企業などによって負担されるコストである。納税協力費は，金銭的コスト（money costs），時間的コスト（time costs），心理的コスト（psychic or psychological costs）に分類されている[78]。

累積型である PAYE システムは，たいていの納税者について，申告書の作成を必要とすることなく，正確な税額が徴収され，通常の納税者にとっての納税協力費（compliance costs）を最小にしている[79]。

企業，雇用主に関しては，従業員の給与に対する税の徴収や，それに関わる事務についてなどが，納税協力費に含まれると考えられている[80]。

つまり，PAYE システムのもとでは，個人の納税者にとっての納税協力費は低いかもしれないが，一方で，企業，雇用主は，従業員の給与に関する税の徴収や，それに関わる事務などを行うことによって，納税協力費を負担していると考えられている点に注意が必要である。

この点に関しては，わが国における源泉徴収・年末調整システムのもとでも，同様のことが言える。わが国においても，源泉徴収義務者である雇用主は，月々の源泉徴収に関する事務や，年末の年末調整に関する事務を行うために，

かなりの納税協力費を負担していると考えられるのである[81]。

また，たいていの納税者にとっては，システムがどのように機能しているかについて，理解する必要があるという差し迫った理由が存在しないということが言われている[82]。

この点に関しても，わが国についても同様のことが言える。源泉徴収・年末調整システムのもとでは，給与所得者は，所得税が源泉徴収され，年末調整が行われるため，毎年，所得税の確定申告書を作成する必要がないことが多い。そのため，多くの給与所得者にとっては，どのようなシステムになっているかについて理解する必要があるといった差し迫った理由がないことが多い。

3.5　PAYEシステムと源泉徴収制度

本章では，イギリスにおけるPAYEシステムについて注目し，主にその特徴を探っていくことを目的として見てきた。

PAYEシステムは，わが国における，源泉徴収・年末調整システムとは，かなり，異なった特徴を有するものであることがわかる。わが国における源泉徴収・年末調整システムと大きく異なっている点は，PAYEシステムが，累積型システムであるということであり，そのために，システムの特徴がかなり異なっているのである。

ここでは，PAYEシステムが有する特徴を参考にしながら，わが国における源泉徴収・年末調整システムについて考える際に，また，その抱える問題点について考えていく中で，注目すべき点，重要な点について述べておくことにする。

第1に，イギリスにおけるPAYEシステムは，累積型システムであるため，わが国における源泉徴収・年末調整システムに比べても，非常に，正確に，税が源泉徴収されているという点である。この点に関しては，雇用主の徴税に関する事務負担がかなり大きいということについて注目する必要があるけれども，課税年度を通じて，正確な税額が源泉徴収されるという点は，重要である。

第2に，イギリスのPAYEシステムにおいては，累積型システムであるため，ほとんどの従業員について，年末調整を行う必要がないという点である。

これは，第1の点で挙げたように，課税年度を通じて，正確な税額が源泉徴収されているので，年末調整を行う必要がないということである。一方，わが国における源泉徴収・年末調整システムは，非累積型システムであるため，調整は，年末調整で行われることとなる。わが国の場合，1年に1回，年末に集中して年末調整に関する事務を行う必要が生じるということであり，そのことが多くの源泉徴収義務者にとって負担になっていると考えられる。

第3に，納税協力費に関する点についてである。この点について，PAYEシステムにおいては，納税者の納税協力費（コスト）は低く抑えられるが，雇用主は大きな納税協力費（コスト）を負担しているということが注目されている（本章3.4参照）。わが国においても，源泉徴収・年末調整システムについて考える際に，この点に注目し，考慮に入れることが重要である。

【注】

1　イギリスにおいては，サンフォードを中心とした，徴税費，納税協力費に関する研究が数多く存在する。例えば，C. Sandford, M. Godwin and P. Hardwick (1989), C. Sandford (1989), C. Sandford, (ed.) (1995a), C. Sandford, (ed.) (1995b), C. Sandford (2000) などを参照。本書では，第2部（第4から第8章）で見ているので参照。
2　所得税の歴史に関して，本章では，主に，A. Lymer, and D. Hancock (2003), B. E. V., Sabine (1966), S. Dowell (1884), E. R. A., Seligman (1914), A. Hope-Jones (1939), W. Kennedy (1964), C. Sandford (1992), S. James and C. Nobes (2003), 土生芳人 (1963), 佐藤進 (1965), 小山廣和 (2003) などを参考にしている。詳しくはこれらの文献を参照。
3　S. Dowell (1884), *Ibid.*, Vol. Ⅲ. p.103, E. R. A., Seligman (1914), *Ibid.*, p.78, 土生芳人 (1963) pp.77, 91, 佐藤進 (1965) pp.86, 102参考。
4　ピットの所得税が導入された様々な事情などについては，本章末注2, 3の文献などを参照。
5　これらについて，E. R. A., Seligman (1914) *Ibid.*, p.79, S. Dowell (1884), *Ibid.*, Vol. Ⅲ, pp.104-105, 土生芳人 (1963) p.93などを参考。
6　E. R. A., Seligman (1914), *Ibid.*, pp.87, 88, A. Hope-Jones (1939), *Ibid.*, p.20, 佐藤進 (1965), p.114参考。
7　S. Dowell (1884), *Ibid.*, p.110, E. R. A., Seligman (1914), *Ibid.*, p.89-90, 佐藤進 (1965) p.114参考。
8　これらの点に関しては，S. Dowell (1884), *Ibid.*, Vol.Ⅲ, pp.110-111, E. R. A., Seligman (1914), *Ibid.*, p.90, 土生芳人 (1963), p.95, 佐藤進 (1965) pp.114-115参考。
9　これらの点について，E. R. A., Seligman (1914), *Ibid.*, pp.90-96, A. Hope-Jones (1939)

第3章　イギリスの所得税におけるPAYEシステムの特徴　　71

Ibid., pp.20-22参考。
10　これらの点について，E. R. A., Seligman（1914），*Ibid.*, p.98などを参考。
11　E. R. A., Seligman（1914），*Ibid.*, pp.106-114，土生芳人（1963）pp.105-106参考。
12　S. Dowell（1884），*Ibid.*, p.119，佐藤進（1965）pp.160-165参考。
13　これらの点に関しては，A. Lymer, and D. Hancock（2003），*Ibid.*, pp. 8 -10，C. Sandford（1992），*Ibid.*, pp.149-151, S. James and C. Nobes（2003），*Ibid.*, pp.169-170参考。
14　これらの点について，A. Lymer, and D. Hancock（2003），*Ibid.*, chap. 1 , p. 9 参考。
15　これらの点について，S. James. and C. Nobes（2003），*Ibid.*, pp.158-159，A. Melville（2005），p.xi, P. Rowes（2004），pp. 3 - 6 ，A. Lymer, and D. Hancock（2003），*Ibid.*, chap. 4 参考。
16　S. James and C. Nobes（2003），*Ibid.*, p.159。
17　この点について，S. James and C. Nobes（2003），*Ibid.*, p.159参考。
18　この点について，S. James and C. Nobes（2003），*Ibid.*, p.158参考。
19　この点について，S. James and C. Nobes（2003），*Ibid.*, p.158参考。
20　ここでは，シェデュールシステムについて，K. Nightingale（2002），pp.71-72，A. Lymer and D. Hancock（2003），*Ibid.*, chap. 4 , pp 4 - 5 ，S. James and C. Nobes（2003），*Ibid.*, p.156, A. Melville（2005），*Ibid.*, p.16, A. Foreman and G. Mowles（2003），*Ibid.*, pp.27-28などを参考。
21　この点について，A. Melville（2005），*Ibid.* p.16参考。また，本章末注20の文献について参照。
22　これらの点について，A. Lymer, and D. Hancock（2003），*Ibid.*, chap. 1 , p. 7 , A. Foreman and G. Mowles（2003），*Ibid.*, p.27参考。
23　これらのシェデュールEに関する点については，A. Melville（2005），*Ibid.*, p.16参考。
24　これらの点について，A. Melville（2005），*Ibid.*, p.16参考。
25　この点について，S. James. and C. Nobes（2003），*Ibid.*, p.169参考。
26　これらの点に関して，S. James. and C. Nobes（2003），*Ibid.*, p.169参考。
27　これらのPAYEシステムのもとでの徴収に関する点については，主にA. Melville（2005），*Ibid.*, p.104, K. Nightingale（2002），*Ibid.*, p.590などを参考。
28　これらの点について，A. Melville（2005），*Ibid.*, p.104, K. Nightingale（2002），*Ibid.*, p.590参考。
29　K. Nightingale（2002），*Ibid.*, p.590参考。
30　この点に関して，A. Melville（2005），*Ibid.*, p.104, K. Nightingale（2002），*Ibid.*, p.590, P. Rowes（2004），*Ibid.*, p.79参考。
31　タックス・コードについては，主に，A. Melville（2005），*Ibid.*, pp.104-105, S. James. and C. Nobes（2003），*Ibid.*, p.172-173, K. Nightingale（2002），*Ibid.*, pp.591-592, J. A. Kay and M. A. King（1990）p.49, A. Foreman and G. Mowles（2003），*Ibid.*, pp.68-69などを参考。
32　これらの点に関して，S. James. and C. Nobes（2003），*Ibid.*, p.170参考。
33　これらの点について，S. James. and C. Nobes（2003），*Ibid.*, pp.170-171, J. A. Kay and M. A. King（1990），*Ibid.*, pp.50-51参考。
34　これらの点に関して，S. James. and C. Nobes（2003），*Ibid.*, p.170参考。
35　これらの点に関して，J. A. Kay and M. A. King（1990），*Ibid.*, p.50参考。

36 これらの点について，S. James. and C. Nobes（2003），*Ibid.*, p.170，J. A. Kay and M. A. King（1990），*Ibid.*, p.50参考。
37 これらの点に関しては，S. James. and C. Nobes（2003），*Ibid.*, p.170参考。
38 これらの点に関しては，S. James. and C. Nobes（2003），*Ibid.*, pp.170-171参考。
39 ここでは，主に，S. James. and C. Nobes（2003），*Ibid.*, p.171-172，C. Sandford（1992），*Ibid.*, pp.149-150を参考。
40 C. Sandford（1992），*Ibid.*, p.150。
41 C. Sandford（1992），*Ibid.*, p.150参考。
42 S. James. and C. Nobes（2003），*Ibid.*, pp.171-172。
43 S. James. and C. Nobes（2003），*Ibid.*, p.171。
44 この点について，S. James. and C. Nobes（2003），*Ibid.*, p.171参考。
45 これらの点に関して，ここでの説明についても，S. James. and C. Nobes（2003），*Ibid.*, p.171参考。
46 この点について，S. James. and C. Nobes（2003），*Ibid.*, p.171参考。
47 この点について，S. James. and C. Nobes（2003），*Ibid.*, p.172参考。
48 これらの点に関して，ここでの説明についても，S. James. and C. Nobes（2003），*Ibid.*, p.172参考。
49 これらの点に関して，S. James. and C. Nobes（2003），*Ibid.*, p.172参考。
50 タックス・コードについては，主に，A. Melville（2005），*Ibid.*, pp.104-105，S. James. and C. Nobes（2003），*Ibid.*, p.172-173，K. Nightingale（2002），*Ibid.*, pp.591-592，J. A. Kay and M. A. King（1990），*Ibid.*, p.49，A. Foreman and G. Mowles（2003），*Ibid.*, pp.68-69などを参考。
51 これらの点に関して，K. Nightingale（2002），*Ibid.*, p.591参考。
52 この点について，A. Melville（2005），*Ibid.*, p.105参考。
53 K. Nightingale（2002），*Ibid.*, p.591，A. Foreman and G. Mowles（2003），*Ibid.*, p.69，A. Melville（2005），*Ibid.*, p.105参考。
54 これらの点に関して，A. Melville（2005），*Ibid.*, p.105参考。
55 この点について，主に，S. James. and C. Nobes（2003），*Ibid.*, pp.172-173参考。
56 この点について，S. James. and C. Nobes（2003），*Ibid.*, p.172参考。
57 この点について，S. James. and C. Nobes（2003），*Ibid.*, p.172参考。
58 この点について，S. James. and C. Nobes（2003），*Ibid.*, p.173参考。また，J. A. Kay and M. A. King（1990），*Ibid.*, p.51についても参照。
59 この点について，S. James. and C. Nobes（2003），*Ibid.*, p.173参考。
60 この点について，S. James. and C. Nobes（2003），*Ibid.*, p.173参考。
61 これらの点に関しては，主に，S. James. and C. Nobes（2003），*Ibid.*, pp.173-176，J. A. Kay and M. A. King（1990），*Ibid.*, pp.49-56，C. Sandford（2000），*Ibid.*, chap. 8 など参考。
62 この点について，J. A. Kay and M. A. King（1990），*Ibid.*, pp.50-51参考。
63 この点について，S. James. and C. Nobes（2003），*Ibid.*, p.173参考。
64 この点について，J. A. Kay and M. A. King（1990），*Ibid.*, p.50，S. James. and C. Nobes（2003），*Ibid.*, p.173参考。
65 この点について，S. James. and C. Nobes（2003），*Ibid.*, p.173参考。
66 この点について，C. Sandford（2000），*Ibid.*, chap. 8，p.148，J. A. Kay and M. A. King

第 3 章　イギリスの所得税における PAYE システムの特徴

(1990), *Ibid.*, p.56参考。

67　これらの点に関して, S. James. and C. Nobes (2003), *Ibid.*, p.173, J. A. Kay and M. A. King (1990), *Ibid.*, p.51参考。
68　この点に関して, S. James. and C. Nobes (2003), *Ibid.*, p.174参考。
69　これらの点に関して, S. James. and C. Nobes (2003), *Ibid.*, p.174参考。
70　これらの点に関して, S. James. and C. Nobes (2003), *Ibid.*, p.174参考。
71　これらの点に関して, S. James. and C. Nobes (2003), *Ibid.*, p.174参考。
72　P 45に関しては, S. James. and C. Nobes (2003), *Ibid.*, pp.174-175, A. Melville (2005), *Ibid.*, pp.106-107などを参考。また, K. Nightingale (2002), *Ibid.*, p.593, P. Rowes (2004), *Ibid.*, p.79などについても参照。
73　これらの点に関しては, S. James. and C. Nobes (2003) *Ibid.*, pp.174-175参考。また, 上記本章末注72の文献などを参考。
74　これらの点に関しては, S. James. and C. Nobes (2003), *Ibid.*, pp.174-175参考。
75　これらの点に関しては, S. James. and C. Nobes (2003), *Ibid.*, pp.174-175参考。
76　これらの点に関しては, S. James. and C. Nobes (2003), *Ibid.*, p.175参考。
77　納税協力費に関しては, C. Sandford, M. Godwin and P. Hardwick (1989), *Ibid.*, C. Sandford (1989), "(General Report,), *Ibid.*, C. Sandford, (ed.) (1995a), *Ibid.*, C. Sandford, (ed.) (1995b), *Ibid.*, C. Sandford (2000), *Ibid.* などを参照。
78　これらに関する点について, C. Sandford (1989), *Ibid.*, pp.20-21, C. Sandford, M. Godwin and P. Hardwick (1989), *Ibid.*, pp.3-23参照。また, 本章末注77の文献や, 横山直子 (2005a) についても参照。
79　この点に関して, C. Sandford (2000), *Ibid.*, pp.148-149参考。
80　これらに関する点について, C. Sandford (1989), *Ibid.*, pp.20-21, C. Sandford, M. Godwin and P. Hardwick (1989), *Ibid.*, pp.3-23, C. Sandford (2000), *Ibid.*, p.126, C. Sandford, (ed.) (1995a), *Ibid.*, p.1., C. Sandford, (ed.) (1995b), *Ibid.*, p.90参照。
81　この点に関して, 横山直子 (1998) (本書, 第2部第5章), 横山直子 (2000), 横山直子 (2002) (本書第1部第1章), などを参照。
82　この点に関して, S. James. and C. Nobes (2003), *Ibid.*, p.175参考。また, J. A. Kay and M. A. King (1990), *Ibid.*, pp.52, 56についても参照。

第 2 部

徴税・納税のコスト分析

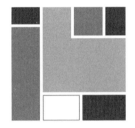

第 4 章

納税システムにおける納税協力費
―イギリスにおけるコスト分析を中心に

4.1 徴税費と納税協力費

わが国における所得税納税システムには，源泉徴収・年末調整システムが存在している。このシステムは，徴税効率を上げるという点について，プラスの役割を果たしているといえる。しかし，徴税費を小さくすることを望ましいと考える際には，国が負担している徴税費（徴税コスト）について注目するだけでなく，民間によって負担されている納税協力費（compliance costs）についても注目する必要があると考える。

本章では，納税協力費について注目し，主に，その根拠や位置づけを探ることを目的としている。納税協力費とは一体どういうものであるのか，なぜ納税協力費について考える必要があるのか，納税協力費はいかに重要なものであるか，などについて探っていくこととする。イギリスにおいては，これまでにも，納税協力費に関する研究が数多くなされている。本章において，納税協力費の根拠や位置づけなどを探る際には，イギリスにおける研究を主に紹介し，参考にすることを考えている。

また，さらに，イギリスにおける，徴税（納税）システム，徴税費（徴税コスト）に関して，いくつかの紹介を行う。

そこで本章では，第1に，納税協力費に関して，その根拠，意義，位置づけ，重要性などを明らかにしていくことに焦点をあてる。

はじめに，納税協力費とは一体どういうものをいうのであろうか，など，その考え方，分類，具体例などについて，見ていくこととする。また，特に，最近になって，なぜ納税協力費が注目されるようになってきたのか，なぜ納税協力費を考える必要があるのか，などについても探っていく。

次に，第2に，納税協力費を考える際に重要な点，注意しなければならない点，また，納税協力費をめぐる問題点などに，焦点をあてる。

さらに，第3に，イギリスにおける徴税（納税）システム，徴税費（徴税コスト）などに関する点について，いくつかの紹介を行う。

イギリスでは，徴税費（徴税コスト），納税協力費（納税協力コスト）に関する研究がこれまでにも数多くなされてきている。本章において，イギリスにおける徴税（納税）システム，徴税費（徴税コスト）などに関する点についていくつか紹介する理由は，納税協力費の研究が進んでいるイギリスにおける，徴税（納税）システム，徴税費（徴税コスト），などについて見ることは，わが国における徴税（納税）システム，徴税費（徴税コスト），納税協力費（納税協力コスト）を考える際に，重要な手がかりの1つとなりうるように思われるからである。

4.2　納税協力費の意義と位置づけ

4.2.1　納税協力費とは何か

納税協力費に関する研究については，サンフォード（C.Sandford）を中心とした研究が有名である。サンフォードは，徴税コスト，納税協力費などに関して，様々な角度から数多くの興味深い研究を行っている。本章において，納税協力費に関するコストの分類について，これまでに詳細な検討，分析が行われてきている，サンフォードを中心とした研究による分類に基づいて，見ていくこととする。

サンフォード[1]は，徴税に関する費用（コスト）（税制が機能していく中でかかるコスト）について，以下のように分類している（以下，各コストの日本語での呼び方については，Operating costs を広義の徴税費，Administrative costs を徴税費，Compliance costs を納税協力費と呼ぶこととする）。

- 広義の徴税費
  (Operating costs) ｛ ・徴税費
  (Administrative costs)
  ・納税協力費
  (Compliance costs)

　税制が機能していく中でかかるコストは，公共部門にかかるコストと民間部門にかかるコストに分けられる。前者は，administrative costs（以下，徴税費）と呼ばれるもので，主として，課税当局によって負担されるコストである。一方，民間部門にかかるコストは，compliance costs（以下，納税協力費）と呼ばれるものである。これは，税制のもとで，個人の納税者や企業などによって負担されるコストである[2]。税制が機能していくのにかかるコストは，これら両者のコストをあわせたコストと考えられており，operating costs（以下，広義の徴税費）と呼ばれている[3]。

　徴税費 については，理解しやすいが，納税協力費 に関しては，具体的にどのようなものが含まれるのかわかりにくい面もあると思われる。サンフォードらは納税協力費について以下のように分類している[4]。

- 納税協力費
  (compliance costs) ｛ ・金銭的コスト
  (money costs)
  ・時間的コスト
  (time costs)
  ・心理的コスト
  (psychic or psychological costs)

　納税協力費，主として，3種類のものがあるとされている[5]。直接の金銭的コスト（money costs），時間的コスト（time costs），そして心理的コスト（psychic or psychological costs）である（以下，各コストの日本語での呼び方については，money costs を金銭的コスト，time costs を時間的コスト，psychic or psychological costs を心理的コストと呼ぶこととする）。

　金銭的コストについて，個人の納税者については，タックス・アドバイザー（tax adviser（s））などへ支払う費用やタックス・オフィス（tax office）など

へ行くのに要する費用などが含まれ，企業については，外部のアドバイザー（adviser（s））などへの支払う費用や，税に関する事務を行う社内の人員にかかる費用などが含まれると考えられている。

　時間的コストには，申告書を作成するのに必要な時間や，申告書作成に必要な書類・記録などを集めるのに要する時間などが該当すると考えられている。

　心理的コストは，ストレスや心配事，不安などから成り立っていると考えられている。正直・誠実な納税者は，厳しい心理的コストに苦しんでいるかもしれないという観点からみるコストである。

　サンフォードらによる分類について，わが国における場合を考えてみる。金銭的コストについて，わが国の場合，例えば，特に，事業主などは，税に関する事務を行うのに際して，税理士などに相談，または，仕事を依頼することが多いと考えられる。また，各々が各地にある税務署などへ行くのに際して，費用が必要になる場合も考えられる。税理士などの専門家へ支払う報酬や，税務署などへ行くのに要する費用などが発生していると考えられるのである。

　時間的コストについて，わが国においても，申告書を作成するという作業（書類などの収集などを含めて）については，納税者にとって大変な作業となるため，相当な時間がかかることが予想される。

　心理的コストについて，わが国においても，例えば，申告書を期限までに仕上げるため，間違いのないように仕上げるため，などに対して，きちんとできるかどうかなど，心配（など）に思う納税者が多いと考えられるであろう。

　時間的コストに関しては，（適切な価値に置き換えられるかどうか問題があるかもしれないけれども，）金銭的な形で換算することが容易であると考えられている。一方，心理的コストは，金銭的な尺度でとらえることが，難しいものであると考えられている。しかし，（サンフォードが指摘しているように，）測定が不可能であるからといっても，現実には存在していると考えられるコストなのであるから，それを無視するということがあってはならない[6]。

　企業に関しては，従業員の賃金，給与に対する租税の徴収や，それに関わる事務についてなども，納税協力費に含まれると考えられている[7]，ということに注意する必要がある。

　わが国の例で見ると，源泉徴収義務者による徴税代行事務にかかる費用も，

納税協力費 に含まれると考えられるということであろう。

わが国の所得税納税システムの中で考えた場合，源泉徴収・年末調整システムが存在するということが大きな原因の1つとなって，事業主，源泉徴収義務者は，かなりの納税協力費を負担しているということを忘れてはならないのである（これらの点について，横山直子（1998）（本書第5章），横山直子（2000），横山直子（2002）（本書第1章）において検討しているので参照）。

4.2.2 納税協力費の重要性

納税協力費は，イギリスに限らず各国で注目されるようになってきているが，その理由としてどのような点が考えられているのであろうか。サンフォードを中心とした研究によって，以下のような点が明らかにされている（いわれている）[8]。

① 納税協力費は，大きいものである。
② 納税協力費は，望ましくない分配効果をもたらす。
③ 納税協力費は，憤り（resentment）を引き起こすかもしれない。

上記①の点に関しては，納税協力費は測定困難であるけれども，これまでに，納税協力費 の測定が試みられている国があり，その値が大きいことが示されている[9]。

②についての1つは，納税協力費は小規模の企業の方に重くのしかかる傾向があるというものである[10]。

③については，自発的な納税協力に対して，逆効果を与えるようなことになる可能性があるというものである。

これらの特徴は，納税協力費の重要性を示しているものである[11]。②の点に関しては，次節でもう少し詳しく触れることにしたい。

さらになぜ，近年になって，納税協力費の重要性が注目されるようになってきたのか，という問いかけに対して，サンフォードが述べている点のうちの1つについて触れておきたい[12]。

大きな原因の1つとして，コンピューターなどの技術の発達によって，大規模な調査やデータを分析することなどが比較的容易になってきたことが考えられている[13]。コンピューターなどの技術の発達によって，納税協力費に関する

大規模な調査がより行われやすくなり，より信頼できる調査結果が得られるようになってきているということである[14]。

納税協力費に関する測定の困難性という問題点が，このような流れによって，改善されていく方向に向かっていると考えられるのであろう。

納税協力費を完全に測定することは容易なことではないかもしれない。金銭的コスト，時間的コスト，そして心理的コストなど，あらゆる納税協力費について，完全に測定するのは困難かもしれない。

しかし，わが国において考える場合においても，納税協力費を考慮に入れるということは，非常に重要であるということを忘れてはならないのである。

4.3 納税協力費を考える際の重要性

4.3.1 納税協力費を考える際に注意しなければならない点

納税協力費を考える際には，留意しなければならない点が存在している[15]。ここでは，これまでに考えられている，そのうちのいくつかについて紹介することとする。

第1に，徴税費と納税協力費は関連させて考える必要があるという点が指摘されている[16]。

政策の手段によれば，税制の簡素化などのように，徴税費，納税協力費の両方を小さくする可能性のあるものもあるかもしれない。一方で，徴税行政の効率性を増大させるような手段は，納税協力費に影響を与えることなしに，徴税費をより小さくする可能性がある。逆に，民間部門の効率性を増大させるような手段（コンピューターをより利用するようになるなど）は，徴税費に影響を与えることなしに，納税協力費をより小さくすることになるかもしれない[17]。

しかし，これら2つのコスト（徴税費と納税協力費）の間には，高い移転可能性（移動の可能性）が存在している。徴税費は，納税協力費を犠牲（代償）にして小さくされうることがあるかもしれないし，また，その逆もありうるかもしれないのである[18]。例えば，政府は，個人の納税者や事業主により多くの

義務・仕事を負担させることによって，徴税費を小さくすることができるかもしれない。反対に，納税者へのサービスなど徴税費の増大は，納税者の納税協力費を小さくするかもしれない，という点が指摘されている[19]。

実際，その関係は非常に複雑なのである。納税協力費は，個人，企業の両方によって負担されているものであり，様々な企業によって，様々な様式で負担されているものなのである。

（サンフォードが指摘しているように）徴税費を最小にしようとする政策は，徴税費と納税協力費それぞれに対して無関係に，実施されるべきではない。政策の目標は，広義の徴税費を最小化することに向けられるべきなのである[20]。

わが国において，徴税費（徴税コスト）の最小化について考える場合においても，徴税費についてだけでなく，納税協力費についても考慮に入れて考える必要があるということは，非常に重要なことである（この点について，横山直子（1998）（本書第5章），横山直子（2000），横山直子（2002）（本書第1章）において検討しているので参照）。

この場合，公共のコストと民間のコストの間の分配の問題が，依然として残る。この点に関して，広義の徴税費が一定の場合，徴税費がより大きく，納税協力費がより小さいという傾向になるべきであると考えられていることに注目したい[21]。

徴税費は，税収・租税から支払われるものであって，何らかの公平性の尺度・基準に基づいて，全体の人々に負担されているものであると仮定されうるものであると考えられている。これに対して，納税協力費は，逆進的になる可能性があるものと考えられている（4.2.2, 4.3.2参照）。また，納税協力費は，徴税費に比べて憤りをもたらすかもしれないと考えられており，また，心理的コストをもたらすかもしれないと考えられているのである[22]。

第2に，納税協力費，徴税費については，さらにいくつかの種類に分類して考えることができるということが言われている[23]。

これら2つのコストは，一時的コスト（temporary costs）と規則的コスト（regular costs）に分類されうると考えられている（以下，各コストの日本語での呼び方については，temporary costs を一時的コスト，regular costs を規

則的コストと呼ぶこととする)。

- 一時的コスト (temporary costs)
- 規則的コスト (regular costs)

　一時的コストは, 新しい税の導入や租税構造の変化によって, 負担されるコストである。徴税担当者や納税者にとって, 一時的コストは, それらの変化に慣れてくるにしたがって, 徐々に小さくなっていく[24]。一時的コストはいくつかの要素をもっていると考えられている。1つは, 新しい税の導入や存続する税の大きな変化に関連して生ずる, 開始コストである。新しい税の導入や存続する税の大きな変化 (変更, 修正) が生じた場合には, その変化に十分に対応し, 内容をよく理解するために, 例えば新しい設備やコンピューターのソフトウェアなどを得る必要が生じるかもしれない。一時的コストは, また, 新しい制度に慣れていく間に生じる追加的コストも含むと考えられている。制度の変更を完全に理解し, 対応するための知識を十分に得ていく過程においては (on the learning curve), 仕事を進行させていくのに, 時間がかかるということである[25]。

　規則的コストは, 徴税担当者や納税者が日常の仕事に慣れた後に, 税制が機能していく中から生じる継続的なコストである[26]。

　このような分類は, 概念上は, かなり明白なものであるが, 実際上は, はっきりしない点を有するものであると考えられている[27]。例えば, ある人は, 他の人よりも, 変化に適応するのに時間を要するかもしれないため, 他の人は規則的コストを負担しているけれども, ある人はまだ一時的コストを負担しているということがあるかもしれない。また, 常に, 新しい納税者が存在するために, いつでも, 制度を完全に理解し, 対応するための知識を十分に得ていくための過程におかれている人々が存在していると考えられているのである。

　分類に関しては, さらに, 総納税協力費 ((gross) compliance costs) と純納税協力費 (net compliance costs) (以下, 各コストの日本語での呼び方については, (gross) compliance costs を総納税協力費, net compliance costs を純納税協費と呼ぶこととする) とが, 分けて考えられうると考えられている点が重要である[28]。

- 総納税協力費（(gross) compliance costs）
- 純納税協力費（net compliance costs）

この違いは，納税協力費に対する大きな相殺要素（offset）となりうる納税協力利益（the benefits of compliance）によって表されるものである。

最も重要な相殺要素は，キャッシュ・フロー利益（cash flow benefit）と呼ばれているものである。これらの利益（benefits）は，特に企業に関係しているものであると考えられている。これは，例えば，企業が徴収した税（従業員から源泉徴収を行った税など）に関して，それを支払う（納付する）までの一定期間，保持しておくことが可能なことから生じるものである[29]。

その他の相殺要素（offset）として，特に小規模の企業に生じる利益があると考えられている。これは，租税が存在するために，より高い基準での記録の保管や簿記などを浸透させ，維持することが要求される可能性があるという点から生じるものである。そしてさらに，これらの，よりすぐれた記録，書類が，事業の管理を手助けすることにもなる可能性があると考えられているのである[30]。

これらの点については，わが国においても，生じることが考えられている重要な要素である。例えば，租税が存在するために，帳簿管理を徹底することによって，経営計画を立てやすくすること，管理を可能に（しやすく）すること，さらに，経営（事業）の改善につながることなどが考えられる。

これらの2つの形の相殺要素（offset），利益には重要な相違がある。事業の管理に関する利益（benefit）（managerial benefits）は，資金，資源（resource）の節約を構成する（表す）ものであり，キャッシュ・フロー利益（cash flow benefits）は，経済における民間部門（private sector）と公共部門（public sector）の間の移転に関するものであると指摘されている点に注意が必要である[31]。

第3に，心理的コストを考慮に入れる必要があるということが指摘されている[32]。

多くの人々は，税に関する事務・仕事・問題に対処，関連するのに際して，

相当な心配，不安などを抱えていると考えられている。例えば，エージェント（agent）を雇うなどのケースを想定することによって，心理的コストは金銭的コストに換算することが可能であると考えられていることに注目すべきである[33]。

わが国においても，税に関する事務・仕事・問題に対処，関連するのに際して，報酬を支払うことによって，税理士などの専門家に依頼，委託する場合が考えられるので，擬制計算のようなものを行うことが可能であると思われる（これらの点に関して，横山直子（1998）（本書第5章），横山直子（2000）において検討を行っているので参照）。

4.3.2 納税協力費をめぐる問題点

納税協力費について注目が高まってきた理由の1つとして，望ましくない分配効果をもたらすということ，かなり不公平に負担されていること，が指摘されてきている[34]。これは，納税協力費に関する重要な問題点と考えられている。

重要視されている点は，規模の小さい企業に，大きくのしかかっている（負担されている）という点である[35]。小さな企業が市場において，直接的，間接的に，大きい企業と競争を行っている場合には，小さな企業を競争上，不利な立場にさせる[36]。そのために，規模の小さな企業が，大きい企業と競争を行おうとする場合には，状態（地位）によって引き起こされる（state-created）不利な立場を受ける（困る）ことになるのである[37]。

わが国の場合で考えた場合においても，この点に関連する，ここで指摘されているような問題が生じていることが予想され，注目すべきであると考える。

例えば，従業員の少ない小規模の企業においては，租税に関する事務について，専門の部門を置くことが困難である場合があることなどが考えられる[38]。

4.3.3 納税協力費をめぐる今後重要な点，さらに考えるべき点

これまで見てきているように，納税協力費について注目し，検討を行うことは非常に重要である。先ほど述べたように，徴税費（徴税コスト）の最小化について考える際に重要なのは，目標が，徴税費のみを削減するということにあるのではなく，広義の徴税費を削減するということにあるという点である。

先に見たように,たとえ徴税費が減少していたとしても,一方で納税協力費が増加している可能性もあるので,注意しなければならない。さらに,広義の徴税費が一定の場合には,徴税費が大きく,納税協力費が小さいというような傾向が望ましいと考えられている[39],という点に,注目すべき点であると考える。

ここで,徴税費,納税協力の両方,特に納税協力費を最小にするのに役立つ指針として,いくつかの点が挙げられていることに注目したい。この点に関して,一時的コスト,規則的コスト,税の相互関係(tax inter-relationship)の3つに分類されて考えられている[40]。わが国の場合について考える際にも,参考になると思われる。ここで,これらについて紹介することとする。

① 一時的コスト(temporary costs)[41]

徴税担当者,納税者の両方にとって,一時的コストは,税制を安定化させることによって最小化される(する)ことが可能であるとされる。税制が変化すればするほど,一時的コストは変化するということである。

新しい税の導入や,主な税制の変更が生じた場合には,知識や訓練が非常に重要になってくる。多くは,タックス・アドバイザー(tax advisers)に委託する(任せる)(わが国の場合,税理士などの専門家に委託する(任せる)ということが考えられる)ということや,知識を身につけるということが非常に貴重なこと,役立つこととなる。

納税協力費(ある程度までは,徴税費についても)は,税制の変化の頻度を減少させることによってだけでなく,できるだけ適用の時期を,納税者にとって都合がよいように,選ぶことによっても減少させることができると指摘されている。

② 規則的コスト(regular costs)[42]

おそらく,税制の構造ができるだけシンプルに維持されていれば,徴税費,納税協力費の両方について,最小にされるであろうと考えられている。もちろん,徴税費,納税協力費を小さくするという目的からは,シンプルな税制の構造が望ましいとしても,実際には,他の租税政策上の目的と矛盾することにな

るかもしれない。しかし，他の望ましい租税政策上の目的を達成することが大切であるとともに，徴税費や納税協力費を最小にしようとすることは（も）大切なことなのである。

　税の用紙，様式（tax forms）ができる限り短く，わかりやすい場合には，納税協力費（おそらく，徴税費についても）は，削減されるであろうと考えられている。また，租税支払いの方法，タイミングについては，納税者にとって都合がよいようになされるということも大切であるということが指摘されている。

③　税の相互関係（tax inter-relationships）[43]
　一般に，広い課税ベースで，税の種類が少ないという形で形成されるシステムの方が，徴税費や納税協力費は低くなるというように考えられている。同様に，高い税率を有する，少数の税の種類で構成される租税構造は，おそらく，広義の徴税費を低くすることができるであろうと考えられている。しかしながら，他の租税政策上の目的と矛盾することになるので，このような選択が実行されることは考えられないであろうとされている。

　わが国における場合について考える際にも，これら①，②，③に関する点について，あてはまることが予想される。大切なのは，ここでも指摘されているように，徴税費，納税協力費の最小化を目的とすることが重要であるとともに，他の租税政策上における目的の達成についても考慮する必要があるということである（また，徴税費（徴税コスト）の最小化のみを目指すのではなく，他の租税政策上の重要な目的を達成した上で（の），徴税費（コスト）の最小化を考える必要があるということができる）。

　以上は，個々の特定の租税の中に，広義の徴税費を削減しうる，多くの小さな変化（変更）の可能性が存在していることを示している。しかしながら，多くの場合，他の（租税政策上の）目的が働くこととなる。そのため，（指摘されているように）生み出される結果は，様々な目的（の間での）との調和，バランスが図られているものでなければならないのである[44]。

4.4 イギリスにおける徴税・納税システムと徴税コスト

ここでは，イギリスにおける，徴税費（コスト）などに関する点について，いくつかの紹介を行う。

納税協力費（コスト）の研究が進んでいるイギリスにおける，徴税費（コスト）などについて見ることは，わが国における徴税（納税）システム，徴税費（徴税コスト），納税協力費（納税協力コスト）を考える際に，重要な手がかりの1つとなりうるように思われるからである。

4.4.1 課税当局（the Revenue Departments）と税収

イギリスにおいては，主な課税当局（the revenue departments）は，関税・間接税庁（HM Customs and Excise）と内国歳入庁（the Inland Revenue）がある。はじめに，それぞれについて簡単に紹介することとする[45]。

関税・間接税庁（HM Customs and Excise）は，付加価値税，関税などの徴税に責任を持っている。（付加価値税（VAT），関税（Customs Duties），保険料税，燃料税，タバコ税，酒税，ギャンブル関連諸税（Insurance Premium Tax and the excise duties on fuel, tobacco, alcohol, and betting and gaming）などの徴税に責任をもっている）。また，環境に関する租税など（environmental taxes）（→気候変動税（climate change levy），採掘税（aggregates levy），埋立税（landfill tax））についての責任も与えられている[46]（なお，日本語の呼び方については，『財政金融統計月報（租税特集）』などを参考にしている）。

内国歳入庁（The Inland Revenue）は，所得税，法人税，キャピタル・ゲイン税，相続税，石油収入税，印紙税などの徴税に責任を持っている（Income tax, Corporation tax, Capital Gains tax, Inheritance tax, Petroleum Revenue Tax, Stamp Duty などの徴税に責任を持っている）。近年，さらに新たな仕事を引き受けることとなってきている（NICs に関することなど）[47]。

徴税コストや課税当局（the revenue departments）に関する職員数などについて見る前に，1999-2000年における税収について紹介しておきたい。

図4-1は，内国歳入庁の税（Inland Revenue taxes and duties）と関税・

間接税庁 (Customs & Excise) について, 1999-2000年における税収を示したものである (単位は百万ポンド)。図から, 内国歳入庁の税 (Inland Revenue taxes and duties) の方が, 関税・間接税庁 (Customs & Excise) に比べると税収が多く, 1999-2000年に関して言えば, 約1.4倍であることが見てとれる。

図4－1◆Inland revenue taxes and duties, Customs & Excise, Vehicle excise duties についての税収 (1999－2000年)

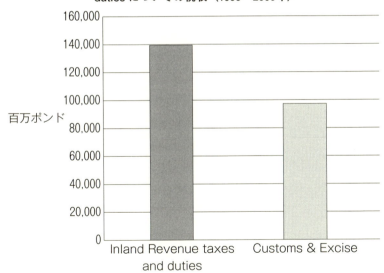

注：
・詳しくは, 出所の文献について参照。
・この図においては, Inland Revenue taxes and duties と Customs & Excise についてのみを示している。
・数字には, national insurance contribution (receipts) に関しては, 入っていない。
出所：National Statistics, Board of Inland Revenue(2000), *Inland Revenue Statistics 2000*, A National Statistics publication, The Stationery Office, HMSO. p.11より作成。

次に,内国歳入庁(the Inland Revenue)について注目し,各々の税収について紹介しておきたい。

図4－2は,1999-2000年における,内国歳入庁の税(Inland Revenue taxes)について(Income tax, Corporation tax, Capital gains tax, Inheritance tax, Stamp duties, Petroleum revenue tax)の純税収入(net receipts)について示したものである。図から,所得税(Income tax)の税収が他の税収に比べて非常に多いことがわかる。1999-2000年に関して言えば,所得税(Income tax)の税収は,法人税(Corporation tax)の税収と比べても,約2.7倍あることが見てとれる。

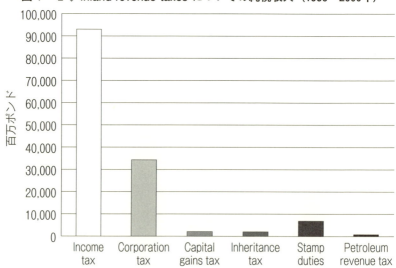

図4－2 ◆ Inland revenue taxes についての純税収入 (1999－2000年)

注:
 ・詳しくは,出所の文献について参照。
 ・(Total Inland Revenue receipts についてなど,Inland Revenue Statistics 2000の p.9 などを参照。)
出所:National Statistics, Board of Inland Revenue (2000), Inland Revenue Statistics 2000, A National Statistics publication, The Stationery Office, HMSO. p.12より,作成。

4.4.2 職員数と徴税コスト

次に,関税・間接税庁(HM Customs and Excise),内国歳入庁(Inland Revenue)に関して,職員の人数についての紹介をすることとする(→人数・数値は,full-time equivalent(staff)で測定されたものである)。図4－3は1997－1998年から2000－2001年までに関して,関税・間接税庁(HM Customs and Excise),内国歳入庁(Inland Revenue)についての職員数を示したものである。内国歳入庁(Inland Revenue)についての人数の方が,関税・間接

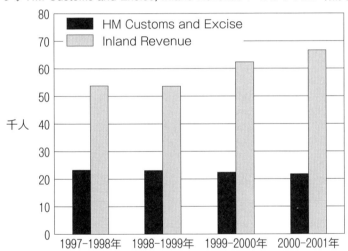

図4－3 ◆ HM Customs and Excise, Inland Revenue における staff(職員)の数

注:
・数字は,永続的な職員(permanent staff)から構成されたもの(について示したもの)で,一時的・臨時的な(temporary)職員や不定期(casual)の職員については,入っていない。(人数は,正社員(全時間労働)相当(full-time equivalent)の観点から測定されたものである。数字は,一会計年度についての平均職員数が示されている(出所の文献について参照)。
・Inland Revenueについて,1999－2000年以降の大幅な増大は,1999－2000年の(制度)変更を反映したものである(the Department of Social Security から Inland Revenue への,Contributions Agency の移動を反映したもの。→出所の文献や,Board of Inland Revenue, *Annual Report for the year ending* 31*st March*, The Stationery Office, HMSO における説明を参照)。
・詳しくは,出所の文献について参照。
出所:HM Treasury, *PUBLIC EXPENDITURE Statistical Analyses*, The Stationery Office, HMSO, (Annual),より作成。

税庁 (HM Customs and Excise) についての人数よりも多く，2000 - 2001年に関して言えば，約3倍になっていることがわかる。(→なお，1999 - 2000年以降の人数の大幅な増大・変化は，1999年から新たな仕事を引き受けることとなったこと (国民保険料 (National Insurance Contributions) に関することなど)，制度の変更，を反映しているものである)。

さらに，内国歳入庁 (Inland Revenue) に関する徴税コストについて紹介することとする。図4 - 4は，1997 - 1998年から2000 - 2001年までについての内国歳入庁 (Inland Revenue) に関する徴税コストについて示したものである。徴税コストは，内国歳入庁 (Inland Revenue) に関する税の税収 (Net receipt of Inland Revenue duties) に対する徴税コスト (Total cost of

図4 - 4 ◆ Inland Revenue 徴税コスト (cost of collection as percentage of total yield)

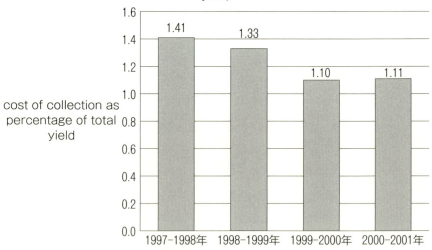

注：
- 徴税コストは，徴税費を税収に対する割合 (%) で表したもの (Cost of collection as percentage of total yield) である (→出所 Annual Report for the year ending 31st March を参照)。
- 1999-2000年以降については，1999年から新たな仕事を引き受けることとなったこと (National Insurance Contributions に関することなど)，制度の変更，を反映しているものである (→出所 Annual Report for the year ending 31st March を参照)。
- 詳しくは，出所の文献について参照。

出 所：Board of Inland Revenue, *Annual Report for the year ending 31st March*, The Stationery Office, HMSO, (Annual), より作成。

administering Inland Revenue duties) について，%で表されたものである（Cost of collection as percentage of total yield）（→出所の文献を参照）。図で示されている期間において，図から，ほぼ数値は低下している傾向にあることがわかる。このことから，効率化がより進んでいることがわかる。

4.5 納税協力費の重要性の高まり

　本章では，納税協力費について注目し，主に，その根拠や位置づけを探ることを目的として見てきた。その際，主に，納税協力費に関する研究がこれまでにも数多くなされてきているイギリスにおける研究を紹介，参考にしながら，納税協力費とは一体どういうものであるのか，なぜ納税協力費について考える必要があるのか，納税協力費はいかに重要なものであるか，などについて注目してきた。イギリスにおける研究は，わが国において納税協力費について考えていく際に，非常に有益であり，重要な手がかりの1つとなるものである。

　そこで，ここでは，本章で見てきたことを参考にしながら，わが国において，今後，納税協力費に関連することについて考えていく際に重要な点について，述べておきたい。

　第1に，納税協力費を考える際に，あるいは実際に測定しようとする際には，金銭的コスト（money costs），時間的コスト（time costs），そして心理的コスト（psychic or psychological costs）（→本章4.2参照）について考慮に入れる必要があるという点である。特に，心理的コストについて測定することは，わが国においても非常に困難であるといえるであろうが，重要な要素であるということを忘れてはならない。

　第2に，徴税費（administrative costs）と納税協力費（compliance costs）は関連させて考える必要があるという点である。つまり，徴税費を最小にしようとする政策は，徴税費と納税協力費それぞれに対して無関係に，実施されるべきではないということである。政策の目標は，広義の徴税費（operating costs）を最小化することに向けられるべきなのである。わが国においては，源泉徴収・年末調整システムが存在することが理由の1つとなり，徴税費が低く抑えられている可能性があるが，納税協力費が源泉徴収義務者によって，負

担されていることも忘れてはならない。

　第3に，納税協力費について注目が高まってきた理由の1つとして，望ましくない分配効果をもたらすということ，かなり不公平に負担されていること，が言われているということに関連する点である。この点に関しては，わが国においても，規模の小さな企業について，納税協力費の負担が大きくなっている可能性が予想される。わが国において納税協力費の測定を行う際に，よく考慮に入れておく必要がある。

　第4に，徴税費，納税協力費の両方，特に納税協力費を最小にするのに役立つ指針として，いくつかが挙げられている点である。わが国においても，4.3.3で紹介したようなことについてが，考慮に入れられることにより，費用（コスト）の最小化に役立てることができると考えられる。これらのことを考慮に入れることは非常に重要である。また，その際には，他の租税政策上の目的の達成についても，十分に，考慮に入れて考える必要があるという点が大切である。

【注】

1　サンフォード（C. Sandford）教授を中心としたcompliance costsに関する研究は数多く存在する。本章では，compliance costsに関して，注目し，見ていくにあたって，主に，C. Sandford (ed.) (1995a), C. Sandford, M.Godwin and P.Hardwick (1989), C.Sandford (1989), C. Sandford (ed.) (1995b), C.Sandford (2000)を参考にしている。
2　これらの分類などに関する点に関して，C. Sandford (1989), *Ibid.*, pp.20-21参考。また，C. Sandford, M. Godwin and P.Hardwick (1989), *Ibid.*, chap. 1, pp. 3 -23において，administrative costs, compliance costsについて，詳しく説明されているので参照。
3　C. Sandford (ed.) (1995a) *Ibid.*, pp. 1 - 2 。
4　これらの点について，C. Sandford (1989) *Ibid.*, p.20参考，また，C. Sandford, M.Godwin and P. Hardwick (1989) *Ibid.*, chap. 1 , pp. 3 -23についても参照。
5　それぞれの内容に関して，C. Sandford (1989), *Ibid.*, pp.20-21参考。また，C. M. Godwin and P. Hardwick (1989), *Ibid.*, についても参照。
6　これらの点について，C.Sandford (1989), *Ibid.*, p.21参考。
7　C. Sandford (ed.) (1995b), *Ibid.*, p.90, C. Sandford (ed.) (1995a), *Ibid.*, pp. 1 - 2 。
8　①から③に関する点について，C. Sandford (2000), *Ibid.*, pp.140-141, C. Sandford (ed.) (1995a), *Ibid.*, pp. 4 - 5 参考。

第4章 納税システムにおける納税協力費

9 C. Sandford, M. Godwin and P. Hardwick (1989), *Ibid.* などを参照。
10 この点に関しても，C. Sandford, M. Godwin and P. Hardwick (1989), *Ibid.* などの研究によって示されている。
11 C. Sandford (ed.) (1995a), *Ibid.*, p. 5。
12 この点に関して，C. Sandford (ed.) (1995a), *Ibid.*, pp. 5-7，C.Sandford (2000), *Ibid.*, pp.140-141参考。
13 C. Sandford (ed.) (1995a), *Ibid.*, p. 5。
14 本章末注8，C.Sandford (2000), *Ibid.*, p.140。
15 第1の点については，C. Sandford (ed.) (1995b), *Ibid.*, pp.93-94，C. Sandford (2000), *Ibid.*, p.129を参考。
16 C. Sandford (ed.) (1995b), *Ibid.*, pp.93-94。
17 これらの点について，C. Sandford (ed.) (1995b), *Ibid.*, p.94参考。
18 これらの点について，C. Sandford (ed.) (1995b), *Ibid.*, p.94参考。
19 これらの点について，C. Sandford (2000), *Ibid.*, p.130参考。
20 これらの点について，C. Sandford (ed.) (1995b), *Ibid.*, p.94参考。
21 これらの点について，C. Sandford (2000), *Ibid.*, p.130参考。
22 これらの点について，C. Sandford (2000), *Ibid.*, p.130参考。また，C. Sandford (ed.) (1995a), *Ibid.* についても参照。
23 第2の点については，本章末注20，C. Sandford (ed.) (1995b), *Ibid.*, pp.91-92，C. Sandford (2000), *Ibid.*, 2000., pp.130-132，C. Sandford (1989), *Ibid.*, pp.21-23を参考。
24 これらの点について，本章末注20，C. Sandford (ed.) (1995b), *Ibid.*, p.91参考。
25 これらの点について，C. Sandford (1989), *Ibid.*, pp.21-22参考。
26 C. Sandford (1989), *Ibid.*, p.22。
27 これらの点について，C. Sandford (ed.) (1995b), *Ibid.*, p.92参考。
28 これらの点について，C. Sandford (1989), *Ibid.*, p.22, C. Sandford (ed.) (1995b), *Ibid.*, p.91参考。
29 これらの点について，C. Sandford, (1989) *Ibid.*, p.22, C. Sandford (ed.) (1995b), *Ibid.*, p.91参考。
30 これらの点について，C. Sandford (1989), *Ibid.*, p.22, C. Sandford (1995b) (ed.), *Ibid.*, p.91参考。
31 これらの点について，C. Sandford (1989), *Ibid.*, p.22, C. Sandford (ed.) (1995b), *Ibid.*, p.91参考。
32 第3の点については，C. Sandford (ed.) (1995b), *Ibid.*, p.92, C.Sandford (2000), *Ibid.*, p.132を参考。
33 これらの点については，C. Sandford (ed.) (1995b), *Ibid.*, p.92参照。
34 これらの点に関しては，C.Sandford (1989), *Ibid.*, p.31, C. Sandford (ed.) (1995b), *Ibid.*, pp.92-93, C. Sandford (2000), *Ibid.*, p.140, C. Sandford (ed.) (1995a), *Ibid.*, pp. 4-5を参考。
35 C. Sandford (ed.) (1995b), *Ibid.*, p.93, C. Sandford (ed.) (1995a), *Ibid.*, pp. 4-5。
36 C. Sandford (ed.) (1995b), *Ibid.*, p.93。
37 この点について，C. Sandford (ed.) (1995a), *Ibid.*, p. 5参考。
38 この点について，C. Sandford (1989), p.31参考。

39　これらの点について，C. Sandford (2000), *Ibid.*, p.130参考。
40　この点について，C. Sandford (ed.) (1995b), *Ibid.*, pp.97-99参考。
41　この点について，C. Sandford (ed.) (1995b), *Ibid.*, pp.97-98参考。
42　この点について，C. Sandford (ed.) (1995b), *Ibid.*, p.98参考。
43　この点について，C. Sandford (ed.) (1995b), *Ibid.*, p.99参考。
44　C. Sandford (ed.) (1995b), *Ibid.*, p.99参考。
45　ここでは，Board of Inland Revenue, HM Customs and Excise, HM Treasury (2004) (Annual)を参考にしている。
46　HM Customs and Excise, *Ibid.*, HM Treasury, *Ibid.* p.16を参考。
47　Board of Inland Revenue, *Ibid.*, HM Treasury, *Ibid.* p.16を参考。

第 5 章

徴税コストと徴税行政の公平性
――所得税納税システムの問題点

5.1　徴税行政の公平性の視点

　わが国では，源泉徴収制度が1940年に給与所得を対象に導入され，さらに1947年には年末調整制度が採り入れられた[1]。諸外国と比較してもわが国ほど企業に徴税事務を依存し，効率的な年末調整制度を装備している国は皆無に等しい[2]。この連動する「源泉徴収・年末調整」システムは，徴税漏れが少なく，かつ徴税コストを節約できるため徴税効率を上げているが，申告納税者との間での徴税行政の公平性を欠き[3]，源泉徴収義務者である事業主により大きな納税協力費（コスト）を負担させている。

　そこで本章では，わが国の納税システムの中での源泉徴収・年末調整システムの持つ問題点を，主に「徴税コスト」と「徴税行政の公平性」に注目して検討することを目的としている。ここで広い意味での徴税費（コスト）を，国が税を徴収する際に必要な税務職員にかかる人件費などの徴税費（コスト）（以下徴税費（コスト））と民間の企業や事業主が源泉徴収・年末調整また申告納税を行うのに必要なコスト（以下納税協力費（コスト））とに分類し，国の徴税費（コスト）と広い意味での徴税費（コスト）を計算する[4]。

　具体的には，実際の国税庁，各国税局，各税務署における課税部門担当者数を用いて，その各税担当者の割合から，申告所得税，源泉所得税，法人税，消費税，酒税，資産（相続・贈与，地価）税の徴税にかかるコストの値を算出す

ることにより，いかに源泉所得税の徴税コストが低く抑えられているのかを数値を示して表す。また，源泉所得税がないと仮定した場合に所得税全体の徴税コストはどれだけ増大することになるのか，さらに納税協力費をも含めた広義の徴税コストの値は，源泉所得税と申告所得税の間でどれだけの差があるのかなどを算出する。そして得られた徴税コストの値を判断材料にしながら，徴税行政の公平性をも満たすにはどのような所得税納税システムが望ましいのかを検討する。

5.2 制度的背景 ―源泉徴収制度のこれまでの動向[5]

現在わが国の所得税法では，所得の発生形態によって10種類の所得分類を設けてそれに応じた所得金額の計算方法を定めているが，そのうちどの所得に対して源泉徴収が行われているか否かをまとめると表5－1のようになる。

表5－1 ◆所得の種類別源泉徴収の有無[6]

所得分類	利子	配当	不動産	事業	給与	退職	譲渡	山林	一時	雑
源泉徴収の有無	有	有	無	無	有	有	有	無	有	有
導入時期（年）	1899	1940			1940	1938	1988		1962	1944

10種類の所得の中で完全に申告納税方式を採用しているものは，不動産，事業，山林所得のみである。このことからも，いかに源泉徴収対象の所得が増やされてきたのかを知ることができる。以下，源泉徴収制度のこれまでの動向の概要を順に見ていく。

5.2.1 源泉徴収制度の開始―1899年改正[7]

源泉徴収制度がはじめて導入されたのは，1899年の所得税法改正によってであった。これにより，公社債の利子所得に対しては他の所得と分離して低い比例税率で課税し，かつ源泉徴収の方法で徴収されることとなった。この改正は，わが国の源泉徴収制度の原型を作り，利子所得に対する分離課税の原型を作ったという点で重要な意味を持っている[8]。この改正において，利子に対して源泉課税が行われるようになった理由は，簡易で確実な租税の徴収にあったと見

られる[9]。なお，銀行預金利子に対する源泉課税は1920年の改正から行われている。また1938年の改正により，5,000円を超える退職給与金等（退職所得）が，新たに，4段階の超過累進税率で源泉課税されることになった。

5.2.2　給与所得への源泉徴収開始―1940年改正[10]

その後，所得税は，1940年の所得税法によって全面的に改正された。この改正は，それまでの所得税制が弾力性を失い，戦費調達のために必要な税収を調達することができなかったことに対処しようとするものであるが，その基本的特色は，分類所得税と総合所得税の二本建の制度を採用したことにあった。この改正のもとで，源泉課税の範囲は著しく拡大され，配当所得，勤労所得（給与所得）に対しても源泉課税の方法で徴収されることになった。これは大衆課税化した所得税を確実かつ迅速に徴収するための手段であったと見ることができる[11]。

また，この改正のもとでは，源泉課税[12]の意義や特色についてそれ以前よりも精密な議論が展開され，源泉課税の特有性として以下の点が挙げられている[13]。

① 支払者は税金の徴収に関し国家から委託を受けている。
② 支払者が所得支払の際，税金を天引き徴収するものである。
③ 天引きされるがゆえに納税上の苦痛が少ない。
④ 他の租税に見られるように国家の権力に依って強制的に徴収されるという感じが少ない。
⑤ 原則として申告等の手続きを要しない。
⑥ 徴税費が比較的少なくて済む。
⑦ 租税技術的に見れば単一の比例税率をもって課税する以外に途がない。
⑧ 更に源泉課税の所得税については人的事情を考慮することが不可能である。

なお，この改正によって特に注目すべきことは，次の2点である[14]。

［1］　源泉徴収の対象となる所得の支払者が徴収・納付の義務を怠った場合には，納税者本人からではなく，支払者から徴収することが明記されたこと[15]。

［2］ 給与や配当所得の支払者に対して，源泉課税に伴う経費の一部の補償の意味で交付金が支給されることになっていたこと[16]。

いずれにせよ，1940年の改正による源泉課税の範囲の拡大と複雑化は，それ以後の源泉徴収制度への準備の意味を持っていたといえる[17]。

その後1944年の改正で，日雇労働者・大工・左官などの報酬・料金，外交員・集金人などの報酬・料金，原稿・作曲などの報酬，著作権の使用料，講演の謝礼などが源泉課税されることとなったが，表5－1ではこれらを雑所得に含めて表している。

5.2.3 年末調整制度の採用──1947年改正[18]

続いて1947年の税制改正によって，わが国で初めて近代的な総合累進所得税が採用された。ただし，源泉徴収の対象となる所得の範囲は旧制度のもとにおいて源泉課税の対象とされていた所得の範囲とほぼ同じであり，多くの点で旧制度のもとにおける手法や手続きが踏襲されていた。

注目すべきことは，給与所得の源泉徴収について，いわゆる年末調整の制度が採用されたことである。つまり，源泉徴収した所得の合計額が給与所得に対する正規の所得税額と比較して過不足があるときは，過納額はその年最後にまたはその翌年において給与の支払をなす際徴収すべき所得税額にこれを充当し，不足額はその年最後にまたは翌年度において給与の支払をなす際，順次これを徴収し，その徴収の日に属する月の翌月10日までに納付しなければならないとされた[19]。

5.2.4 シャウプ勧告における源泉徴収制度のあり方──1950年改正

シャウプ勧告に基づいて1950年に，わが国の税制は全面的・抜本的に改正されたが，同勧告では源泉徴収について以下のような点が述べられている[20]。

「①年末調整を最小限度に止めること。

　源泉徴収制度は，年末に必要となる調整額を最小限度に止めるように，注意深く検討して，改善すべきである。賃金，給与の源泉徴収税率は源泉徴収税額が過少であるよりもやや過大になるようにすべきである。

②年末調整を税務署へ移管すること。

現在年末調整は雇傭主が処理していて，大部分の被傭者は税務署と全然接触がない。今のところ，税務署の重荷が大きいのでこの調整は雇傭主が引続いて実施しなければならない。しかし，税務署にこの手続を移管することが可能となる限り可及的速やかに移管すべきである。これは申告書提出の必要事項を簡素化するであろう。課税を受ける各被傭者は源泉徴収税額に関するその雇傭主の証明を添付して申告書を提出し，支払うべき残余を納めるか，または払いすぎた分を払い戻してもらうことになろう。」

ここで注目されることは第2の点である。これは，シャウプ勧告が長期的構想としては給与所得者にも確定申告の機会を与え，源泉徴収税額と確定税額との精算は申告を通じて行うという制度が好ましいという考え方をとっていたと理解してよいだろう[21]。

5.2.5 シャウプ勧告以後の源泉徴収制度に関する改正[22]

① 利子所得について

利子所得は，シャウプ税制においていったん総合課税の対象とされたが，早くも1951年には源泉分離選択課税制度が復活し，さらに1953年には源泉分離選択課税制度の代わりに源泉分離課税制度が採用され1970年まで存続した。1970年の改正で源泉分離選択課税制度が復活し，1988年3月まで存続したが，1987年9月の改正で，1988年4月からは再び源泉分離課税制度がこれにとって代わり，現在に至っている。

② 配当所得について

配当所得はシャウプ勧告によって源泉徴収の対象から除かれたが，1952年の改正で再び源泉徴収の対象とされた。なお，1965年の改正で配当所得についても一定の条件のもとに一定の範囲で源泉分離選択課税制度が採用されて現在に至っている。

③ 給与所得について

給与所得については，制度の改正に伴い源泉徴収表の改正や年末調整制度の改正が何度も行われたが，主要な改正として「特定支出控除」の創設がある。

これは1987年の改正で設けられたもので，給与所得について特定支出の金額が給与所得控除の金額を超える場合には，確定申告を通じてその超過額の控除が認められることになったというものである。この規定が適用される例はきわめて少ないが，この改正は，部分的にであれ給与所得者に実額による必要経費の控除を認める制度として注目される。

④ 雑所得について

1987年の改正で従来給与所得として課税されてきた「公的年金など」が給与所得から分離されて雑所得として課税されることになった。これに伴って，公的年金などについてはその支払の際に控除される社会保険料および一定の控除をした残額に対して10％の税率で源泉徴収を行うこととなった。

⑤ 譲渡所得について

1988年の改正で株式などの譲渡益について源泉徴収が導入され，1989年4月から実施された。有価証券の譲渡益は1947年の改正によって一般的に課税対象に加えられ，さらにシャウプ勧告によってそれに対する課税は強化された。しかし，1953年の改正によって課税対象から除外されるに至り，それに対して不公平税制の典型として批判がなされ，この批判にこたえるために1988年の改正により，有価証券の譲渡益の原則的非課税措置が廃止された。

5.3 国税収入と徴税コストの推移

本節では，まず，国税の徴税コストの値について見ることからはじめる。そしてさらに，徴税コストに影響を与えていると考えられる要因について，若干の検討を加えることとする。

ここで，徴税費とは国が税を徴収するのに必要な費用総額（人件費，旅費，施設費，物件費など）を指し，徴税コストとは国税100円を徴収するのに要する徴税費を指す（『国税庁統計年報書』における徴税費・徴税コストの算定方法による）。

国税の徴収事務は，課税対象の増加により年々その事務量が増加しており，

第5章　徴税コストと徴税行政の公平性

特に金融，経済，人口の都市集中により大都市局署における直接税事務を中心とする課税対象は急増し，その内容も大規模かつ複雑化してきている[23]。このような情勢を踏まえて，徴税事務量の増大に対処し，事務の合理化，効率化を図るため，所得税，法人税の内部事務および債権管理事務を中心に，総合的なコンピューター処理システムを導入している。

図5－1は，1981年から1996年までの国税の徴税コストの推移について見たものである。

国税100円当たりの徴税コストは1981年の約1.4円から90年には約0.9円まで低下傾向を続け，その後96年までに徐々に上昇傾向となり，1996年に約1.3円程度になっている。1990年から徴税コストが上昇に転じている1つの原因は，90年からの税収の落ち込みによるところが大きい。なお，徴税費，徴税コストの推移と税務職員数の推移は関連しているといえる（本書第1章の図1－5税務職員数の推移を参照）。徴税費の中で人件費は大きな割合を占めているので，

図5－1◆徴税コストの推移
（単位：税100円当たり徴税コスト）

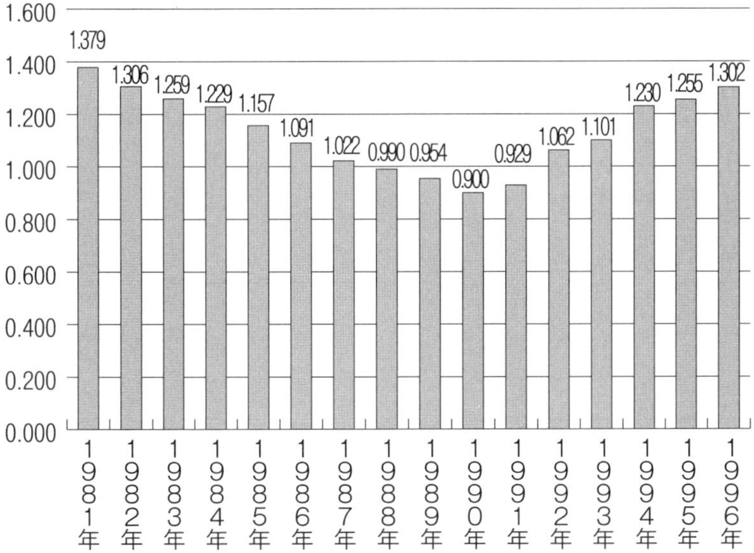

年	徴税コスト
1981年	1.379
1982年	1.306
1983年	1.259
1984年	1.229
1985年	1.157
1986年	1.091
1987年	1.022
1988年	0.990
1989年	0.954
1990年	0.900
1991年	0.929
1992年	1.062
1993年	1.101
1994年	1.230
1995年	1.255
1996年	1.302

注：国税収入に対する徴税費を100円当たりのコストで見たものを徴税コストとして見ている（徴税コスト＝（徴税費／国税収入）×100）。国税庁編『国税庁統計年報書』を参考。
出所：国税庁編『国税庁統計年報書』大蔵財務協会，各年度版，より作成。

税務職員数の増減は少なからず徴税コストの増減に影響を与えるということができる。

（第1章図1-5より）税務職員数については1981年から88年までは増員数が少なく，それに対して国税収入が大きく増大したために税金を集めるコストが年々減少したといえる。その後，1989年の消費税導入，91年の地価税導入など課税対象の増大に対応し，執行面での税負担の公平を確保し，適正な税収の確保を図るためという理由[24]で，92年までに毎年約1,000人の増員があり，一方で国税収入の減少があったため，徴税コストがやや増大しているといえる。

一方，図5-1と図5-2から，徴税コストと源泉所得税の国税に占める割合（源泉割合）の間にある種の相関関係が見出せる。図5-2は，源泉所得税，申告所得税，法人税，消費税，資産（相続・贈与税）税，酒税それぞれの国税収入全体に占める割合について1981年から1996年までの間で見たものである。源泉所得税の割合は約30％から40％，法人税の割合が約25％から30％と，圧倒

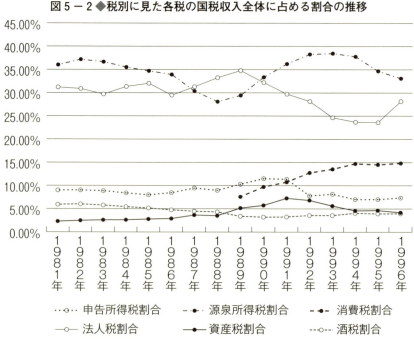

図5-2◆税別に見た各税の国税収入全体に占める割合の推移

出所：国税庁編『国税庁統計年報書』大蔵財務協会，各年度版，より作成。

的に多く，続いて申告所得税の割合が約10％程度，消費税の割合は約10％から15％程度，そして資産税の割合が約２％から７％程度，酒税の割合が約３％から６％程度になっている。

図５－１より（税収がバブル崩壊の影響もあって大幅に減少したことによって非効率になり，徴税コストが上昇したという91年から96年までの特殊な事情を除くと），1981年から徴税コストは低下傾向にあり，図５－２から源泉所得税は1981年から1996年を通して対国税収入比約30％から40％と高い水準を保っていることより，国税全体の徴税コストが低下してきた原因の１つは，国税に占める割合の高い源泉所得税の徴税コストがかなり低く抑えられていることによるものと考えられる。この点に特に注目して次節で検討を加えることにする。

5.4 税別に見た徴税コストの動向

5.4.1 税別に見た各税の徴税コスト

国税庁の税務職員定員は平成９年９月１日現在57,202人で，全体の約８割が税務署に配置され，さらに国税局（東京，関東信越，大阪，札幌，仙台，名古屋，金沢，広島，高松，福岡，熊本，沖縄の各国税局合計），国税庁，国税不服審判所，醸造研究所，税務大学校に配置されている[25]。

本節では，これらの税務職員数から各々の税別（源泉所得税，申告所得税，法人税，消費税，酒税，資産（相続・贈与，地価）税）の担当職員数を出して[26]，各税にかかる徴税コストの値を求めた。この各税担当者数，税別徴税コストの出し方を以下の国税庁組織図[27]（本書第10章，図10－１）を参考に説明する。

各税の税務職員担当者数は，国税庁，国税局，税務署それぞれの課税部門担当者数を税別に出すことから始め，課税部門以外の徴収部，調査査察部などの職員についても各税で按分して各税の担当者数に含め，それらすべてを税別に合計して算出した[28]。ただし，源泉所得税については，国税庁・国税局については法人税課に含まれ，税務署においては法人課税部門の中に含まれている。また税務署では，消費税も法人課税部門の中に存在している。このようにして求めた各税別の担当税務職員数の全体に占める割合は，それぞれ源泉所得税が

約5％，申告所得税が約38％，法人税が約35％，消費税が約5％，資産税が約13％，酒税が約4％となった（なお，醸造研究所，税務大学校，国税不服審判所などにおける人数は除外して考えている）。

次に（5－1）式のような形で，上記の各税担当者数の税務職員全体に占める割合（％）を国税全体の徴税費に掛けて税別の徴税費を出し，その値を各税収で割って，各税別の100円当たりの徴税コストを算出している[29]。

$$TLCi = \{(TLC \times Ni / Nj) / TRi\} \times 100 \quad \cdots\cdots\cdots\cdots\cdots (5-1)$$

ただし，TLC：国税庁全体の徴税費，$TLCi$；i税の徴税コスト，Ni；i税の担当者数，Nj；全体の税務職員数，i；源泉所得税，申告所得税，法人税，消費税，資産税，酒税，TRi；i税の税収をそれぞれ表している。

図5－3は，1996年における各税の税収100円当たりの徴税コストを見たものである（1991年から税目別体制から納税者別体制へと変更された）[30]。源泉所得税にかかる徴税コストは約0.19円と，他の税に比べて非常に小さい。これは，源泉所得税は先に見たように国税収入全体に占める割合が約30％から約40％と大きく，また所得税の中の約80％以上を占めるほど税収が大きい税金であるにもかかわらず[31]，源泉徴収義務者に徴収を委託して，税務職員の担当者数が極端に少なく済んでいるために，非常に効率的に徴収されているということを意味している。

一方，申告所得税にかかる徴税コストは約6.73円，法人税にかかる徴税コストは約1.61円，資産税にかかる徴税コストは約3.99円，酒税にかかる徴税コストは約1.31円，消費税にかかる徴税コストは約0.46円となっており，申告所得税の徴税コストがかなり大きい値であることがわかる。

源泉所得税の徴税コストを1とした場合に他の税は何倍の徴税コストがかかるのかを見てみると，申告所得税は最も徴税コストが高く，源泉所得税の約35倍かかっており，法人税で約8倍，資産税で約21倍，酒税で約7倍，比較的徴税コストの低い消費税でも約2倍のコストがかかっている。特に同じ所得税の中で，申告納税と源泉徴収とでは徴税コストの差がかなり大きくなっているという点に注目することが重要である。

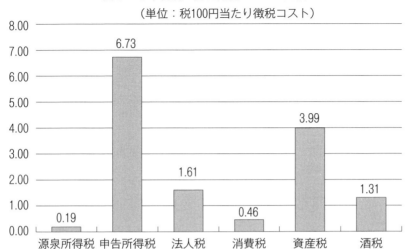

図5−3◆税別に見た徴税コストの比較
（単位：税100円当たり徴税コスト）

出所：国税庁編『国税庁統計年報書』大蔵財務協会，税経編『各国税局・管内税務署職員配属便覧』を参考にして作成したものである（大蔵省主計局編『各省各庁歳出決算報告書』についても参照）。

5.4.2 申告所得税と源泉所得税の比較

次に，所得税の中で，申告と源泉徴収とではかなり徴税コストが異なっていることに注目し，納税協力費も含めた広い意味での徴税コスト（広義の徴税コスト）の値はどうなるのかを想定して検討してみる。

〔ケース〕　納税協力費も含めた広義の徴税費[32]の比較

源泉所得税は申告所得税に比べて納税協力費が大きいことを考慮するために，

広義の徴税費＝徴税費（国）＋納税協力費（民間）

という形でとらえて，ここでは給与所得（源泉所得税）と事業所得税（申告所得税）について比較する。それぞれの徴税費（国）と納税協力費（民間）の算出方法は以下の通りである[33]。

① 給与所得税について

徴税費についてはこれまでと同様の方法を用いて，（5－2）式のように考える。

$$TLCk = TLC \times (Nk / Nj) \quad \cdots\cdots\cdots (5-2)$$

ただし，$TLCk$；源泉所得税（給与所得）にかかる徴税費，TLC；国全体の徴税費，Nk；源泉所得税（給与所得）担当税務職員数，Nj；税務職員全体数を表し，この値を給与所得税収で割り100円を掛けると，給与所得税の徴税コストが算出できるものとする。

また納税協力費については，源泉徴収義務者が主に年末調整を行うのにどれだけの費用を費やしているかを考えるものとし，年末調整の事務を税理士に委託すると仮定した場合にいくら支払っているのかを算出して納税協力費とした[34]（現実的には税理士に委託しない場合や，税理士に報酬規定通り支払わないケースが存在するが，ここではあくまでも擬制計算という形で捉えている。注を参照）。具体的には税理士報酬規定は，年末調整の事務を一事案20,000円，10件（人）を超えたら1件当たり2,000円を上乗せしていくという形を採っているので，これを用いて，事業所規模別の源泉徴収義務者数から，各源泉義務者がいくら支払っていることになるのかを算出してその合計額を納税協力費とした。

② 事業所得税について

一方，事業所得税についても同様に徴税コストは(5－3)式のように考える。

$$TLCz = TLC \times (Nz / Nj) \quad \cdots\cdots\cdots (5-3)$$

ただし，$TLCz$；申告所得税（事業所得）にかかる徴税費，TLC；国全体の徴税費，Nz；申告所得税（事業所得）担当税務職員数，Nj；税務職員数全体を表し，この値を事業所得税収で割り100円を掛けると，事業所得税の徴税コストが算出できるものとする。

また納税協力費については，事業所得税納税者が申告を行う際に，税理士に対して税務書類の作成報酬としていくら支払うかを納税協力費とした[35]（源泉徴収義務者の納税協力費を，年に一度の年末調整に関する費用と想定しているので，事業所得税納税者についても比較しやすくするために申告の際の税務書類の作成報酬のみを考えている。本章末注35についても参照）。税理士報酬規定は，申告に関する税務書類の作成報酬を事業所得者の総所得金額別に定めており，各事業所得者がいくら支払っていることになるのかを算出して，その合計額を納税協力費とした。

このようにして算出した給与所得者，事業所得者別の徴税費（国）と納税協力費（民間）の関係，また広義の徴税費の値の比較について見たのが，図5－4である。

図5－4より，納税協力費で見ると，源泉所得税（給与所得）の方が約2倍程度大きく費用がかかっていることがわかる。給与所得に関する国の徴税費と

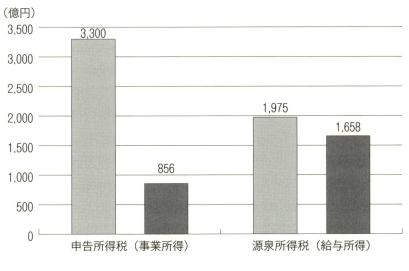

図5－4 ◆納税協力費と広義の徴税費の比較（1996年）

出所：国税庁編『国税庁統計年報書』大蔵財務協会，税経編『各国税局・管内税務署職員配属便覧』を参考にして作成したものである（大蔵省主計局編『各省各庁歳出決算報告書』についても参照）。

納税協力費の比について注目してみると約1対5であり、事業所得に関する同比は約1対0.35ということになる。また、広義の徴税費で見ると、事業所得の方が依然として費用がかかるものの、その差は約1.7倍程度に縮まっていることに注目が必要である。

一方、図5－5は、広義の徴税コストについて比較したものであり、コストで見ると、税収に左右されることもあって、広義で見た徴税コストの比は給与所得：事業所得＝1：21にのぼっている（図5－5）。やはり、納税協力費を含めて考えたとしても、源泉徴収を採る給与所得は税収がかなり大きいため、事業所得に比べると、非常に効率的なシステム[36]となっていることがわかる。

以上のことから、給与所得に関する納税協力費は、給与所得にかかる国の徴税費の約8倍、また事業所得の納税協力費の約1.5倍に達することがわかった。源泉徴収義務者は給与所得税を徴収し年末調整に費用を、いわば徴税代行コストとして負担しているわけであるから、これを考慮して何らかの形で国からの援助[37]があってもよいのではないかと考える。

図5－5◆広義の徴税コスト比較（1996年）
（単位：税100円当たりコスト）

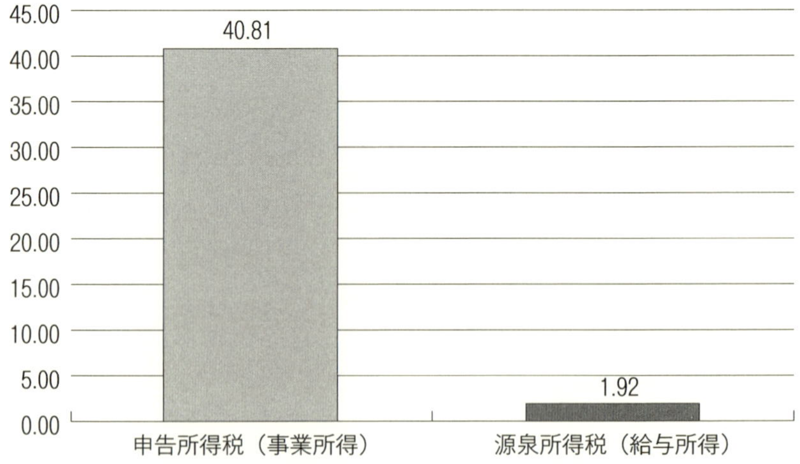

申告所得税（事業所得）	40.81
源泉所得税（給与所得）	1.92

出所：国税庁編『国税庁統計年報書』大蔵財務協会、税経編『各国税局・管内税務署職員配属便覧』を参考にして作成したものである（大蔵省主計局編『各省各庁歳出決算報告書』についても参照）。

5.5 徴税行政の公平性と徴税コスト

　わが国の源泉徴収制度が，租税の確実な徴収のために有効で効率的な制度であることは確かである。つまり，多額の所得税を徴収するのみではなく，源泉徴収表や支払調書の制度と結びついて，源泉徴収の対象となる所得に関する限り，誰にどれだけ所得があるのかの把握を可能にし，総合累進所得税を執行面で支える役割を果たしているのである。その意味では，源泉徴収制度の持つプラス面はかなり評価されるべきである。しかし，一方で源泉徴収制度は，その対象となる所得とそうでない所得との間に大きな把握水準の相違をもたらしている。これは特に給与所得と事業所得との間の執行上の不公平の問題（いわゆるクロヨン問題）として現われる。そのため，給与所得者の間に，源泉徴収に関する強い反感が生じているのだが，この問題は，事業所得その他の源泉徴収の対象外の所得の把握水準の向上を図ることによって解決するより他はないであろう。

　他方，徴収確保の観点からはわが国の源泉徴収制度はきわめて進歩した制度であり，源泉徴収義務者に租税徴収の役割を部分的に負わせる（納税協力費を負担させる）ことによって，徴税コストの節約にも大きく貢献している。それは，特に給与所得の源泉徴収について著しい。しかし，民主主義的租税制度の観点からは，国民が自らの責任において自らの税額を計算し，自らの責任においてそれを納付する制度が好ましい。この見地からは，給与所得について原則として年末調整によってすべての課税関係を終了させる制度は，たとえ効率性の観点からメリットがあるとしても，決して好ましいとは言えない。将来的には，給与所得者にも，たとえ選択的ではあれ確定申告の機会を与え，実額による経費控除を認めることが好ましい[38]。この点について，本章5.2で触れたように，シャウプ勧告が将来の有るべき方向として，年末調整を給与の支払者から税務署の手に移すことを勧告していた事実に注目しなければならない。これは，給与所得者にも原則的に確定申告の機会を与えるべきであるという提案にほかならない。また，1987年11月の所得税法改正によって導入された「特定支出控除制度」は，その方向に向けての制度改革の第一歩と見てよいだろうが，

現実的にはその利用者は少ない人数のものにすぎず，道のりは遠いと言わなければならない。

　さらに，源泉徴収は所得の前どりの方法としてではなく，源泉課税の方法としても用いられている。源泉課税は，分類所得税のもとでは特別措置といえないが，総合累進所得税のもとでは明らかに特別措置である。その範囲は，利子その他の金融資産からの所得，株式などの譲渡所得などで，これらの所得は資産性所得として高い担税力を持っている。したがって，それらを他の所得と分類して，比例税率で課税することは総合累進所得税の趣旨に反している。これらは源泉徴収制度自身のもつ問題点ではないが，今後のわが国の所得税制度を考える点で重要な点である。

【注】

1　所得税の源泉徴収に関する歴史などについて，詳しくは序章と序章の章末注を参照。ここでは，主に金子宏（1991）を参考。また，次節についても参照。
2　齋藤貴男（1996）p.48参考。
3　「徴税行政の公平性を欠く」とは，源泉徴収によって課税関係が終了し納税義務の確定手続きに参画できないことを問題視し，また，サラリーマンに対する概算経費控除方式の採用を不公平と考えるものである。
4　徴税費，納税協力費，広義の徴税費については，サンフォード（Sandford）教授らの分類を参考にしている。サンフォードらによる研究について，参考文献に挙げているサンフォードによる文献（本書第4章の章末注1に挙げている文献）などを参考。また，横山直子（2005a）（本書第4章）参照。
5　源泉徴収の歴史などについては，本書序章と序章の章末注について参照。ここでは，主に，金子宏（1991），藤田晴（1992）などを参考にしている。
6　金子宏（1991），藤田晴（1992）などから作成。なお，表5－1において，譲渡所得は，株式などの譲渡益についての源泉徴収導入，一時所得は広告宣伝のための賞金に対する源泉徴収導入の年をそれぞれ考えている。
7　金子宏（1991）pp.6-16参考。
8　金子宏（1991）p.7参考。
9　金子宏（1991）p.8参考。
10　金子宏（1991）pp.16-27を参考。また，本書序章と序章の章末注についても参照。
11　金子宏（1991）p.19参考。
12　この時代では，源泉徴収という言葉はまだ使われておらず，源泉課税という言葉が一般に用いられていた。源泉課税は，所得の前どりではなく，その徴収の方法である（金子宏

第5章　徴税コストと徴税行政の公平性　　113

　　（1991）p.22を参考）。また，この点に関しては，小林長谷雄・雪岡重喜・田口卯一（1941），小林長谷雄・雪岡重喜・田口卯一（1942）などを参照。
13　小林長谷雄・雪岡重喜・田口卯一（1941）p.7，小林長谷雄・雪岡重喜・田口卯一（1942）p.11を参考。
14　金子宏（1991）pp.24-26を参考。
15　この点に関して，小林長谷雄・雪岡重喜・田口卯一（1941）pp.176-177，小林長谷雄・雪岡重喜・田口卯一（1942）pp.187-188参考。
16　この点に関して，小林長谷雄・雪岡重喜・田口卯一（1941）pp.183-185，小林長谷雄・雪岡重喜・田口卯一（1942）pp.195-197参考。これらによると，例えば，甲種の勤労所得に対する分類所得税の納税者一人に付き10銭を交付されることとなっていた。この点については，納税協力費と非常に関連することであり，注目したい点である。
17　金子宏（1991）p.26を参考。
18　金子宏（1991）pp.27-35を参考。また，本書序章や序章の章末注についても参照。
19　金子宏（1991）p.32を参考。
20　Shoup Misson（1949），*Report on Japanese Taxation*, General Headquarters Supreme Commander for the allied Powers. Tokyo, Japan. September 1949. Appendix Volume Ⅳ, pp.10-11を参考。また，金子宏（1991）pp.35-41について参照。
21　金子宏（1991）p.38参考。
22　この点に関しては，金子宏（1991）pp.41-47を参考。
23　徴税事務に関する，総合的なコンピューター処理システムや国税庁のADPシステムなどについては，財政調査会編（平成9年）p.531を参考。また，これらの点については，税務大学校研究部編（1996）『税務署の創設と税務行政の100年』大蔵財務協会，国税庁編（2000）『国税庁五十年史』大蔵財務協会，なども参照。
24　これらの点に関しては，大槻則一・牧俊朗共著（1992），pp.153-155，税務大学校研究部編（1996）『税務署の創設と税務行政の100年』大蔵財務協会，国税庁編（2000）『国税庁五十年史』大蔵財務協会，など参考。
25　国税庁編『国税庁統計年報書』，税経編『各国税局・管内税務署職員配属便覧』参考。
26　担当職員数から各税のコストを出しているが，実際には職員は国税庁機構図にあるような組織のもとで配属されており，どの税にどの人員が携わっているのかを厳密にするのは困難である。そこで，本章においては，『各国税局・管内税務署職員配属便覧』より，各担当部門の人数を自分で数え，国税庁・国税局・税務署別に出し，それらを税別に合計して，その値を税別担当職員数の近似値として用いている。横山直子（1998）では，徴税費について人件費のみで見ているが本章では人件費だけでなく徴税費全体で見ている。徴税費には，物件費・施設費などが含まれている。
27　第10章図10－1の図は，平成22年のものであるため，ここで見ている平成9年の機構とは部門の名称などに少し相違点があるが，いずれにしても課税部門について見ている。
28　税経編『各国税局・管内税務署職員配属便覧』より，国税庁・国税局・税務署における課税部門担当者数を税別に出し，国税庁・国税局・税務署におけるそれぞれの人数を合計した。また，総務部・徴収部・調査査察部に配属されている職員についても，課税部門担当者数の各税割合に応じて割り振って考えている。
29　各税別100円当たり徴税コストとは，税を100円徴収するのに国の徴税費がいくらかかっているのかを表す（国税庁編『国税庁統計年報書』について参照）。

30　税務大学校研究部編（1996）『税務署の創設と税務行政の100年』大蔵財務協会，参照。
31　1996年における源泉所得税税収は約16兆3,061億円で所得税収入全体約19兆9,363億円の約82％を占めている（国税庁編『国税庁統計年報書』を参考）。
32　徴税費，納税協力費，広義の徴税費については，本章末注4を参照のこと。また，横山直子（2005a）（本書第4章）を参照。
33　特に納税協力費の測定方法については，本書の後の章（第6章から11章）における測定方法についても参照。
34　納税協力費については，源泉徴収義務者にとって，月々の源泉徴収事務よりも，1年に1回の年末調整事務に対してコストをかけていると考えられるので，年末調整事務に関するコストのみを考えた。また，すべての源泉徴収義務者が税理士に年末調整事務を委託しているわけではもちろんないが，自分の会社で行っているにしても，かなりの時間的，金銭的コストを負担していると考えられるので，税理士報酬規定により擬制計算した。納税協力費に関しては，本章末注4を参照。また，横山直子（2005a），本書4章なども参照。
35　事業所得税納税者についても，必ずしも税理士に申告に関する税務書類作成事務を委託しているとは限らず，また，税理士に報酬規定どおり支払っているかどうかも定かではないが，ここでは，1つの基準として税理士報酬規定を用いて擬制計算を試みた。なお，事業所得税納税者は，1年を通して，源泉徴収義務者と比較してかなり税理士と関わりを持ち，報酬をかなり支払っていると考えられるが，ここでは，源泉徴収義務者について年末調整にかかる費用のみを考えているので，事業所得者についても，1年に1回，申告の際にかかる費用についてのみ考慮することとした。
36　ここで効率的なシステムとは，少ない徴税費で多くの税収をあげることができることを指している。
37　この点に関して，本章末注16参照。
38　この点については，金子宏（1991）p.48を参考。

第 6 章

所得税に関する納税協力費の特徴

6.1 所得税の納税協力費の多様性

　納税協力費に関する研究は，これまでにもイギリスにおいてサンフォード（C. Sandford）教授らを中心に数多くの詳細な研究が行われている[1]。サンフォードらの研究において徴税に関する費用は，納税に関して民間部門つまり個人納税者や企業によって負担されるコストである納税協力費，公共部門つまり徴税者側によって負担されるコストである徴税費，両者を合わせたコストに分類される[2]。筆者（横山直子）もイギリスにおける様々な研究を参考にしながら，わが国における納税協力費に関する研究を行ってきている[3]。本章ではこれまでの研究をさらに進めて，所得税に関する納税協力費に注目してより詳細に研究を深めその特徴を明らかにする。

　本章の第1の目的は，源泉徴収所得税（源泉所得税）と申告納税所得税（申告所得税）それぞれに関する納税協力費の値とその特徴を明らかにすることである。横山直子（1998），横山直子（2000）と比較して一層所得税の納税協力費に焦点をあて着目し，あらゆる角度から検討を行い納税協力費の特徴をとらえることが本章の大きな目的の1つである。例えば給与所得（所得税）と事業所得（所得税）では納税協力費の特徴が異なっていると考えられるため，詳細に検討を行う。また，より詳しい分析を行うために源泉徴収所得税，申告納税所得税それぞれについて，新たに規模別に見た納税協力費の特徴についても見

ていくこととする。納税協力費の値については，サンフォードらの研究を参考にしながら税理士に支払う報酬額[4]やさらに加えてヒアリングの実施などから算出する。本章の大きな特徴は可能な限りより現実の値に近い数値を算出するために，より実態を反映した納税協力費の値の算出を試みること，そして規模別に見た納税協力費の特徴について見ることである。

続いて本章の第2の目的は，源泉徴収所得税と申告納税所得税それぞれに関する納税協力費の内容や特徴を明らかにしながら納税協力費を上昇させる要因は何かについて分析を行うこと，さらに本章の第3の目的は，納税協力費を低くするためにはどのような方策が考えられるのかについて検討を深めることである。

6.2 所得税に関する納税協力費の重要性

6.2.1 納税協力費に関する先行研究の概観

本章では，納税協力費についてより検討を深めて分析を進めていくため，イギリスにおいてサンフォードらを中心にこれまでに数多く行われている納税協力費に関する研究について，ここで概観することによって納税協力費の意義について明示しておきたい。

イギリスにおける数多くの納税協力費研究について本章において特に注目しているのはC. Sandford (1989), C. Sandford, M. Godwin and P. Hardwick (1989), C. Sandford (ed.)(1995a), C. Sandford (ed.)(1995b), C. Sandford (2000) の5つの研究である。いずれも日本の納税協力費の研究を行う際に，また本書にとって非常に貴重かつ有益であるので本章においても参考にしている。

① 納税協力費の3つの分類

C. Sandford (1989)[5], C. Sandford, M. Godwin and P. Hardwick (1989)[6]によって，納税協力費は金銭的コスト (money costs), 時間的コスト (time costs), 心理的コスト (psychic or psychological costs) の3つに分類されて

いる。金銭的コストとは，個人の納税者や企業が税理士に支払う報酬，企業における税計算担当者に関するコストなど，また時間的コストとは，納税者が申告書を作成するために必要な時間など，さらに心理的コストとは，納税を行うに際して納税者が不安や心配に思う場合があることからのコストである[7]。

② イギリスにおける納税協力費の測定

C. Sandford, M. Godwin and P. Hardwick (1989)[8]において，納税協力費について詳細な説明，定義，分類が示されたうえで，イギリスにおける納税協力費の値が長期にわたる緻密な調査から測定されている。また納税協力費の測定方法の詳しい説明や，納税協力費の値からの分析が詳細に行われている[9]。

③ 納税協力費のさらなる分類

C. Sandford (1989)[10]，C. Sandford (ed.) (1995b)[11]さらにC. Sandford, M. Godwin and P. Hardwick (1989)[12]において，納税協力費に対する相殺要素 (offset) となる納税協力費のベネフィット分 (the benefits of compliance) を考慮してグロスの納税協力費 (gross compliance costs) とネットの納税協力費 (net compliance costs) に納税協力費はさらに分類されている。ベネフィットは特に企業に関するもので例えば源泉徴収を行った税を納付するまでの期間，保持することが可能であることから発生するキャッシュ・フロー・ベネフィット (cash flow benefits) がある[13]。

④ 納税協力費をめぐる重要性

C. Sandford (1989)[14]，C. Sandford (ed.) (1995a)[15]，C. Sandford (ed.) (1995b)[16]，C. Sandford (2000)[17]において納税協力費に注目が高くなっている理由について規模の小さい企業に大きく負担されている点が指摘されており，またC. Sandford (ed.) (1995b)[18]において納税協力費を低くするための方策について，さらにC. Sandford (2000)[19]において納税協力費を低くすることの重要性について示されている。

納税協力費を低くするための方策としては，一時的コスト (temporary costs)，定期的コスト (regular costs)，各税の相互関係 (tax inter-relationships）に分類して考えられており，一時的コストは税制を安定化させることにより，また定期的コストは租税構造ができるだけシンプルなものに維持されることによって，さらに各税の相互関係については広いベースで少ない税の種類という租税構造の方が納税協力費を低くすることができるとされる[20]。

　納税協力費を低くすることの重要性については，納税協力費と徴税費を合わせた合計のコストの値が一定の場合は納税協力費がより低いことが望ましいという点に注目したい[21]。徴税費は租税収入から支出されるものであるため公平性の基準に基づいてあらゆる人々によって負担されるものと想定することができる一方で，納税協力費は負担が逆進的（regressive）になる可能性があり心理的コスト（不安や心配からくるコスト）をもたらす可能性があると指摘されるのである[22]。

　本章の内容はこれら①から④を考え合わせているものである。

　なお以下の研究は本章の内容に関連して筆者（横山直子）が行ってきている研究のうち主なものについていくつか挙げたものである[23]。

⑤　イギリスにおける納税協力費研究からみた納税協力費の意義，重要性

　横山直子（2005a）では，イギリスにおける納税協力費研究を参考にし，納税協力費の意義，重要性について見ており，上記①から④に関する納税協力費研究に関しても見ている。

⑥　イギリスにおける PAYE システム

　横山直子（2005b）では，イギリス所得税における PAYE システムの特徴について見ている。

⑦　日本における納税協力費の測定

　横山直子（1998），（2000），（2010）において主に所得税に注目し，所得税に関する納税協力費の測定を試み，横山直子（2011a）において所得税，消費税，法人税の納税協力費を測定し，横山直子（1999），（2009），（2011c）において住民税に関する納税協力費の算出を試み，横山直子（2011b）では消費税の納税協力費を測定し，横山直子（2013），（2015）において所得税と消費税に関す

る納税協力費の測定を行っている。納税協力費の算出にあたっては税理士に委託する場合を想定し『税理士報酬規定』(近畿税理士会)を基準として用いて擬制計算を行っている。

⑧ 日本における納税協力費と納税意識

横山直子 (2008b) では,納税協力費と納税意識に注目し納税協力費と納税意識の関係について検討を行っている。日本の所得税に関する納税協力費の内容はどのようなものであるのか申告納税所得税,源泉徴収所得税それぞれについて見ている。

また,横山直子 (2008a) において,地方財政における効率性と納税意識に注目し研究を行い,横山直子 (2015) では所得税,消費税の納税意識に着目し,徴税費,納税協力費との関連について注目し研究を深めている。

これらサンフォードらを中心とした納税協力費研究を参考に,また横山直子(筆者)の先行研究も参考にして考え合わせながら,本章では日本における納税協力費の値,特徴を明らかにしていく。なかでも,特に所得税の納税協力費に焦点をあてている理由はその重要性にあるがこの点について詳しくは次の6.2.2にあらわすこととする。

6.2.2 納税協力費の重要性

イギリスにおける,賃金・給与からの税の源泉徴収に関するPay-As-You-Earn (PAYE) のしくみは,非常に正確に税を徴収することを可能にしているシステムであるため独特である[24]。イギリスのPAYEシステムは累積的基準 (cumulative basis) によって行われているものである[25]。累積すること (cumulation) とはいずれの時点の源泉徴収額も現時点を含め現時点までの課税年度を通じて受け取った所得に依存しているように,納税者の給与 (pay) と控除 (allowance) が課税年度を通じて累積されるということを意味している[26]。イギリスには税が非常に正確に徴収されているPAYEシステムが存在しており,日本における納税協力費を分析する際にはイギリスにおける納税協力費研究が非常に参考になる。

所得税に関する納税協力費に焦点をあてることが重要であると考える理由は，所得税には申告納税所得税と源泉徴収所得税が存在し，所得税の中に2種類の納税協力費が存在しているからである。つまり申告納税所得税と源泉徴収所得税とでは，先に見た3つの納税協力費（金銭的コスト，時間的コスト，心理的コスト）の特質，数値が異なっていると考えられるのである。特に注目したい

表6－1◆わが国における納税協力費

	申告所得納税者（個人）	源泉徴収義務者（企業）
金銭的コスト	税理士などへの報酬	税理士などへの報酬
	税理士などと連絡をとるコスト（交通費，郵便代，電話代）	税理士などと連絡をとるコスト（交通費，郵便代，電話代）
	税務署へ出かけるためのコスト	税務署へ出かけるためのコスト
	税計算に必要な道具に関するコスト（ガイドブック，電卓など）	税計算に必要な道具に関するコスト（ガイドブック，電卓など）
	必要なデータを保存するためのコスト（コンピューターにかかるコストなど）	必要なデータを保存するためのコスト（コンピューターにかかるコストなど）
	－	税計算担当者に関するコスト
時間的コスト	申告書など税務書類作成にかかる時間	申告書など税務書類作成にかかる時間
	税務署に出かけるための時間	税務署に出かけるための時間
	税理士のところに出かけるための時間	税理士のところに出かけるための時間
	－	事業主が税計算を行わなければならないため負担することになる時間
心理的コスト	期限までに仕上げなければならないという心配	期限までに仕上げなければならないという心配
	正確にできているかどうかという不安	正確にできているかどうかという不安

出所：C. Sandford (1989) pp.20-21, C. Sandford, M. Godwin and P. Hardwick (1989) chap.1, pp.10-12, C. Sandford (ed.)(1995b) pp.90-91における納税協力費の分類を参考にしながら日本の場合について考えて作成している。横山直子（2008b）pp.21-26(p.25の表参照）においても納税協力費に関する分類について見ているので参考。なお，C. Sandford, M. Godwin and P. Hardwick (1989) p.11において個人納税者と企業の各納税協力費がわかりやすく分類されているので参考。

のは申告納税所得税の納税者と源泉徴収所得税の源泉徴収義務者に関する納税協力費の値である（源泉徴収所得税では納税者に関する納税協力費は小さいと考えられる）。表6－1は，日本における納税協力費の内容について示したものである。

6.3 納税協力費の計測

6.3.1 測定方法

先に6.2.1において①から④（さらに⑤から⑧についても）で見た先行研究を十分に考え合わせながら，2010年における所得税に関する納税協力費（3つの納税協力費）を測定する。先に見たようにサンフォードらは納税協力費について金銭的コスト，時間的コスト，心理的コストの3つに分類している[27]。本章ではこれらを参考にしながら3つに分類される納税協力費と3つの納税協力費を合計した数値の算出を行う。例えば横山直子（1998），（2000），（2010），（2011a），（2013），（2015）などにおいても納税協力費の算出にあたっては税理士に委託する場合を想定し『税理士報酬規定』（近畿税理士会）を基準として用いて擬制計算を行っている。特に所得税の納税協力費について，筆者（横山）は，これまでにも例えば，横山直子（2010），（2011a），（2013），（2015）において測定を試みており，本章では，これらを参考にしながら納税協力費を測定することとする[28]。

① 源泉所得税（給与所得）の納税協力費

源泉所得税の納税協力費について，『税理士報酬規定』（近畿税理士会）を基準として測定することとし，給与所得に関する源泉所得税に注目する。上述のように，源泉所得税の納税協力費には，源泉徴収義務者に関する金銭的コスト（税理士への報酬など），時間的コスト（事業主が税計算のためにかかる時間のコスト），心理的コスト（正確にできているかどうか考えるなどの心配，不安）があるといえる。源泉所得税（給与所得）に関する納税協力費について，源泉徴収義務者に関する納税協力費を測定するものとし，（具体的には年末調整事

務に関するコストを基準として算出することとし,)『税理士報酬規定』(近畿税理士会) より, 金銭的コストは税務書類作成報酬, 時間的コストは税務代理報酬として考え, 心理的コストは税務相談報酬を基準として測定する。

金銭的コストに関して,『税理士報酬規定』では, 税務書類作成報酬について年末調整関係書類に関して, 1事案について20,000円, 10件を超えて作成するときは1件増すごとに2,000円加算するとされている。そこで, 20,000円を金銭的コストとする。また, 時間的コストについても, 20,000円として納税協力費を測定する。一方, 心理的コストについては,『税理士報酬規定』において「税務相談報酬」について, 口頭によるものの場合, 1時間以内20,000円とされているため, 心理的コストを20,000円として測定する[29]。

② 申告所得税(事業所得)の納税協力費

申告所得税に関する納税協力費について,『税理士報酬規定』(近畿税理士会)を基準として測定する。申告所得税については事業所得納税者に注目する。申告所得税に関しても, 納税協力費には, 金銭的コスト(税理士への報酬など)とともに, 時間的コスト(申告書等税務書類作成にかかる時間のコスト), 心理的コスト(納税に際して正確にできているか心配や不安な気持ちをもつことのコスト)が含まれていると考える。申告所得税納税者(事業所得)に関する納税協力費について,『税理士報酬規定』(近畿税理士会)における税務書類作成報酬, 税務代理報酬, 税務相談報酬より, 金銭的コストは税務書類作成報酬, 時間的コストは税務代理報酬, 心理的コストは税務相談報酬を基準として測定する。

金銭的コストについて,『税理士報酬規定』では所得税の税務書類作成報酬について, 税務代理報酬の30％相当額とされているため, 総所得金額基準の最少額の分類の税務代理報酬60,000円の30％相当額である18,000円を税務書類作成報酬, 金銭的コストとする。時間的コストについては, 税務代理報酬を基準として考えるため, 総所得金額基準の最少額の分類の税務代理報酬60,000円を時間的コストとする。また, 心理的コストについては,『税理士報酬規定』において「税務相談報酬」について, 口頭によるものの場合, 1時間以内20,000円とされているため, 源泉所得税と同様に, 心理的コストを20,000円として測

定する[30]。

　なお，上記の測定方法における金銭的，時間的，心理的コストの大きさが実態に合っている（近い）ものであるか確認するため（実際の納税協力費の値に近い数値を得るために），日々税務に携わっている専門家である税理士に納税協力費についての質問，ヒアリングを実施している。質問項目は以下の通りである[31]。その上で，上記，各コストの測定方法が実態に近いものであることを確認している。

〔＊参考：税理士へのヒアリングについて〕

【質問1】　申告所得税（事業所得）納税者のうち税理士に業務を委託している割合はどのくらいですか。
【質問2】　税理士に業務を委託している申告所得税（事業所得）納税者の税理士に支払う年額報酬（平均）はどのくらいですか。
【質問3】　申告所得税（事業所得）納税者について納税協力費に関するその他の金銭的コスト（年額）はどのくらいですか。
【質問4】　申告所得税（事業所得）納税者について納税協力費に関する時間的コスト（年額）はどのくらいですか。
【質問5】　申告所得税（事業所得）納税者について納税協力費に関する心理的コスト（年額）はどのくらいですか。
【質問6】　源泉徴収所得税（給与所得）の源泉徴収義務者のうち税理士に業務を委託している割合はどのくらいですか。
【質問7】　税理士に業務を委託している源泉徴収所得税（給与所得）の源泉徴収義務者の税理士に支払う年額報酬（平均）はどのくらいですか。
【質問8】　源泉徴収所得税（給与所得）の源泉徴収義務者について納税協力費に関するその他の金銭的コスト（年額）はどのくらいですか。
【質問9】　源泉徴収所得税（給与所得）の源泉徴収義務者について納税協力費に関する時間的コスト（年額）はどのくらいですか。
【質問10】　源泉徴収所得税（給与所得）の源泉徴収義務者について納税協力費に関する心理的コスト（年額）はどのくらいですか。

6.3.2 納税協力費の計測と数値

　上記，6.3.1の測定方法によって算出した2010年における源泉所得税，申告所得税に関する納税協力費（金銭的コスト，時間的コスト，心理的コスト）の値について，源泉徴収所得税の源泉徴収義務者に関する納税協力費について示したものが表6－2，図6－1，申告所得税の納税者に関する納税協力費について示したものが表6－3，図6－2である。なお，2010年分（平成22年分）の源泉徴収義務者数（給与所得）は，3,620,660人，申告所得納税者数（事業所得）は，1,429,101人である[32]。

　表6－2，図6－1より，源泉所得税について源泉徴収義務者（給与所得）の納税協力費は，金銭的，時間的，心理的コストそれぞれ約724億円で，合計約2,172億円であることがわかる。源泉徴収所得税（給与所得）について各納税協力費の3つの納税協力費全体に占める割合は金銭的コスト，時間的コスト，心理的コストそれぞれ約33.3％ずつとなっている。源泉徴収義務者は，金銭的コストだけでなく，事業主が税計算のためにかかる時間等のコストである時間的コストや正確にできているかどうか考えることに伴う心配，不安等に関するコストである心理的コストがあるということに注目することが必要である。特に，時間的コストについては，（税理士に委託する場合，源泉徴収義務者本人が行う場合ともに，）特に年末調整時期を中心に税計算担当者に関するコストなど時間的コストが相当大きいといえる。

表6－2◆源泉所得税について源泉徴収義務者（給与所得）の納税協力費（2010年）

	納税協力費（億円）	コスト全体に占める割合
金銭的コスト	724.132	33.33％
時間的コスト	724.132	33.33％
心理的コスト	724.132	33.33％
納税協力費合計	2172.396	100.00％

出所：国税庁編（平成22年度版）『国税庁統計年報書』，『税理士報酬規定』（近畿税理士会）によって納税協力費を算出し作成したもの。C. Sandford, M. Godwin and P. Hardwick(1989)における測定方法についても参考にしながら日本の納税協力費の場合の値を算出，測定している。

第6章 所得税に関する納税協力費の特徴　125

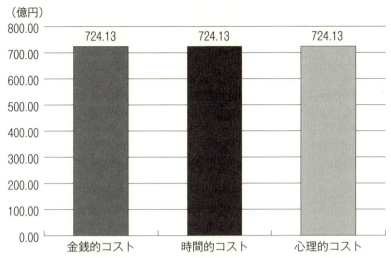

図6－1 ◆源泉所得税について源泉徴収義務者（給与所得）の納税協力費（2010年）

出所：国税庁編（平成22年度版）『国税庁統計年報書』、『税理士報酬規定』（近畿税理士会）によって納税協力費を算出し作成したもの。C. Sandford, M. Godwin and P. Hardwick（1989）における測定方法についても参考にしながら日本の納税協力費の場合の値を算出、測定している。

　一方，表6－3，図6－2より，申告所得税について，申告所得納税者（事業所得）の納税協力費は，金銭的コストが約257億円，時間的コストが約858億円，心理的コストが約286億円で，合計約1,401億円であることがわかる[33]。申告所得税（事業所得）について各納税協力費それぞれの3つの納税協力費全体に占める割合は，金銭的コストの割合が約18.4％，時間的コストの割合が約61.2％，心理的コストの割合が約20.4％であり，特に時間的コストの割合が高いという傾向が見られる。時間コストについて，上述のように，税務書類作成にかかる時間，税務署に出かける時間，（税理士に委託している場合は，）税理士のところに出かける時間などかなり大きな時間的コストがかかると考えられる。特に，納税者本人が行う場合の時間的コストは相当大きく，税理士に委託する場合においても時間的コストは大きくなるといえる。

表6－3◆申告所得税について申告納税者（事業所得）の納税協力費（2010年）

	納税協力費（億円）	コスト全体に占める割合
金銭的コスト	257.2382	18.37%
時間的コスト	857.4606	61.22%
心理的コスト	285.8202	20.41%
納税協力費合計	1400.5190	100.00%

出所：国税庁編（平成22年度版）『国税庁統計年報書』、『税理士報酬規定』（近畿税理士会）によって納税協力費を算出し作成したもの。C. Sandford, M. Godwin and P. Hardwick (1989) における測定方法についても参考にしながら日本の納税協力費の場合の値を算出，測定している。

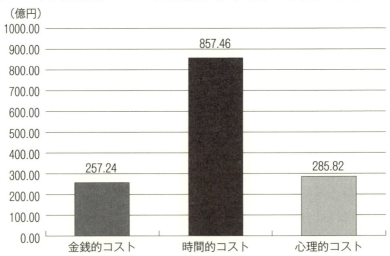

図6－2◆申告所得税について申告納税者（事業所得）の納税協力費（2010年）

出所：国税庁編（平成22年度版）『国税庁統計年報書』、『税理士報酬規定』（近畿税理士会）によって納税協力費を算出し作成したもの。C. Sandford, M. Godwin and P. Hardwick (1989) における測定方法についても参考にしながら日本の納税協力費の場合の値を算出，測定している。

6.4　所得税の納税協力費

6.4.1　納税協力費の特徴

　6.3.1の測定方法から算出した納税協力費からさらに特徴を明らかにしたい。ここでは6.3.1の測定方法に準じながら源泉徴収義務者1人当たり納税協力費，申告所得税納税者1人当たり納税協力費を算出することによって納税協力費の特徴をさらに見る。

　申告所得税の納税者に関する納税協力費については，総所得金額別[34]に『税理士報酬規定』により，それぞれ1人当たり納税協力費を算出し，納税者1人当たりの納税協力費を測定している。『税理士報酬規定』によると，税務代理報酬（上述の通り，ここでは時間的コストとする）について総所得金額基準により，例えば，総所得金額200万円未満の場合6万円，300万円未満の場合7万5千円，500万円未満の場合10万円，1,000万円未満の場合17万円，2,000万円未満の場合25万5千円，3,000万円未満の場合30万円，5,000万円未満の場合40万円，5,000万円超の場合45万円とされている。また税務書類作成報酬（上述の通りここでは，金銭的コストとする）は税務代理報酬の30％相当額とされ，税務相談報酬は，口頭によるものの場合1時間以内20,000円とされており（上述の通りここでは心理的コストとする），これらの金銭的，時間的，心理的コストから1人当たりの納税協力費を算定する。

　源泉徴収所得税の源泉徴収義務者に関する納税協力費算出についても同様に，事業所規模別[35]にそれぞれの1人当たり納税協力費を算出し，源泉徴収義務者1人当たりの納税協力費を測定している。上で見たように，『税理士報酬規定』によると，（金銭的コストに関して）税務書類作成報酬について年末調整関係書類に関して，1事案について20,000円，10件を超えて作成するときは1件増すごとに2,000円加算するとされている。また，時間的コストについても，金銭的コストと同様の大きさがかかるとして納税協力費を測定する。また『税理士報酬規定』において税務相談報酬について，口頭によるものの場合，1時間以内20,000円とされているため，心理的コストを20,000円として測定し，これ

らの金銭的,時間的,心理的コストから1人当たりの納税協力費を算定する。

またそれぞれの納税協力費の値の所得に対する比率についても見ている。源泉徴収所得税については,まず,事業所規模別に従業員1人当たりの納税協力費を算出し[36],1人当たり給与所得額4,120,068円[37]に占める値を所得に対する比率として算出している。つまり源泉徴収所得税については源泉徴収所得税納税者の納税協力費の所得に対する比率を算出している。一方,申告所得税については,納税者1人当たり納税協力費の所得に対する比率を算出している[38]。

表6-4は,源泉徴収所得税の源泉徴収義務者1人当たりの納税協力費と源泉徴収所得税納税者1人当たり納税協力費の所得に対する比率について,表6-5は申告所得税の納税者1人当たりの納税協力費と所得に対する比率についてそれぞれ示したものである。表6-4から,源泉徴収義務者1人当たり納税協力費の値は事業所規模が大きくなるにつれて高くなる一方で,源泉徴収所得税納税者(従業員)1人当たり納税協力費の所得に対する比率の値は事業所規模が大きくなるにつれて低くなっていることがわかる。つまり,源泉徴収所得税納税者(従業員)1人当たりで見た場合,納税協力費の負担が逆進的になっているのである。一方,表6-5から所得階級が高くなるにつれて申告所得税の納税者1人当たりの納税協力費の値は大きくなる一方で,所得に対する比率の値についてみると小さくなっていることがわかる。申告所得税の場合も納税協力費の負担が逆進的になっているのである。本章6.2.1で見たように,イギリスにおける納税協力費研究においては納税協力費の負担が逆進的になる可能性があることに関してすでに指摘がなされている[39]が,本章の分析を通じて,日本の所得税における納税協力費の負担が逆進的になっているといえる。

さらに6.2.1で見たイギリスの納税協力費研究における納税協力費のベネフィット分,グロスとネットの納税協力費[40]について日本の場合について測定し算出することとする。納税協力費のベネフィット分の測定については,C. Sandford, M. Godwin and P. Hardwick (1989) における測定方法を参考にしている[41]。例えば,毎月1日から30日の間に税の源泉徴収を行い,翌月の10日に税を納付する場合,源泉徴収義務者はベネフィットを受けることとなる。税の源泉徴収が行われるときと納付の日の間が広がるほど,1日増えるにしたがって$T/365$ずつベネフィット分が増える(Tは年税額を示している)。ベ

表6-4◆源泉所得税（給与）の源泉徴収義務者1人当たり納税協力費（2010年）

(単位：円)

事業所規模 （中位数）	納税協力費／人 （源泉）	従業員1人当たり 納税協力費	所得に対する比率 （納税協力費／所得）
10人未満（10）	60,000	6000	0.1456%
10人以上（20）	100,000	5000	0.1214%
30人以上（65）	280,000	4308	0.1046%
100人以上（300）	1,220,000	4067	0.0987%
500人以上（750）	3,020,000	4027	0.0977%
1000人以上（3000）	12,020,000	4007	0.0972%
5000人以上（5000）	20,020,000	4004	0.0972%

出所：国税庁編（平成22年度版）『国税庁統計年報書』，『税理士報酬規定』（近畿税理士会）によって納税協力費を算出し作成したもの。C. Sandford, M. Godwin and P. Hardwick(1989)における測定方法についても参考にしながら日本の納税協力費の場合の値を算出，測定している。

表6-5◆申告所得税（事業所得）の納税者1人当たり納税協力費（2010年）

(単位：億円)

所得（総所得）	納税協力費／人（申告）	所得に対する比率（納税協力費／所得）
200万円以下	98,000	4.9000%
300万円以下	117,500	3.9167%
500万円以下	150,000	3.0000%
1000万円以下	241,000	2.4100%
2000万円以下	351,500	1.7575%
3000万円以下	410,000	1.3667%
5000万円以下	540,000	1.0800%
5000万円超	605,000	1.0083%

出所：国税庁編（平成22年度版）『国税庁統計年報書』，『税理士報酬規定』（近畿税理士会）によって納税協力費を算出し作成したもの。C. Sandford, M. Godwin and P. Hardwick(1989)における測定方法についても参考にしながら日本の納税協力費の場合の値を算出，測定している。

ネフィットの大きさは月で見ると（平均で見て）年税額の12分の1の額の9日分の額（365分の9日分）であり，毎月ベネフィットは生じるので$T/12×12×9/365$である。また，毎月1日から30日の間に源泉徴収が行われるので（平均で見て）追加的に15日分（365分の15日分）のベネフィットを加えて考え，

表6-6 ◆源泉徴収所得税（給与所得）のベネフィット（2010年）

（単位：億円）

ベネフィット（全体）	55.899
グロスの納税協力費	2,172.396
ネットの納税協力費	2,116.497

出所：国税庁編（平成22年度版）『国税庁統計年報書』、『税理士報酬規定』（近畿税理士会）によって納税協力費を算出し作成したもの。C. Sandford, M. Godwin and P. Hardwick (1989) における測定方法についても参考にしながら日本の納税協力費の場合の値を算出，測定している。

$T/1212 \times 12 \times (9+15)/365 = 24/365\ T$ となる。金利を1％（ここでは1％と仮定する）とするとベネフィットの価値は，$24/365T/12 \times 0.01$ となる。納税協力費の値からベネフィットの大きさを引いた値がネットのベネフィットということになる[42]。

表6-6はこのベネフィットの値，グロス，ネットそれぞれの納税協力費の値を示したものである。ベネフィットは約56億円であり，ネットの納税協力費は約2,116億円となっていることがわかる。この場合ベネフィットの値はグロスの納税協力費の約2.6％であるということになり，ネットの納税協力費はグロスの納税協力費の約97.4％となっている。

6.4.2 納税協力費を低くする方策

本章において算出を行った所得税に関する納税協力費の値から納税協力費を上昇させる要因は何かについて，さらに納税協力費を低くするためにはどのような方策が考えられるのかについて検討を深める。

源泉所得税（給与所得）について各納税協力費それぞれの3つの納税協力費全体に占める割合は金銭的コストの割合とともに，時間的コスト，心理的コストの割合も高い傾向が見られた。納税協力費を低くするためには，時間的コスト，心理的コストを低くすることができるような方策を考えることが重要となる。一方，申告所得税（事業所得）について各納税協力費それぞれの3つの納税協力費全体に占める割合についても金銭的コスト，心理的コストの割合だけでなく，時間的コストの割合が高いという傾向が見られた。

時間的コストについて，源泉所得税にとっては，例えば，事業主が税の計算

等を行うためにかかる時間（コスト）を少なくすることができれば，時間的コストを低く抑えることができるといえる。また，申告所得税については，例えば，税務書類を作成するためにかかる時間（コスト）を少なくすることができることによって時間的コストの低下につなげることができるといえる。これらの時間的コスト低下のための方策は，いずれも，マイナンバー制度が進むことによって実現することができると期待される。なお，マイナンバー制度について，本書第12章で見ることとする。

また，納税協力費を低くするための方策については，本章6.2.1で見たイギリスの納税協力費研究が示している納税協力費を低くするための方策が非常に参考になり重要である[43]。あわせて日本の所得税の納税協力費については，本章における納税協力費の測定，算出から，金銭的コストとともに時間的コストが納税協力費全体の値に大きく影響を与えていることがわかるので，納税協力費全体の値を低くするためには時間的コストについても考え合わせて注目することが重要になる。

6.5　納税協力費の注目すべき点

本章において，源泉徴収所得税と申告所得税それぞれに関する納税協力費の値とその特徴を明らかにしてきた。本章ではより現実の値に近い数値を算出するために，より実態を反映した納税協力費の値の算出を試み，そして規模別に見た納税協力費の特徴について見た。

源泉所得税，申告所得税ともに所得税に関する納税協力費について金銭的コスト，時間的コスト，心理的コストの3つの納税協力費の値を算出したが，各納税協力費それぞれの3つの納税協力費全体に占める割合は源泉所得税，申告所得税ともに，金銭的コスト，心理的コストだけでなく時間的コストの割合が高い傾向が見られた。金銭的コストとともに時間的コストも納税協力費全体の値に大きく影響を与えているということなので，金銭的コストとともに時間的コストについても注目することが非常に重要である。さらに心理的コストも重要であり，本章で見てきたように納税協力費についてできるだけ現実に近い値を算出すること，そしてその特徴をとらえることは大切なのである。

また本章における納税協力費の測定，算出から日本の所得税における納税協力費の負担が逆進的になっていること，源泉徴収所得税については納税協力費のベネフィット分の値が大きいことがわかり，非常に注目すべき点であると考える。本章で見たように納税協力費には注目すべき大切な点が数多く存在しており納税協力費に着目することは非常に重要である。

【注】

1　納税協力費，徴税費に関しC. Sandford, M. Godwin and P. Hardwick（1989），C. Sandford（1989），C. Sandford（ed.）（1995a），C. Sandford（ed.）（1995b），C. Sandford（2000）を参考にしている。

2　納税協力費，徴税費，これらを合わせたコストについて，C. Sandford（1989），pp.20-21，C. Sandford, M. Godwin and P. Hardwick（1989），chap. 1，pp. 3-23を参考。なお，横山直子（2005a）ではイギリスの納税協力費研究を参考にしながら納税協力費の意義，重要性について見ているので参照。

3　本章に関連して横山直子（筆者）が行ってきている研究として主に，横山直子（1998），横山直子（2000），横山直子（2005a），横山直子（2005b），横山直子（2008b）などがあるので参考。

4　『税理士報酬規定』（近畿税理士会）を基準として用いながら，加えてさらに本章ではヒアリングなどを実施し，より実態を反映した納税協力費の値の算出を行う。

5　C. Sandford（1989），pp.20-21．

6　C. Sandford, M. Godwin and P. Hardwick（1989），chap. 1，pp. 3-23．

7　C. Sandford（1989），pp.20-21，C. Sandford, M. Godwin and P. Hardwick（1989），chap. 1，pp. 3-23を参考。

8　C. Sandford, M. Godwin and P. Hardwick（1989）全体。

9　C. Sandford, M. Godwin and P. Hardwick（1989）全体を参考。

10　C. Sandford（1989），p.22．

11　C. Sandford（ed.）（1995b），p.91．

12　C. Sandford, M. Godwin and P. Hardwick（1989），chap. 1，chap. 3，pp.89-91，pp.246-247，さらに全体を参考。

13　C. Sandford（1989），p.22，C. Sandford（ed.）（1995b），p.91，C. Sandford, M. Godwin and P. Hardwick（1989），chap. 1，chap. 3，pp.89-91，pp.246-247，さらに全体を参考。

14　C. Sandford（1989），p.31．

15　C. Sandford（ed.）（1995a），pp. 4-5．

16　C. Sandford（ed.）（1995b），pp.92-93．

17　C. Sandford（2000），pp.140-141．

18　C. Sandford（ed.）（1995b），pp.97-99．

第6章 所得税に関する納税協力費の特徴　133

19　C. Sandford（2000），p.130.
20　C. Sandford（ed.）（1995b），pp.97-99.
21　C. Sandford（2000），p.130.
22　C. Sandford（2000），p.130.
23　ここで⑤から⑧において挙げている研究論文はいずれも横山直子であり，⑤から⑧の中には各論文の内容・特徴をきわめて簡潔に表している。詳しくは各研究論文を参照。
24　S. James, and C. Nobes（2003），p.169参考。また，横山直子（2005b）p.88についても参考。
25　これらの点に関して，S. James and C. Nobes（2003），p.170参考。また，横山直子（2005b）p.89についても参考。
26　これらの点に関して，S. James and C. Nobes（2003），p.170参考。また，横山直子（2005b）p.90についても参考。
27　これらの納税協力費に関する分類やそれぞれの内容についてはC. Sandford（1989），pp.20-21, C. Sandford, M. Godwin and P. Hardwick（1989），chap.1，pp.3-23を参考。また，横山直子（2005a）pp.48-57，横山直子（2008b）pp.21-26についても参考。本書第2章(2)参考，これらを参考にしながら日本の3つの納税協力費の値を本章で測定する。
28　すべての源泉徴収義務者や申告納税者（事業所得）が税理士に税に関する事務を委託しているわけではないし，また税理士に税理士報酬規定通りの大きさで支払っているかどうかも定かではないが（多様であるといえる），そのことは考え合わせたうえで，ここでは1つの基準として税理士報酬規定を用いて擬制計算を試みている。
29　納税協力費測定に関して，横山直子（2013）における測定方法，参考。なお，『税理士報酬規定』は，廃止されているが現在も参考として用いられているため，測定の際の基準として参考にしている。
30　納税協力費測定に関して，横山直子（2013）における測定方法，参考。
31　横山直子（2010）では，税理士へのヒアリング，インタビューに基づいて納税協力費の測定を試みているので参考。
32　国税庁編（平成22年度版）『国税庁統計年報書』より。
33　本書第10章における申告所得税の納税協力費と値が違うが，これは，第10章における測定方法による算定と比較して，納税者1人当たりの納税協力費額が違っているためである。詳しくは第10章を参考。
34　申告所得税（事業所得）（8分類）については国税庁編（平成22年度版）『国税庁統計年報書』における所得階級別申告所得税納税者数を参考にしている。
35　源泉徴収（給与）所得税（7分類）については国税庁編（平成22年度版）『国税庁統計年報書』における事業所規模別源泉徴収義務者数を参考にしている。
36　国税庁編（平成22年度版）『国税庁統計年報書』における事業所規模別源泉徴収義務者数を参考にしており，事業所規模の分類は7分類になっているので便宜上，10人以上は20人，30人以上は65人というように中位数をとって算出している。
37　国税庁編（平成22年度版）『国税庁統計年報書』における給与総額，給与所得者数より，給与総額わる給与所得者数から算出した値。
38　国税庁編（平成22年度版）『国税庁統計年報書』における所得階級別申告所得税納税者数を参考にしているため，便宜上1人当たりの所得金額は各所得階級の最高額，つまり例えば200万円以下の所得階級では200万円として算出している。

39　C. Sandford（2000），p.130を参考。
40　C. Sandford（1989），p.22，C. Sandford（ed.）（1995b），p.91，C. Sandford, M. Godwin and P. Hardwick（1989），chap. 1 , chap. 3 , pp.89-91, pp.246-247そして全体を参考。
41　C. Sandford, M. Godwin and P. Hardwick（1989），pp.89-91, pp.246-247を参考。
42　本書，第10章についても参考。横山直子（2015）について参考。
43　C. Sandford（ed.）（1995b），pp.97-99を参考。

第 7 章
消費税に関する納税協力費の特徴

7.1 消費税への注目の高まり

　わが国の消費税に関する徴税・納税制度において消費税の納税協力費の値はかなり大きいことが予想される。その特徴を正確にとらえることで納税協力費を抑える方策についての手がかりを得られることが期待できる。納税協力費の値の大きさや特徴に着目することは非常に重要なのである。さらに現在，わが国において消費税に注目が一層高まっており消費税の方向性について考える際に納税協力費の問題を考え合わせることの重要性は大きい。納税協力費に関する研究はイギリスにおいてサンフォード（C. Sandford）教授[1]を中心とした研究が有名であり大変詳細な分析，検討が数多く行われている。本章では納税協力費に関して，サンフォードらによる研究を参考にしながらわが国の消費税における納税協力費について検討を行う[2]。

　筆者（横山直子）も徴税費や納税協力費に関する研究（例えば横山直子（1998），（2000），（2008b），（2009），（2010a），（2010b）など）をたくさん行ってきており，これまでに消費税については例えば，特に横山直子（2011a）においてわが国消費税の納税協力費の算定などを行っている[3]。本章ではこれまでの研究をさらに進めて，消費税に関する納税協力費に一層注目してより緻密に分析を進めながらその特徴を明らかにする。

　本章では第1に，消費税の納税協力費により焦点をあて横山直子（2011a）

と比較し一層様々な視点を考え合わせながら納税協力費の値を算出する。納税協力費の値についてはサンフォードらの研究を参考にしながら税理士に支払う報酬額やさらに加えて新たに消費税の納税協力費に関するインタビューの実施などからより実態を反映した納税協力費の値を算出する。さらに第2に消費税に関する納税協力費の重要性をより明らかにしながら消費税の納税協力費が有する特徴を詳細にとらえる。また，消費税の納税協力費は今後どの程度上昇することが予想されるのかについて分析を行う。続いて本章の第3の目的は消費税に関する納税協力費の意義，特徴を明らかにしながら，さらに納税協力費を低くすることを可能にする方策について検討を深めることである。

7.2　消費税に関する納税協力費の測定

7.2.1　消費税納税協力費の測定方法

これまでに横山直子（筆者）は例えば横山直子（2011a）において消費税に関する納税協力費を算出しており，基本的には横山直子（2011a）における納税協力費の算出方法を用いることとし，さらにより実際の数値に近づけるためにインタビューの実施から消費税の納税協力費の特徴を加味して算出する[4]。

C. Sandford, M. Godwin and P. Hardwick（1989）において納税協力費は金銭的コスト（money costs），時間的コスト（time costs），心理的コスト（psychic or psychological costs）の3つに分類されている[5]。金銭的コストとは個人の納税者や企業が税理士に支払う報酬，企業における税の計算担当者に関するコストなど，時間的コストとは納税者が申告書を作成するために必要な時間など，さらに心理的コストとは納税者が納税を行うに際して不安や心配に思う場合があるというコストである。

納税協力費について税理士に委託すると想定した場合を考えて消費税について申告の際に税理士に支払う税務書類の作成報酬をもとに算出して擬制計算を行い，加えて税理士へのインタビューの実施[6]から納税協力費の特徴を考え合わせて納税納税協力費の値を測定する。

消費税については，申告の際に税理士に支払う税務書類の作成報酬をもとに

算出して納税協力費とする。『税理士報酬規定』（近畿税理士会）では消費税に関する税務書類の作成報酬について税務代理報酬の50％相当額とされ期間取引金額別に定められているが，統計資料の数値の関係上，期間取引金額別の報酬額の算定は困難なため一般申告と簡易申告の2つに報酬額を分類したうえで納税協力費の算出を行っている。『税理士報酬規定』（近畿税理士会）では，期間取引金額5,000万円未満の場合，税務代理報酬を80,000円としているので，50％相当額の40,000円を簡易申告の場合の報酬額と考え[7]，一般申告については期間取引金額の最高額の分類における税務代理報酬150,000円の50％相当額75,000円を税務書類作成報酬額と考えている（一般申告に関する事務負担は簡易申告に比べるとかなり大きいと考えられる）。

一般申告そして簡易申告について上記のように報酬額が支払われていると想定し，個人事業者と法人の合計件数[8]より一般申告，簡易申告それぞれ計算を行って各金額の合計額を算出し，さらに還付申告について（一般申告と同様の税務書類作成報酬額とする）の納税協力費も同様に計算したうえで算出された金額に加えて消費税に関する納税協力費の値を算出している。

なお①式のように消費税の納税協力費の値（$COMPCSi$）を消費税の税収（TRi）で割って消費税の100円当たりの納税協力コスト（$COMPCi$）を算出している（i は消費税を表し，TRi は消費税の税収，$COMPCi$ は消費税の納税協力コストを表している）。

$$COMPCi = COMPCSi / TRi \times 100 \quad \cdots\cdots\cdots\cdots ①$$

7.2.2　消費税納税協力費に関するベネフィットとロス

C. Sandford, M. Godwin, P. Hardwick and M.Butterworth（1981）[9]，C. Sandford, M. Godwin and P. Hardwick（1989）[10]において消費税の納税協力費に関するベネフィット（benefit）とロス（detriment）について，さらにネットの納税協力費について述べられており重要な点であると考えるのでここで着目して見ていくことにする。消費税の納税協力費のベネフィットとロス，そしてネットの納税協力費についてイギリスにおける納税協力費研究を参考にしな

がら日本の場合の値について算出する。納税協力費のベネフィット，ロス，ネットの納税協力費の測定については，C. Sandford, M. Godwin, P. Hardwick and M. Butterworth (1981), C. Sandford, M. Godwin and P. Hardwick (1989) における測定方法を参考にしている[11]。

まず消費税のベネフィットについて，課税期間を1年として課税期間の翌日から2ヶ月後に消費税額を納付すること[12]を考える場合，事業者はその間，ベネフィットを受けることになる。この場合，ベネフィットの値は課税期間（1年）の間の平均で見て年税額のうちの6ヶ月分（年税額の12分の6）に加えて，さらに2ヶ月間，消費税をおいておくことができることにより年税額のうちの2ヶ月分（年税額の12分の2ヶ月分）のベネフィットが得られることになる。よって年税額をTとすると，$6/12 \times T + 2/12 \times T$ つまり $2/3 \times T$ の大きさがベネフィット分である。そしてその価値はこのベネフィット分の金額に金利（ここでは3％と仮定する）を掛けたものであり，その値は$2/3 \times T \times 0.03$となる。

一方，消費税の還付がある場合に関して，1ヶ月で還付があるとして（課税期間1ヶ月[13]）さらに1ヶ月後には還付されることを考える場合，事業者はその間，ロスを受けることになる。この場合のロスの値は，各月の平均で見て年還付額のうちの0.5ヶ月分（年還付額の24分の1）に加えて，さらなる1ヶ月の期間分（12分の1ヶ月分）のロスがあることになる。よって年還付額をRとすると，$1/24 \times R + 1/12 \times R$ つまり $1/1 \times R$ の大きさがロス分であり，その価値はこのロス分の金額に金利（3％と仮定する）を掛けたものであり $1/1 \times R \times 0.03$ となる。

ベネフィットからロスを引いた値がネットのベネフィットである。納税協力費の値からこのネットのベネフィットを引いた値がネットの納税協力費の値ということになる。日本の場合，原則として課税期間が1年間となっていることにより，かなり大きなベネフィットが存在していると考えられる。

7.3 消費税の納税協力費が有する特徴

7.3.1 納税協力費の大きさ

7.2.1のような方法で算出した数値について表，図で表しながら特徴を明らかにしていく。表7－1は，平成19年度における消費税の納税協力費と納税協

表7－1◆消費税の納税協力費（平成19年度）

（単位：百万円，コストは円／税収百円当たり）

	平成19年度
納税協力費	215,514.38
税収	7,226,510
納税協力コスト	2.982

注：消費税収については現年分，また消費税国税分である。なお，消費税収は納税申告税額から還付申告税額を引いた額である。
出所：国税庁編（平成19年度版）『国税庁統計年報書』大蔵財務協会，『税理士報酬規定』（近畿税理士会），税理士へのインタビューによって納税協力費を算出し作成したもの。C. Sandford, M. Godwin and P. Hardwick（1989）における測定方法についても参考にしながら日本の納税協力費の場合の値を算出，測定している。横山直子（2011a）についても参考。

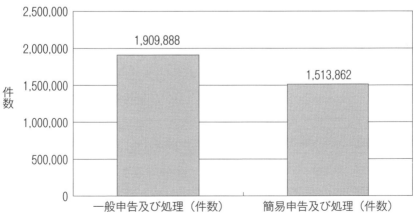

図7－1◆消費税に関する一般申告，簡易申告件数

出所：国税庁編（平成19年度版）『国税庁統計年報書』大蔵財務協会より作成。

力コストについて表したものである。消費税の納税協力費の値は約2,155億円であり納税協力コストでみると約2.98円／税収百円当たりである。図7－1に示したように日本においては簡易申告件数が約150万件と多く，このことが納税協力費を低く抑える要因の1つになっているといえる。

7.3.2 納税協力費に関するベネフィットとロス

7.2.2のような方法で測定したベネフィット，ロス，ネットの納税協力費の値について表，図に示しながらその特徴を明らかにしていくこととする。表7－2は，消費税の納税協力費に関するベネフィット，ロス，ネットの納税協力費について表したものである。先述の通り，課税期間が1年と長いことから納税申告ベネフィット分がかなり大きいことがわかる。そのため納税協力費をネットの値で見た場合には約262億円と非常に低くなることが見てとれる。またネットの納税協力費について納税協力コストでみると約0.36円／税収百円当たりとなり，かなり小さい値である。この点についてネットのベネフィット分も含めた納税協力費の値とネットの納税協力費の値について比較して示しているのが図7－2である。

表7－2◆消費税に関するネットの納税協力費（平成19年度）

（単位：百万円，納税協力コストは円／税収百円当たり）

	平成19年度
納税申告ベネフィット分	199,572.86
還付申告ロス分	10,320.50
納税協力費	215,514.38
納税協力費（ネット）	26,262.02
納税協力コスト（ネット）	0.36341
納税申告（税額）	9,978,643
還付申告（税額）	2,752,133

注：消費税収については現年分，また消費税国税分である。
出所：国税庁編（平成19年度版）『国税庁統計年報書』大蔵財務協会，『税理士報酬規定』（近畿税理士会），税理士へのインタビューによって納税協力費を算出し作成したもの。C. Sandford, M. Godwin ,P. Hardwick and M Butterworth（1981），C. Sandford, M. Godwin and P. Hardwick（1989）における測定方法についても参考にしながら日本の納税協力費の場合の値を算出，測定している。小林幸夫編(2010)『図解消費税(平成22年版)』大蔵財務協会，横山直子（2011a）についても参考。

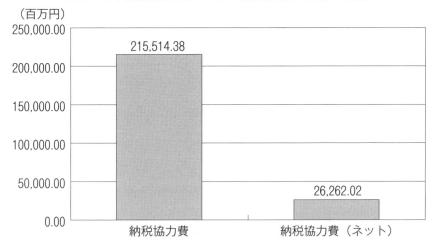

図7-2 ◆納税協力費とネットの納税協力費（平成19年度）

出所：国税庁編（平成19年度版）『国税庁統計年報書』大蔵財務協会，『税理士報酬規定』（近畿税理士会），税理士へのインタビューによって納税協力費を算出し作成したもの。C. Sandford, M. Godwin, P. Hardwick and M Butterworth（1981），C. Sandford, M. Godwin and P. Hardwick（1989）における測定方法についても参考にしながら日本の納税協力費の場合の値を算出，測定している。小林幸夫編（2010），横山直子（2011a）についても参考。

　続いて，納税申告のベネフィット分は遅く納税していることからのもの（delayed 納税）であるとしてその値の納税申告税額に占める割合はどの程度であるのか，また，還付申告のロス分は早く（先に）納税していることからのもの（advance 納税）であるとしてその値の還付申告税額に占める割合はどのくらいであるか[14]について表7-3に示している。納税ベネフィットの申告税額に占める割合（delayed 納税割合）は約2％，ロスの還付申告税額に占める割合（advance 納税割合）は約0.375％である。ベネフィットについては課税期間が1年と長く，さらに2ヶ月，消費税をおいておくことができることにより delayed 納税割合の数値も大きくなっている。

表7－3◆消費税の delayed, advance 納税割合

（単位：百万円，納税割合は％）

	平成19年度
納税申告（税額）	9,978,643
還付申告（税額）	2,752,133
delayed 納税割合 ％	2.000
advance 納税割合 ％	0.375

注：消費税収については現年分，また消費税国税分である。
出所：国税庁編（平成19年度版）『国税庁統計年報書』大蔵財務協会，『税理士報酬規定』（近畿税理士会），税理士へのインタビューによって納税協力費を算出し作成したもの。C. Sandford, M. Godwin ,P. Hardwick and M Butterworth（1981），C. Sandford, M. Godwin and P. Hardwick（1989）における測定方法についても参考にしながら日本の納税協力費の場合の値を算出，測定している。小林幸夫編（2010），横山直子（2011a）についても参考。

7.4 消費税に関する納税協力費の方向性

これまで見てきたように，日本の消費税は簡易課税があることによって納税協力費が低くなっており，また課税期間が原則として1年と長いことから納税協力費に関するベネフィットが大きく生じていると考えられる。この点をふまえて本節では，第1に簡易申告が一般申告となると想定する場合に納税協力費がどの程度増大すると考えられるか，第2に課税期間が短縮される場合に納税協力費がどのくらい増大すると考えられるのかについて検討を行っていく。

7.4.1 簡易申告が一般申告となると想定する場合の納税協力費への影響

表7－4は，簡易申告が一般申告となることを想定した場合の納税協力費を算出し，現行の納税協力費と比較して示したものである。現行の納税協力費は約2,155億円であるのに対して簡易申告が一般申告となることを想定する場合の納税協力費は，この想定のケースの場合，約2,685億円と約24.6％上昇することを示している。さらに図7－3は簡易申告が一般申告となることを想定する場合の納税協力費と現行の納税協力費を比較して示したものである。

第7章 消費税に関する納税協力費の特徴 143

表7－4◆簡易申告が一般申告になると想定する場合の納税協力費
（単位：百万円，上昇割合は％）

	平成19年度
納税協力費（現行）	215,514.38
納税協力費（簡易申告から一般申告）	268,499.55
納税協力費上昇割合 ％	24.585

注：消費税収については現年分，また消費税国税分である。
出所：国税庁編（平成19年度版）『国税庁統計年報書』大蔵財務協会，『税理士報酬規定』（近畿税理士会），税理士へのインタビューによって納税協力費を算出し作成したもの。C. Sandford, M. Godwin and P. Hardwick（1989）における測定方法についても参考にしながら日本の納税協力費の場合の値を算出，測定している。横山直子（2011a）についても参考。

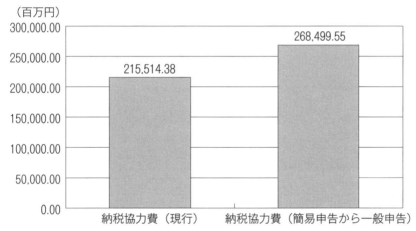

図7－3◆簡易申告が一般申告になると想定する場合の納税協力費

出所：国税庁編（平成19年度版）『国税庁統計年報書』大蔵財務協会，『税理士報酬規定』（近畿税理士会），税理士へのインタビューによって納税協力費を算出し作成したもの。C. Sandford, M. Godwin and P. Hardwick（1989）における測定方法についても参考にしながら日本の納税協力費の場合の値を算出，測定している。横山直子（2008b）についても参考。

7.4.2　課税期間が短縮される場合の納税協力費への影響

　表7－5は課税期間を1年から3ヶ月あるいは1ヶ月に短縮すると想定する場合[15]のそれぞれのベネフィットとネットの納税協力費の値を算出し表したものであり，合わせてネットの納税協力費の上昇割合とベネフィットの減少割合

について示している。なお，図7－4は課税期間3ヶ月，1ヶ月の場合と現行の課税期間1年の場合におけるネットの納税協力費について，図7－5は同じく3ヶ月，1ヶ月，1年の課税期間の場合におけるベネフィットについて比較しているものである。

各課税期間に関するベネフィットの測定方法については7.2.2で見た測定方法と同様である[16]。つまり，課税期間3ヶ月と考える場合には，課税期間を3ヶ月として課税期間の翌日から1ヶ月後に消費税額を納付すると想定する。この場合，ベネフィットの値は課税期間（3ヶ月）の間の平均で見て年税額のうちの1.5ヶ月（年税額の12分の1.5，つまり24分の3）に加えて，さらに1ヶ月間，消費税をおいておくことができることにより年税額のうちの1ヶ月分（年税額の12分の1ヶ月分）のベネフィットが得られることになる。よって年税額をTとすると，$3/24 \times T + 1/12 \times T$ つまり $5/24 \times T$ の大きさがベ

表7－5◆課税期間の短縮と納税協力費

（単位：百万円、上昇割合は%）

	平成19年度
納税協力費	215,514.38
ベネフィット（課税期間3ヶ月の場合）	62,366.52
ベネフィット（課税期間1ヶ月の場合）	37,419.91
ネットの納税協力費（課税期間3ヶ月の場合）	163,468.36
ネットの納税協力費（課税期間1ヶ月の場合）	188,414.97
ネットの納税協力費（現行）	26,262.02
ネット納税協力費上昇割合 %（課税期間3ヶ月の場合）	522.451586
ネット納税協力費上昇割合 %（課税期間1ヶ月の場合）	617.442794
（還付申告ロス分）	10,320.50
ベネフィット（現行）	199,572.86
ベネフィット減少割合 %（課税期間3ヶ月の場合）	-68.75%
ベネフィット減少割合 %（課税期間1ヶ月の場合）	-81.25%

注：税収については，国税分であり，地方消費税分除く。現年分。
出所：国税庁編（平成19年度版）『国税庁統計年報書』大蔵財務協会，『税理士報酬規定』（近畿税理士会），税理士へのインタビューによって納税協力費を算出し作成したもの。C. Sandford, M. Godwin ,P. Hardwick and M. Butterworth (1981), C. Sandford, M. Godwin and P. Hardwick (1989)における測定方法についても参考にしながら日本の納税協力費の場合の値を算出，測定している。小林幸夫編（2010），横山直子（2011a）についても参考。

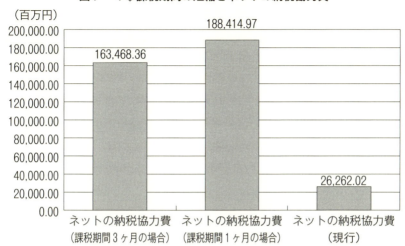

図7－4 ◆課税期間の短縮とネットの納税協力費

出所：国税庁編（平成19年度版）『国税庁統計年報書』大蔵財務協会，『税理士報酬規定』（近畿税理士会），税理士へのインタビューによって納税協力費を算出し作成したもの。C. Sandford, M. Godwin ,P. Hardwick and M. Butterworth（1981），C. Sandford, M. Godwin and P. Hardwick（1989）における測定方法についても参考にしながら日本の納税協力費の場合の値を算出，測定している。小林幸夫編（2010），横山直子（2011a）についても参考。

ネフィット分である。そしてその価値はこのベネフィット分の金額に金利（ここでは3％と仮定する）を掛けたものであり，その値は $5/24 \times T \times 0.03$ となる。

一方，課税期間1ヶ月と考える場合には，課税期間を1ヶ月として課税期間の翌日から1ヶ月後に消費税額を納付すると想定する。この場合，ベネフィットの値は課税期間（1ヶ月）の間の平均で見て年税額のうちの0.5ヶ月（年税額の12分の0.5，つまり24分の1）に加えて，さらに1ヶ月間，消費税をおいておくことができることにより年税額のうちの1ヶ月分（年税額の12分の1ヶ月分）のベネフィットが得られることになる。よって年税額を T とすると，$1/24 \times T + 1/12 \times T$ つまり $1/8 \times T$ の大きさがベネフィット分である。そしてその価値はこのベネフィット分の金額に金利（ここでは3％と仮定する）を掛けたものであり，その値は $1/8 \times T \times 0.03$ となる。

表7－5，図7－4から，ネットの納税協力費の値は課税期間が3ヶ月あるいは1ヶ月に短縮されると想定した場合，大幅に上昇することがわかる。ネッ

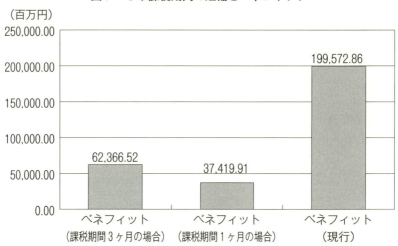

図7−5 ◆課税期間の短縮とベネフィット

出所：国税庁編（平成19年度版）『国税庁統計年報書』大蔵財務協会，『税理士報酬規定』（近畿税理士会），税理士へのインタビューによって納税協力費を算出し作成したもの。C. Sandford, M. Godwin, P. Hardwick and M. Butterworth (1981), C. Sandford, M. Godwin and P. Hardwick (1989) における測定方法についても参考にしながら日本の納税協力費の場合の値を算出，測定している。小林幸夫編 (2010)，横山直子 (2011a) についても参考。

トの納税協力費上昇割合で見ると課税期間1年（現行）の場合と比較して課税期間3ヶ月の場合は約522％上昇，課税期間1ヶ月の場合は約617％上昇することになる。さらに表7−5，図7−5よりベネフィットについては，課税期間1年（現行）の場合と比べて，課税期間3ヶ月の場合は約68.75％低下，課税期間1ヶ月の場合は約81.25％低下とベネフィットの値が大きく減少することがわかる。

7.4.3　消費税の納税協力費の方向性

納税協力費低下のための方策としては，C. Sandford (ed.) (1995b) において一時的コスト（temporary costs），定期的コスト（regular costs），各税の相互関係（tax inter-relationships）に分類して考えられており，一時的コストは税制を安定化させることにより，定期的コストは租税構造ができるだけシンプルなものに維持されることによって，さらに各税の相互関係については広い

ベースで少ない税の種類という租税構造の方が納税協力費を低くすることができるとされる[17]。これらの視点を参考にしながら日本における納税協力費低下のための具体的な方策や納税協力費の方向性を考える際の重要な視点について検討を深める。

わが国の消費税は導入当時から納税協力費については低くなるように考えられていたように思われる。例えば尾崎護（1988）において，わが国における消費税は帳簿方式の採用，申告納付（課税期間を1年としその後2ヶ月以内に申告納付をする），簡易課税制度，中小企業の納税事務負担の軽減，その他など，納税協力費についてかなり工夫がなされているものであると述べられている[18]。また，伊藤忠通（1988）においても消費税導入に際して納税協力費の重要性について述べられている[19]。本章のはじめに触れたように，現在，わが国において消費税に注目が一層高まっている中で消費税の方向性について考える際に納税協力費の問題を考え合わせることの重要性はきわめて大きく，どのような内容に関する納税協力費を低くすることが重要なのかなど，より詳細に見ていくことが大切である。本章において消費税の納税協力費の算出を試み，現在の消費税納税協力費の特徴を見てきた中から，納税協力費の方向性に関して重要な視点が浮かび上がってきた。第1に消費税の課税期間，第2に消費税納税協力費に関するベネフィットとロス，第3に簡易申告に関する点である。以下に，これらの視点から見た納税協力費の方向性について述べることとする。

① 消費税に課税期間

先述したように，現行では消費税に関する課税期間が原則として1年と長いため，ベネフィットがかなり大きくネットの納税協力費は低くなっているといえる。つまり課税期間が1年から例えば3ヶ月，1ヶ月と短くなることによって，納税協力費に関するベネフィットは低下し，ネットの納税協力費は大きくなる。一方，課税期間が長いということは大きな税額を一度に納税しなければならないということになるため，納税するのが大変であるということが考えられる。今後，課税期間を短くする（例えば3ヶ月）ことも重要であると思われる。課税期間が短くなったとしても消費税の申告と納付の方法についてより納税協力費を低くできる方向を考えることによって全体としての納税協力費を低

く抑えることが可能である。

② 消費税納税協力費に関するベネフィットとロス
　上述①の点に関連するが，納税協力費測定の際にはベネフィットとロスについても考え合わせることが重要である。前の節で見たように，納税申告のベネフィット分は遅く納税していることからのもの（delayed 納税）であるとしてその値の納税申告税額に占める割合はどの程度であるのか，また，還付申告のロス分は早く（先に）納税していることからのもの（advance 納税）であるとしてその値の還付申告税額に占める割合はどのくらいであるのか値を測定することは重要である。

③ 簡易申告に関する点
　前の節で見てきたように日本では簡易申告件数が多く，このことが納税協力費を低く抑える要因の1つになっており，簡易申告が一般申告となることを想定する場合の納税協力費はかなり上昇するといえるのである。
　このように納税協力費はその値を低くするということが重要というだけでなく，どのような内容の納税協力費を低くする必要があるのかについて十分に検討を行うことが重要である。
　さらに，消費税の納税協力費の方向性に関しては視野を広げてみる視点が重要である点について触れておく。石弘光（2009）において消費税に関して，課税の目標のトレード・オフの問題について述べられている[20]。この点は本章における視点においても重要であり，納税協力費の方向性を考える際には納税協力費の値を低下させることを考えるだけでなく，あらゆる課税の目標についても視野に入れながら望ましい方向を考えなければならない。

7.5 消費税の方向性と重要な視点

　わが国における消費税の納税協力費は大きな特徴を有している。その背景にある要因を明らかにし，納税協力費を低くすることを可能にする方策を考える際にどのようなことが考えられるのか詳細に検討することが重要である。正確

に，実際の大きさに近い値を算出することが非常に重要であることを十分に考え合わせ本報告では消費税の納税協力費の値について算出を行った。

さらに現在，わが国において消費税に注目が一層高まっており消費税の方向性について考える際に納税協力費の問題を考え合わせることの重要性は非常に大きい。本章の分析から得られた内容に関して特に強調したい点について述べておきたい。

第1に，どのような内容の納税協力費を低くすることが重要であるのかについて十分に検討を行うことが大切である。本章で見てきたように納税協力費についてはその大きさや特徴を正確にとらえることの重要性に加えて，税収を考え合わせて納税協力コストで見ること，ネットの納税協力費で見ること（ベネフィットやロスについても見ること）が大切である。

第2に，消費税に関する課税期間とベネフィットについてである。本章で見たように，現行ではベネフィットがかなり大きくネットの納税協力費は低くなっているといえる。課税期間が長いということはベネフィット分がかなり大きく，さらに大きな税額を一度に納税しなければならないことから納税するのが大変でもあるため，課税期間を短くすることも重要であると思われる。課税期間が短くなったとしても消費税の申告と納付の方法について，より納税協力費を低くできる方向を考えることによって全体としての納税協力費を低く抑えることは可能なのである。

【注】

1 納税協力費に関して，C. Sandford, M. Godwin and P. Harwick (1989), C. Sandford (ed.) (1995a), C. Sandford (2000) を参考にしている。
2 サンフォードらの研究では，税制が機能する中でのコストについて，徴税側，課税当局が負担する公共部門のコスト（administrative costs（以下，徴税費））と納税者が負担する民間部門のコスト（compliance costs（以下，納税協力費））と，両者を合わせたコスト（operating costs（以下，広義の徴税費））に分類されており（この点について，C. Sandford, M. Godwin and P. Harwick (1989), chap. 1, pp. 3 -23を参考），本章においてもこれらの分類を参考にしながら，徴税費，納税協力費について検討を行う。
3 本章に関連して，横山直子（筆者）がこれまでに行ってきている研究としては，主に，

横山直子（1998），横山直子（2000），横山直子（2008b），横山直子（2009），横山直子（2010）などがある。

4 消費税の納税協力費の算出方法や説明について横山直子（2011a）などを参考。各税の納税協力費算出にあたっては，税理士に委託する場合を想定し『税理士報酬規定』（近畿税理士会）を基準として用いて擬制計算を行っている。本報告では，これに加えてインタビューの実施などから納税協力費を算出している。なお，現在，税理士報酬規定は廃止されているが，現在も各税理士事務所において参考として用いられている。

5 C. Sandford, M. Godwin and P. Harwick (1989), chap. 1, pp. 3 -23を参考。

6 大阪市を中心に活躍している2人の税理士に消費税の納税協力費について実際にどのような値になると思われるか実態に関するインタビューを実施した。インタビューについては，平均的な納税者の場合を想定して回答をいただいている。

7 基準期間における課税売上高が5,000万円以下の課税期間について消費税簡易課税制度選択届出書を提出した場合に簡易課税制度が適用される（小林幸夫（2010）p.248参照）。

8 国税庁編（平成19年度版）『国税庁統計年報書』における消費税，納税申告（一般・簡易申告）件数，還付申告件数（いずれも個人事業者，法人の合計件数）より計算。

9 C. Sandford, M. Godwin, P. Hardwick and M. Butterworth (1981), chap. 2, pp.13-21. 参考。

10 C. Sandford, M. Godwin and P. Hardwick (1989), chap. 8, pp.115-119, pp.259-260. 参考。

11 C. Sandford, M. Godwin, P. Hardwick and M. Butterworth (1981), chap. 2, pp.13-21, C. Sandford, M. Godwin and P. Hardwick (1989), chap. 8, pp.115-119, pp.259-260を参考。

12 課税期間は原則として1年であり（小林幸夫編（2010），p.54-63），課税期間ごとに原則としてその課税期間の末日の翌日から2月以内に消費税及び地方消費税の確定申告書を提出し，消費税額等を納付することとされている（小林幸夫編（2010），p.300）。詳細については小林幸夫編（2010）を参考。

13 1月ごとの課税期間特例の場合を考える（小林幸夫編（2010），p.54-63）。詳細については小林幸夫編（2010）を参考。

14 C. Sandford, M. Godwin, P. Hardwick and M. Butterworth (1981), chap. 2, pp.13-21, C. Sandford, M. Godwin and P. Hardwick (1989), chap. 8, pp.115-119, pp.259-260を参考。特に C. Sandford, M. Godwin, P. Hardwick and M. Butterworth (1981), pp.18-21においてこの点について詳しく述べられているので参考。

15 課税期間は原則として1年であるが3月ごとの課税期間特例，1月ごとの課税期間特例がある（小林幸夫編（2010），pp.54-63を参考）ので，ここでは課税期間3ヶ月，1ヶ月の場合を想定することとする。詳細については小林幸夫編（2010）を参考。

16 C. Sandford, M. Godwin, P. Hardwick and M. Butterworth (1981), chap. 2, pp.13-21, C. Sandford, M. Godwin and P. Hardwick (1989), chap. 8, pp.115-119, pp.259-260を参考にしながら日本の場合の値について算出している。

17 C. Sandford (ed.) (1995b), pp.97-99参考。横山直子（2005），横山直子（2010）についても参考。

18 尾崎護（1988），pp.38-39を参考。消費税に関してコンプライアンス・コストにかなり工夫がされていることが述べられている（詳細については尾崎護（1988），pp.38-39を参考。）

19 伊藤忠通（1988）pp.46-51を参考。

20　石弘光（2009），pp.40-41を参考。

第 8 章

所得税と住民税に関する徴税・納税制度

8.1 所得税と住民税の視点

　わが国において所得課税の徴税制度，納税制度を考えるうえで，国の所得税そして地方の個人住民税所得割（以下，住民税）[1]に関する徴税費，納税協力費の値をできる限り正確に測定することはとても大切である。所得税，住民税の徴税費，納税協力費はそれぞれどのような値なのであろうか。わが国における徴税費，納税協力費に関してはイギリスにおけるサンフォード（C. Sandford）教授[2]を中心とした研究を参考にしながら検討を行っていく。

　さて，これまでに横山直子（筆者）も例えば横山直子（1999）において，住民税に関する徴税費，納税協力費の算出を試みており，さらにその中で徴税費，広義の徴税費の値について住民税，所得税それぞれの値の比較を試みている[3]。本章は横山直子（1999）における研究をさらに発展させながら検討を深めるものである。

　本章では，まず，基本的には横山直子（1999）における算出方法に準じながらもより正確な値を算出するために新たな算出方法を採り入れて住民税に関する徴税費，納税協力費について新たに近年の値の算出を行う。さらに，本章においては住民税について普通徴収，特別徴収それぞれに関する広義の徴税費の値の特徴を明らかにするために，新たに普通徴収，特別徴収それぞれに関する数値の算出を試み，分析を進めていくこととする[4]。

続いて第2に，所得税（申告所得税，源泉所得税），住民税（普通徴収，特別徴収）に関して徴税費，広義の徴税費に関する近年のそれぞれの値について比較を行う。

さらに本章では，所得税と住民税に関する徴税制度・納税制度について一元化[5]した場合のしくみを想定し，現行の徴税制度・納税制度における所得税と住民税に関する広義の徴税費の値と比較してどの程度変化することが考えられるのかについて具体的な数値の算出を試みて検討を行う。その際，申告所得税と普通徴収住民税について，さらに源泉所得税と特別徴収住民税について，それぞれに関して，現行との比較を行うこととする。

8.2 住民税の徴税費・納税協力費

8.2.1 住民税の徴税費

個人の道府県民税，市町村民税の賦課徴収については市町村が行う[6]ので，市町村における住民税担当税務職員が市町村民税，道府県民税の両税を徴収していると考えている。市町村における住民税担当税務職員数については，市町村によって住民税担当者数割合は様々であると考えられるが，ここでは，大阪市[7]における住民税担当者割合を参考にして算出し，市町村全体の住民税担当者数割合として考えている[8]。大阪市の税務職員数は平成18年6月1日現在，本庁216人，区役所1,330人であり，個人住民税担当者割合は本庁の課税課個人課税係，区役所の市民税担当における税務職員数の税務職員全体に占める割合から，19.8577%である[9]。

住民税に関する徴税費，徴税コストについては2006年の数値について①式のように算出している[10]。①式より（$ADMCk$ は住民税に関する徴税コストを表している），市町村全体の徴税費（$ADMC'$）に住民税担当者数の市町村の税務職員数全体に占める割合（a）を掛けて住民税の徴税費を出し，その値を道府県民税（個人）税収と市町村民税（個人）税収の合計（TRk）で割って100円当たりの徴税コストを算出している[11]。

$$ADMCk = (ADMC' \times a / TRk) \times 100 \quad \cdots\cdots\cdots\cdots\cdots\cdots\cdots\cdots\cdots\cdots\cdots ①$$

またさらに普通徴収，特別徴収それぞれに関する徴税費の数値を算出する。各税の徴税費は，市町村における住民税担当者のうち，普通徴収，特別徴収の各担当者数割合を想定して算出し，住民税の徴税費に各担当者数の割合を掛けて算出している。普通徴収，特別徴収の各担当者数割合に関しては，申告所得税納税者数と源泉所得（給与所得）税納税者数を合わせた納税者数[12]について申告所得税納税者数の割合，源泉所得（給与所得）税納税者数の割合から考えている。普通徴収の徴税費は，申告所得税納税者数割合を，特別徴収は源泉所得（給与所得）税納税者数割合を住民税の徴税費に掛けて各徴税費を算出している。

8.2.2 住民税の納税協力費

納税協力費について，本章ではサンフォードらの研究を参考にしているが，サンフォードらは納税協力費について，金銭的コスト（money costs），時間的コスト（time costs），心理的コスト（psychic or psychological costs）に分類している[13]。納税協力費について税理士に委託すると想定した場合を考え擬制計算を行うことによって算出している[14]。先のサンフォードらによる分類を参考に，納税協力費を金銭的，時間的，心理的コストを合わせたコストで考えることが重要であると考え，基準として用いる税理士に対する報酬額には時間的コスト，心理的コストも含まれていると考えることとする[15]。

住民税に関する納税協力費については，『税理士報酬規定』（近畿税理士会）[16]を基準として用いて擬制計算を行って算出を試みている。普通徴収住民税に関する納税協力費については，国税の申告所得税にかかる納税協力費に含まれていると考えるが，『税理士報酬規定』（近畿税理士会）では住民税について税務書類作成報酬に関して税務代理報酬額の30％相当額とされており，税務代理報酬については所得税の報酬額の30％相当額とされているので申告所得（事業所得）税の納税協力費[17]の30％相当額を普通徴収住民税納税協力費として考えることとする。

一方，特別徴収住民税に関する納税協力費については，国税の源泉所得税の年末調整後の事務に関わる費用を考えるものとしている。ここでも，普通徴収住民税の場合と同様に，所得税，源泉所得（給与所得）税の納税協力費[18]の30％相当額を特別徴収住民税納税協力費として考える。

税理士に委託すると仮定した場合の費用について『税理士報酬規定』（近畿税理士会）を基準として用いて擬制計算を行って算出し納税協力費としている。

8.3　所得税と住民税の徴税費・納税協力費の比較

8.3.1　所得税と住民税の徴税費・納税協力費の比較と特徴

この8.3では2006年における住民税（普通徴収，特別徴収）の徴税費，納税協力費と所得税（申告所得税，源泉所得税）[19]の納税協力費に関して，普通徴収住民税，特別徴収住民税の徴税費比較，広義の徴税費比較と，住民税と所得税の納税協力費比較を行う。

住民税については，上記，本章8.2で説明を行ってきた方法で算出した徴税費，納税協力費の値などに関して2006年における値について表8-1に整理している。一方，所得税については以下のように算出している。

所得税の納税協力費については，申告所得税については事業所得納税者が申告の際に税理士に支払う税務書類の作成報酬をもとに算出して納税協力費とする。『税理士報酬規定』（近畿税理士会）では，所得税に関する税務書類の作成報酬について税務代理報酬の30％相当額とされており，総所得金額によって報酬額が定められている。例えば，総所得金額200万円未満の場合，税務代理報酬は60,000円とされているので30％相当額の18,000円を税務書類作成報酬額と考えて納税協力費算定の基準としている。総所得金額が上昇するにしたがって報酬額は上昇していく（8段階）。各申告所得税納税者が上記のように報酬額を支払っていると考え，総所得金額別の申告所得税納税者数[20]より各総所得金額別（8分類）に計算を行って算出された各金額の合計額を申告所得税における納税協力費としている[21]。

源泉所得税については，源泉徴収義務者の年末調整事務に関わる費用を考え

るものとして,税理士に委託した場合の費用を算出して納税協力費とする。『税理士報酬規定』(近畿税理士会)では,税務書類作成報酬に関して年末調整関係書類について1事案につき20,000円,10件を超えて作成するときは1件増すごとに2,000円加算するとされている。各源泉徴収義務者(給与所得)が上記のように報酬を支払っていると考え,事業所規模別(10人未満,10人以上,30人以上,100人以上,500人以上,1,000人以上,5,000人以上)に見た源泉徴収義務者数[22]より,各事業所規模別(8分類)に計算を行って算出された各金額の合計額を源泉所得税(給与所得)における納税協力費としている[23]。

所得税について,このような方法で算出した徴税費,納税協力費の値などに関して2006年における値について表8－1に整理している。

住民税,所得税それぞれの徴税制度,納税制度の特徴を考え合わせながら住民税(普通徴収,特別徴収)の徴税費,納税協力費,広義の徴税費と所得税(申告所得税,源泉所得税)に関する納税協力費に関して以下のように比較す

表8－1◆所得税の納税協力費と住民税の徴税費・納税協力費,広義の徴税費(2006年)

(単位;人,億円,コストについては円/税収100円当たり)

住民税(普通徴収)・徴税費	280
住民税(普通徴収)・納税協力費	827
住民税(普通徴収)・広義の徴税費	1107
住民税(特別徴収)・徴税費	1301
住民税(特別徴収)・納税協力費	509
住民税(特別徴収)・広義の徴税費	1810
住民税・税収	87,428
住民税・徴税費	1,581
住民税・徴税コスト	1.8083
住民税・広義の徴税費	2917
住民税・広義の徴税コスト	3.3365
申告所得税・納税協力費	2,756
源泉所得税(給与)・納税協力費	1,697

出所:大阪市財政局税務部『大阪市税務統計』(平成18年度版),近畿税理士会(昭和55年10月制定,平成6年6月一部改正)『税理士報酬規定』,国税庁編(平成18年度版)『国税庁統計年報書』,地方財政調査研究会編集(各年版)『地方財政統計年報』地方財務協会,より算出,作成[24]。

ることによって各税の特徴を明らかにする。

① 住民税(普通徴収・特別徴収)の徴税費,広義の徴税費比較

住民税(普通徴収),住民税(特別徴収)に関して,徴税費について比較したものが図8-1,広義の徴税費について比較したものが図8-2,また住民税全体について,徴税コストと広義の徴税コストについて比較したものが図8-3である。

図8-1より,住民税に関する徴税費について,普通徴収住民税の徴税費は約280億円,特別徴収住民税の徴税費は約1,301億円で,普通徴収と比べて特別徴収の徴税費が約5倍程度の大きさである。

一方,図8-2より,広義の徴税費で見ると普通徴収住民税の広義の徴税費の大きさは,約1,107億円,特別徴収住民税の広義の徴税費の大きさは約1,810億円で,両者の大きさの差はかなり小さくなり,特別徴収の方の値が普通徴収の方の値の約1.6倍大きい程度にとどまることがわかる。

さらに,住民税全体について,徴税コストについて比較したものを示した図

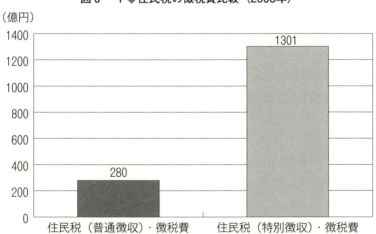

図8-1◆住民税の徴税費比較(2006年)

出所:大阪市財政局税務部『大阪市税務統計』(平成18年度版),近畿税理士会(昭和55年10月制定,平成6年6月一部改正)『税理士報酬規定』,国税庁編(平成18年度版)『国税庁統計年報書』,地方財政調査研究会編集(各年版)『地方財政統計年報』地方財務協会,より算出,作成。

図8−2◆住民税の広義の徴税費比較（2006年）

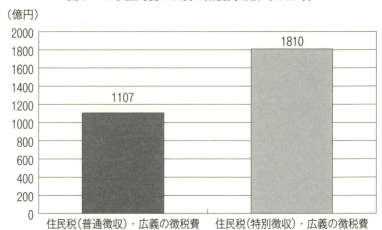

出所：大阪市財政局税務部『大阪市税務統計』（平成18年度版），近畿税理士会（昭和55年10月制定，平成6年6月一部改正）『税理士報酬規定』，国税庁編（平成18年度版）『国税庁統計年報書』，地方財政調査研究会編集（各年版）『地方財政統計年報』地方財務協会，より算出，作成。

図8−3◆住民税の徴税コストと広義の徴税コスト比較（2006年）

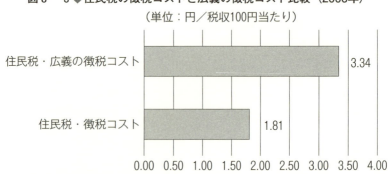

出所：大阪市財政局税務部『大阪市税務統計』（平成18年度版），近畿税理士会（昭和55年10月制定，平成6年6月一部改正）『税理士報酬規定』，国税庁編（平成18年度版）『国税庁統計年報書』，地方財政調査研究会編集（各年版）『地方財政統計年報』地方財務協会，より算出，作成。

8−3によると，住民税に関する徴税コストは，約1.8円，広義の徴税コストは約3.3円で広義の徴税コストでみるとかなり大きな値になることがわかる。

第8章 所得税と住民税に関する徴税・納税制度　159

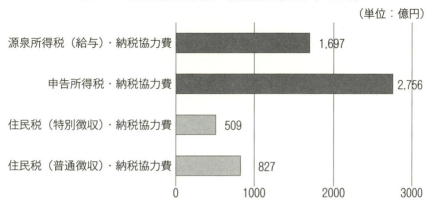

図8－4◆所得税と住民税の納税協力費比較（2006年）

出所：大阪市財政局税務部『大阪市税務統計』（平成18年度版），近畿税理士会（昭和55年10月制定，平成6年6月一部改正）『税理士報酬規定』，国税庁編（平成18年度版）『国税庁統計年報書』，地方財政調査研究会編集（各年版）『地方財政統計年報』地方財務協会，より算出，作成。

② 住民税と所得税の納税協力費比較

ここでは納税協力費について，住民税については普通徴収と特別徴収の数値，所得税については申告所得税と源泉所得税の数値を比較することによって各税の特徴をより明らかにする。

住民税と所得税の納税協力費について比較したものが図8－4である。図8－4より，納税協力費について，普通徴収住民税の納税協力費は約827億円，特別徴収住民税の納税協力費は約509億円で申告所得税の納税協力費は約2,756億円，源泉所得税の納税協力費は約1,697億円である。申告所得税の納税協力費がかなり大きく，最も小さい特別徴収住民税の納税協力費と比較すると，申告所得税の方の値が約5.4倍大きいことがわかる。

8.4 所得税と住民税に関する徴税・納税制度の方向性

8.4.1 所得税と住民税の徴税・納税制度に関するしくみ

8.4では，まず，所得税と住民税に関する徴税制度，納税制度について一元化[25]した場合のしくみを想定する[26]。しくみについては，申告所得税と普通徴

収住民税について，さらに源泉所得税と特別徴収住民税について，それぞれに関して徴税一元化を行った場合のしくみの想定を試みている。その際必要とされる様々な前提を十分に考え合わせながら，また，申告所得税と普通徴収住民税，源泉所得税と特別徴収住民税，それぞれが有している徴税制度，納税制度の特徴を十分に考えながら徴税一元化の想定を行っている。

　さてここで，所得税との関係においての個人住民税について考えてみたい。1つは，所得税と個人住民税とでは課税最低限が異なっているという点である。この点については，「課税最低限は，国民の生活水準を考慮して定められるべきものであるが，しかし，住民税は，所得税とは異なり，地域社会の費用をその住民が能力に応じ広く負担するべきものである以上，その課税最低限を所得税のそれと必ずしも一致させる必要はない[27]」という見解がある。2つ目は，所得税が現年に課税する方式であるのに対して，個人住民税は前年課税方式をとっているという点である[28]。この点は本章で見ている所得税と住民税に関する徴税制度・納税制度の方向性に影響を与える問題である。

　以下の図8－5，図8－6は所得税と住民税の徴税制度・納税制度について現行と徴税一元化を行った場合のしくみについてそれぞれ見たものである[29]。

　図8－5は現行のしくみ（申告所得税，普通徴収住民税の場合）と現行のしくみ（源泉所得税，特別徴収住民税の場合）を示している。

　図8－5－1について，給与所得者以外に関する普通徴収（住民税）については，市町村において税額を計算して，納税通知書によって納税者に通知し，納税者は通知を受けた税額を通常年4回（6月，8月，10月，翌年1月）に分けて納税する[30]。給与所得者など以外の納税者はその住所地の市町村に対して毎年3月15日までに住民税の申告書を提出しなければならないが，所得税の確定申告書を税務署に提出した者はこの申告書を提出する必要はない[31]。

　一方，図8－5－2について，給与所得者に関する特別徴収（住民税）については，毎年6月から翌年の5月までの12回に分けて毎月の給料の支払の際に給与の支払者が市町村から通知された各人ごとの税額を給与から差し引いて納税する方法がとられる[32]。特別徴収住民税は源泉所得税と比較して，住民税の税額の計算は市町村で行い給与支払者は行わない，住民税の場合，年末調整などの手続きが不要となる，などの点が異なっている[33]。

第8章 所得税と住民税に関する徴税・納税制度　161

図8－5－1◆現行のしくみ（申告所得税，普通徴収住民税の場合）

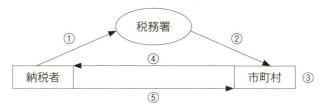

① 申告書の提出（確定申告3月15日まで）（所得税はこの際に納税）
② 申告書を各市町村へ送付
③ 税額の計算
④ 税額の通知（6月）（納税通知書）
⑤ 納税（6月，8月，10月，翌年の1月）

図8－5－2◆現行のしくみ（源泉所得税，特別徴収住民税の場合）

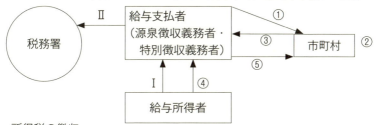

Ⅰ 所得税の徴収
Ⅱ 納税
　① 給与支払報告書の提出（1月31日まで）
　② 税額の計算
　③ 特別徴収税額の通知（5月31日まで）
　④ 給与の支払の際税額を徴収（6月から翌年の5月まで毎月の給料支払日）
　⑤ 税額の納入（翌月の10日まで）

　給与所得者は，基本的に住民税の申告書を市町村に提出する必要がない。住民税の資料提出は給与支払者が行うこととされ，給与支払報告書といわれているものであり，その年の1月31日までに1月1日現在の被雇用者に係る前年中の給与の支払額などを市町村に報告するものである[34]。源泉所得税については源泉徴収義務者により月々の所得税が源泉徴収されて納税が行われさらに年末調整が必要となる。
　続いて，図8－6－1は徴税一元化を行った場合のしくみ（申告所得税，普

通徴収住民税の場合），図8－6－2は徴税一元化を行った場合のしくみ（源泉所得税，特別徴収住民税の場合）を示している[35]。

図8－6－1について，矢印①は納税者本人が住民税についても税額を計算して所得税と同様の様式の申告書を作成するということを示している。また，所得税と同時期に住民税についても納税を行う（矢印③）のである。

図8－6－2について，矢印①は給与支払者が現行の所得税に加えて住民税についても毎月税額計算して税を源泉徴収することを示している。納付書に関

図8－6－1◆徴税一元化を行った場合のしくみ（申告所得税，普通徴収住民税の場合）

① 申告書の提出（所得税，住民税とも）（所得税はこの際に納税）
② 申告書を各市町村へ送付
③ 納税

図8－6－2◆徴税一元化を行った場合のしくみ（源泉所得税，特別徴収住民税の場合）

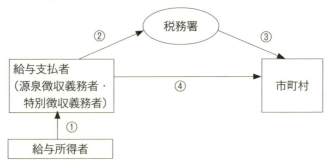

① 税額の徴収（所得税，住民税とも）
② 納付書の提出，納税（翌月10日まで）
③ 納付書を市町村へ送付
④ 納税

しても，現行，所得税について作成しているものと同様の様式の納付書を住民税についても各市町村別に作成することとなる（矢印②）。

8.4.2 現行と徴税一元化の場合の徴税費

徴税一元化によって所得税と住民税に関する広義の徴税費はどの程度変化することが考えられるのかについて，具体的な値の算出を試みて明らかにして現行との比較を行っている。

徴税一元化を行うと想定した場合の値について算出を試みた広義の徴税費の値などについて，2006年における値と現行のしくみにおける値などについて表8－2に整理している。図8－7は，現行の広義の徴税費と徴税一元化を行う

表8－2◆現行と徴税一元化の広義の徴税費比較（2006年）

（単位：億円，コストについては円／税収100円当たり）

住民税・広義の徴税費	2,917
住民税・広義の徴税コスト（現行）	3.34
住民税・広義の徴税費（徴税一元化の場合）	1,336
徴税一元化による広義の徴税コスト低下割合	54.20%

出所：大阪市財政局税務部『大阪市税務統計』（平成18年度版），近畿税理士会（昭和55年10月制定，平成6年6月一部改正）『税理士報酬規定』，国税庁編（平成18年度版）『国税庁統計年報書』，地方財政調査研究会編集（各年版）『地方財政統計年報』地方財務協会，より算出，作成。

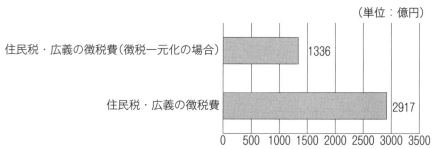

図8－7◆現行と徴税一元化の場合の広義の徴税費比較（2006年）

出所：大阪市財政局税務部『大阪市税務統計』（平成18年度版），近畿税理士会（昭和55年10月制定，平成6年6月一部改正）『税理士報酬規定』，国税庁編（平成18年度版）『国税庁統計年報書』，地方財政調査研究会編集（各年版）『地方財政統計年報』地方財務協会，より算出，作成。

と想定した場合について算出を試みた広義の徴税費について比較したものである。

　徴税一元化によって想定される広義の徴税費低下割合について見ると，徴税一元化について想定しているしくみに関して算出を試みた値によると，約54.2％低下が見込まれることになる。ただし，徴税一元化により，納税協力費は増大することも考えられるため注意が必要である[36]。

　徴税一元化を行うと想定した場合，普通徴収について納税者が税額計算を行うことになり，特別徴収については特別徴収義務者が税額計算を行うので，市町村の住民税担当税務職員数に関する徴税費の低下によるものと考えることができる[37]。

　申告所得税・普通徴収住民税について現行と徴税一元化を行った場合を比較した場合，住民税の税額計算方法や申告書の様式を所得税に近づけること，さらに納税時期が同じということが実現可能であることを想定すると，徴税一元化により納税協力費についても低下することが可能であると考えられる[38]。

　一方，源泉所得税・特別徴収住民税について現行と徴税一元化を行った場合を比較した場合，徴税一元化によって現年課税が実現することに伴い住民税についても年末調整が必要となるため，特別徴収義務者が負担する納税協力費が増加し，さらに，特別徴収義務者は給与所得者の税額計算を行う，納付書を作成するなど負担が増加すると考えられる。この点については，徴税一元化によって特別徴収義務者が負担することになると想定されるコスト（税額の計算，納付書の作成，年末調整など）を徴税一元化に移行する際の工夫により低く抑えることは実現可能であると考える。住民税についても税額計算，納付書の作成，年末調整などをできるかぎり所得税と同様の方法，様式で行うことができるような徴税一元化を目指すことにより納税協力費の増加を低く抑えることは可能なのである。

　徴税一元化により所得税と住民税に関する広義の徴税費は減少するといえることから，また，徴税一元化によって実現可能となる様々な側面が存在することからも，徴税一元化の効果は大きいといえる。

8.5 徴税・納税制度の方向性と広義の徴税費の重要性

　所得税と住民税に関する徴税制度，納税制度について，それぞれが有している特徴を十分に考え合わせながら望ましい方向性について考える中で徴税費，納税協力費の値を正確に測定することはとても重要なことである。

　本章は所得税と住民税に関する徴税制度，納税制度の方向性を考えるうえで，徴税費，納税協力費の値を正確に測定することは非常に大切であるということを十分に考え合わせ，住民税に関する徴税費，納税協力費について近年の値の算出を行った。所得税と住民税に関する徴税制度，納税制度の方向性の1つとして徴税一元化が考えられる。所得税と住民税の徴税制度・納税制度の方向性を考える上で，徴税費については広義の徴税費で考えることが重要である。また，必要とされる前提が多く存在するということを十分に考え合わせながら徴税一元化の想定を行うということが重要である。

　本章で見たように，徴税一元化により所得税と住民税に関する広義の徴税費が減少するといえること，さらに，徴税一元化によって実現可能となる多くの側面が存在することから徴税一元化の効果は大きいといえる。

【注】

1　個人住民税所得割（道府県民税・市町村民税所得割）については，市町村税務研究会編（2008），地方税制度研究会編（2006）などを参考。
2　サンフォードを中心とした研究では，徴税側，公共部門のコスト（administrative costs, 以下，徴税費）と納税者側，民間部門のコスト（compliance costs, 以下，納税協力費）そして両者を合わせたコスト（operating costs, 以下，広義の徴税費）に徴税のコストが分類されており（C. Sandford, M. Godwin and P. Hardwick (1989), chap. 1, pp. 3-23を参考），本章においてもこれらの分類を参考にしている。
3　本章に関連して，横山直子（筆者）はこれまでに横山直子（1999）とさらに横山直子（2007a），（2007b），（2008a）などの研究を行っている。横山直子（1998）についても参照。
4　普通徴収，特別徴収については市町村税務研究会編（2008），地方税制度研究会編（2006）などを参考。本章では普通徴収，特別徴収各々の広義の徴税費について自分で計算を行って算出を試みている。

166　第2部　徴税・納税のコスト分析

5　徴税一元化は，徴収一元化ともいわれるもので，神野直彦・金子勝編著（1998），田村政志・桑原隆広編集（2003），池上岳彦編著（2004）第8章（中村芳昭）などを参考にしている。また，横山直子（1999），（2007a），（2007b），（2008a）についても参考。本章では，徴税一元化の場合のしくみの想定を試み，その際の広義の徴税費に関して自分で計算を行い算出を試みている。
6　市町村税務研究会編（2008），地方税制度研究会編（2006）などを参考。
7　大阪市財政局税務部（平成20年8月）『大阪市税務統計』（平成18年度版）を参考。
8　本章では，住民税に関する徴税費，徴税コスト，納税協力費の算出にあたって基本的には横山直子（1999）の算出方法と同様の方法を用いて新たに近年の数値を算出しているので，横山直子（1999）における算出方法や説明を参考。また横山直子（1998）についても参照。なお本章では新たな算出手法も採り入れている。
9　大阪市財政局税務部（平成20年8月）『大阪市税務統計』（平成18年度版）を参考。なお，先に触れたように市町村によって住民税担当者数割合は様々であると考えられるが，ここでは大阪市における住民税担当者数割合を参考に1つの基準・目安として用いている。なお，平成19年から市税事務所が開設している。
10　上記，本章末注9を参考。横山直子（1999）における算出方法や説明を参考。また横山直子（1998）についても参照。なお本章では新たな算出手法も採り入れている。市町村全体の徴税費については『地方財政統計年報』，（『市町村別決算状況調』についても参照）における徴税費の数値より計算。
11　税100円当たりの徴税コストとは税を100円徴収するのに徴税費がいくらかかっているのかを表している。『国税庁統計年報書』における徴税コストの表し方を参考に，住民税（また所得税）の徴税コストについて自分で計算を行って算出している。
12　国税庁編（各年度版）『国税庁統計年報書』における申告所得納税者数，給与所得納税者数（源泉所得税）より計算。
13　納税協力費に関する3つの分類や各内容に関しては，C. Sandford（1989），pp.20-21，C. Sandford, M. Godwin and P. Hardwick（1989），chap.1，pp.3-23を参考。また，本章，C. Sandford（ed.）（1995a），C. Sandford（ed.）（1995b），C. Sandford（ed.）（2000）や，横山直子（2005a）についても参照。また，本書第6章についても参照。
14　納税協力費の算出方法や算出方法の説明について横山直子（1999），（1998）などを参考。各税の納税協力費算出にあたっては，税理士に委託する場合を想定し『税理士報酬規定』（近畿税理士会）を基準として用いて擬制計算を行っている。なお，現在，税理士報酬規定は廃止されているが現在も参考として用いられている。本章では『税理士報酬規定』（近畿税理士会）（昭和55年10月制定，平成6年6月一部改正）を参考に用いており，この規定を『税理士報酬規定』（近畿税理士会）と呼んでいる。
15　本章では金銭的，時間的，心理的コストを合わせたコストを算出しようとしているため『税理士報酬規定』（近畿税理士会）（報酬に関する最高限度額について定められている）を納税協力費算出の際に基準として用いている。
16　『税理士報酬規定』（近畿税理士会）を基準として用いて擬制計算を試み，新たに近年の値を算出している（横山直子（1999）も参考）。
17　申告所得税の納税協力費の値については税務書類の作成報酬をもとに算出して納税協力費とし，横山直子（筆者）（2011a）「わが国における徴税費・納税協力費の測定と特徴」において算出を行った数値（近年の数値）についても参考。『税理士報酬規定』（近畿税理

第8章　所得税と住民税に関する徴税・納税制度　167

士会）では，所得税に関する税務書類の作成報酬について税務代理報酬の30％相当額とされている。本章8.2，8.3において算出方法，数値などについて明記しているので参照。
18　源泉所得（給与所得）税の納税協力費の値については，年末調整事務に関わる費用を考えて算出して納税協力費とする。横山直子（2011）についても参考。また，本章8.2，8.3において算出方法，数値などについて明記しているので参照。上記，本章末注17参照。
19　申告所得税，源泉所得税に関する徴税費，納税協力費の値については，横山直子（2011a）「わが国における徴税費・納税協力費の測定と特徴」において算出を行った数値（近年の数値）についても参考。
20　国税庁編（平成18年度版）『国税庁統計年報書』における所得階級別申告所得税納税者数より計算。
21　本書，第6章についても参考。
22　国税庁編（平成18年度版）『国税庁統計年報書』における事業所規模別源泉徴収義務者数より計算。なお，統計資料の数値の関係上事業所規模の分類は8分類になっているため便宜上，10人以上は20人，30人以上は65人というように中位数をとって計算している。
23　本書，第6章についても参考。
24　表8－1，表8－2，図8－1から図8－4について，地方財政調査研究会編集（各年度版）『市町村別決算状況調』地方財務協会，地方財務協会編集（2008）『地方税制の現状とその運営の実態』地方財務協会，日本租税研究協会（各年度版）『税制参考資料集』についても参考。
25　本章末注5を参照。徴税一元化については，神野直彦・金子勝編著（1998），田村政志・桑原隆広編集（2003），池上岳彦編著（2004）第8章（中村芳昭）などを参考にしている。また，横山直子（1999），（2007a），（2007b），（2008a）についても参考。本章では，徴税一元化の場合のしくみの想定を試み，その際の広義の徴税費に関して自分で計算を行い算出を試みている。
26　本章末注5，注25に挙げた文献などを参考にしながらさらに市町村税務研究会編（2008），地方税制度研究会編（2006）を参考にして，本章では徴税一元化の場合のしくみの想定を試み，その際の広義の徴税費に関して自分で計算を行い算出を試みている。
27　矢野浩一郎（1997）pp.85-86，参考。
28　この点に関してなど，個人住民税の問題点や改革については，矢野浩一郎（1997），pp.80-86や，林健久編（2003），pp.129-134などを参考。
29　図8－5，図8－6については，市町村税務研究会編（2008），地方税制度研究会編（2006）を参考にしている。なお，図8－5，図8－6についてはこれらを参考にしながら国の徴税制度も考えるために税務署も含めて図を作成している。しくみや現行と徴税一元化との比較については横山直子（1999），（2007a），（2008）についても参考。また，国税庁『平成19年分　年末調整のしかた』についても参考。
30　ここで普通徴収，特別徴収については，地方税制度研究会編（2006），p.135を参考にしている。
31　住民税の申告について地方税制度研究会編（2006），pp.159-160参考。
32　ここで普通徴収，特別徴収については，地方税制度研究会編（2006），p.135を参考にしている。
33　地方税制度研究会編（2006），p.163参考。
34　ここで給与支払報告書について，地方税制度研究会編（2006），pp.160-161参考。

35 横山直子（2008a）を参考。横山直子（2007a），横山直子（1999）についても参考。
36 この点に関連して，横山直子（2011c）において徴税一元化や現年課税に関して検討を行っているので参考。
37 徴税一元化を行うと想定した場合の広義の徴税コストの算出，比較などについては横山直子（1999）についても参考。
38 申告所得税・普通徴収住民税，源泉所得・特別徴収住民税に関して徴税一元化を行った場合について横山直子（2008），pp.48-52参考。また横山直子（2007a），横山直子（2011c）についても参考。

第3部

納税意識と納税協力費の分析

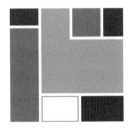

第9章

徴税・納税システムにおける納税意識

9.1 納税協力費と納税意識の関連

わが国の所得税制度は，源泉徴収所得税の納税者の割合が大きく，税額についても申告所得税額に比べて源泉所得税額が多いという特徴を有している[1]。このような特徴を持っているために，所得税に関して，多くの納税者は源泉徴収そして年末調整制度という流れの中で納税を完結することが多く，所得税の申告の方法，所得税のしくみなどを詳細に理解していなくても納税を行うことが可能になるといえる。

このことは，さらに重要な特徴を生み出している。本章では，そのうち，納税協力費[2]，納税意識[3]という2つの問題，キーワードに焦点をあてて検討を行う。

前者は，源泉徴収，年末調整制度という流れの中で納税を行うということは，徴税担当者の側の徴税費を低く抑えることができる一方で，源泉徴収義務者の負担する納税協力費が少なくはないという視点である[4]。一方後者は，先に触れた通り，源泉徴収納税者は所得税の詳細なしくみを理解していなくても納税を行うことが可能であるので，申告納税者と比較しても納税意識が低くなるという問題である。

本章の目的は，特に所得税に注目して，納税協力費をできるだけ低く抑え，納税意識を可能な限り高めるためにはどのような方策が考えられるのかについ

て探ることである。その際,源泉徴収納税者としては主に給与所得者(納税者)を中心に見ることとする(本章においては,給与所得者である所得税納税者を源泉徴収納税者としている)。

本章では,まず納税協力費については,サンフォード(C. Sandford)[5]を中心とした研究を参考にして納税協力費の考え方を整理し,そのうえでわが国における納税協力費について検討を行う。

納税意識に関しては,源泉徴収納税者がどのような意味で納税意識が低いのかを詳しく探るために,納税意識の考え方を整理・分類しながら検討を行っていく。

9.2 納税協力費の分類

9.2.1 納税協力費の整理

納税協力費については,サンフォード[6]を中心とした研究が有名で,非常に詳細な検討,分析,研究が行われている。横山直子(筆者)もこれまで例えば横山直子(2005a)[7]においてサンフォードらの研究に基づき参考にしながら納税協力費の根拠や位置づけなど,納税協力費に関する検討を行っている。

本章においてもサンフォードらの研究を参考にしながら,本章ではまず,納税協力費について整理し,分類することからはじめる。納税協力費を負担することによって納税をする際の意識が高まることが考えられ,納税協力費は,本章のもう1つのキーワードである納税意識と密接に関連している。ここでは,納税協力費について,納税意識と考え合わせながら検討を行っていく。

納税協力費とは,納税システムの中で,納税を行うことに際して民間の側,つまり納税者が負担するコストのことである[8]。税制が機能して納税が行われることに際するコストについて,サンフォードらの研究においては納税協力費,公共部門つまり徴税側が負担するコスト(徴税費),そして両者を合わせたコストに分類されている[9]。なお,サンフォードらの研究においては,これらのコストについて,納税側の負担するコストを compliance costs,徴税側の負担するコストを administrative costs,両者を合わせたコストを tax operating costs としているが，本章においては，compliance costs を納税協力費，administrative costs を徴税費としている[10]。

納税協力費について，サンフォードらはさらに以下の3つに分類している[11]。

① 金銭的コスト（money costs）
② 時間的コスト（time costs）
③ 心理的コスト（psychic or psychological costs）

金銭的コストとは，個人の納税者が税理士に支払う報酬，企業の税理士への報酬，税の計算に関する事務を担当する従業員に対するコストなど，時間的コストとは，納税者の申告書作成に必要な時間などであり，さらに心理的コストは，納税者が納税を行うことに際して不安や心配な気持ちを持つことに関するコストである。

次にこれら3つの納税協力費について，個人の納税者と企業の2つの視点に分けて表9−1のように分類する[12]。なお，ここでは所得税に関する納税協力費に絞って見ることとするので，個人については源泉徴収納税者および申告所得納税者，企業については事業主つまり源泉徴収義務者のことを考えている。

まず個人納税者について，①金銭的コストは，税制に関する十分な知識を得るためのコスト，税理士などへの報酬，また税理士などと連絡をとるために負担する交通費，郵便代，電話代などや税務署に出かける交通費などである。②時間的コストは，申告書作成に要する時間コストや必要な文書や領収書を収集し保存するのにかかる時間コストなどである。③心理的コストは，税制や税のしくみをよく理解していないことからくる心配や不安などである。

一方，企業（源泉徴収義務者，事業主）については，①金銭的コストは，税理士などへの報酬，税担当従業員に対するコストである。②時間的コストは，特に小企業の場合，税担当事務部門を置くことはできない場合があるので経営者自身が税の計算を行うことになる時間コストなどである。③心理的コストは，事業主は税を源泉徴収する役割を担っており，源泉徴収してから納付するまで一定の時間があるため未納の源泉徴収義務者と見られているのではははないかと不満を感じること，また，解釈が異なっていることからさらに負担をしなけれ

表9－1◆納税協力費の分類（個人納税者と企業）

		個人納税者	企業
①	金銭的コスト	税理士などへの報酬など	税理士などへの報酬，税担当従業員に対するコストなど
②	時間的コスト	申告書の作成など	特に小企業の場合，経営者が税計算をすることなど
③	心理的コスト	税のしくみがよくわからないことからくる心配・不安など	未納の源泉徴収義務者と見られているのではないかと不満を感じること，解釈が異なっていることからさらに負担をすることになるのではという心配・不安など

出所：C. Sandford (1989), pp.20-21, C. Sandford, M. Godwin and P. Hardwick (1989), chap.1, pp.10-12, C. Sandford (ed.) (1995b), pp.90-91を参考にして作成している。（なお，C. Sandford, M.Godwin and P. Hardwick (1989), p.11に，個人納税者と企業のそれぞれの納税協力費について明瞭に分類されているので参考。）

ばならないのではないかと心配・不安に思うことなどである。

9.2.2　わが国の納税協力費

　次に，上記9.2.1で見てきた，サンフォードらの研究を参考にした納税協力費の分類を参考にしながらわが国の納税協力費としてどのようなものが考えられるかを整理する[13]。なお，ここでも所得税に関する納税協力費に絞り，個人の源泉徴収納税者および申告納税者，企業については事業主（源泉徴収義務者）それぞれの納税協力費について分類して見ていくこととする。

　以下の表9－2，表9－3および表9－4はわが国の所得税に関する納税協力費について，金銭的コスト（表9－2），時間的コスト（表9－3），心理的コスト（表9－4）に分けて見たものである[14]。

　表9－2はわが国における納税協力費について金銭的コストしてどのようなものが考えられるか例を挙げ，源泉徴収納税者（個人），申告納税者（個人），および源泉徴収義務者（企業）それぞれがいずれの納税協力費を負担しているのかを見たものである（以下，源泉徴収納税者は源泉徴収納税者（個人）のことを，源泉徴収義務者は源泉徴収義務者（企業，事業主）のことを，申告納税者は申告納税者（個人）のことを示している）。納税協力費の大きさの程度に

ついて,大きい順に◎,○,△の印で示している(例えば大きな納税協力費を負担していると考えられる場合◎で表している)。

表に示した印について若干補足説明しておきたい。まず,申告納税者(個人)については実際には様々な納税者が考えられ,負担している納税協力費としては金銭的,時間的,心理的ともに各納税者にとってかなりの大小があると思われるが,いずれにしても源泉徴収納税者(個人)と比較するとかなりのコストを負担しているといえるので多くの項目について◎としている。また,源泉徴収義務者(企業)についても従業員の規模や税担当部門を置くことができるかどうかなどによってコスト負担の大きさについてかなりの違いがあることが考えられるが,どのような源泉徴収義務者であっても大きな納税協力費を負担しているといえるため多くの項目に◎を示している。

表9－3,表9－4も表9－2と同様に,各納税者がいずれの納税協力費を負担しているのかに関して,時間的コスト(表9－3),心理的コスト(表9－4)それぞれについて分類してみている。

表9－2 ◆わが国の納税協力費の分類(金銭的コスト)[15]

納税協力費内容の例	源泉徴収納税者(個人)	申告納税者(個人)	源泉徴収義務者(企業)
① 税理士などへの報酬	△	◎	◎
② 税理士などと連絡をとるコスト(交通費,郵便代,電話代)	△	◎	◎
③ 税務署へ出かけるための交通費	△	◎	◎
④ 税計算担当従業員へのコスト	－	－	◎
⑤ 税計算に関する必要な知識を得るためのコストと税計算に必要な道具のコスト(ガイドブック,電卓購入費など)	△	◎	◎
⑥ 必要なデータを保存するためのコスト(コンピューターにかかるコストなど)	△	○	◎

表9－3◆わが国の納税協力費の分類（時間的コスト）[16]

納税協力費内容の例	源泉徴収納税者（個人）	申告納税者（個人）	源泉徴収義務者（企業）
① 申告書など作成にかかる時間	△	◎	◎
② 申告書など作成に必要な書類などを集めるのに必要な時間	△	◎	◎
③ 税務署に出かけるための時間	△	◎	◎
④ 税理士のところなどへ出かけるための時間	△	◎	◎
⑤ 事業主が税計算なども行わなければならないため負担することになる時間（小企業）	－	－	◎

表9－4◆わが国の納税協力費の分類（心理的コスト）[17]

納税協力費内容の例	源泉徴収納税者（個人）	申告納税者（個人）	源泉徴収義務者（企業）
① 期限までに仕上げなければならないという心配	△	◎	◎
② 正確にできているかどうかという不安	△	◎	◎
③ 理解不足からくる不安（また、さらに負担が必要なのではないかという心配）	○	◎	◎
④ 税を源泉徴収して納付するまでの間、未納の源泉徴収義務者に見られているのではないかという不満	－	－	◎

　表9－2，表9－3および表9－4の分類に共通して注目したい視点は，次の3つである。

　1つ目は，個人の納税者のうち源泉徴収納税者と申告納税者では負担する納税協力費がかなり異なっているという点である。2つ目は源泉徴収所得税のうち，源泉徴収納税者（個人）と源泉徴収義務者（事業主，企業）の間で納税協力費がどのように異なっているのかという視点である。さらに3つ目は，納税協力費と納税意識[18]はどのように関わっているのかという点である。

　以下の本章9.3において，主にこれら3つの点について検討を行うことにする。

9.3 納税意識の大きさと納税協力費

9.3.1 納税意識

　所得税の納税に関して申告納税者と源泉徴収納税者が存在することにより，両者の間の納税意識が異なることを見ていくために，まず納税意識の意味について触れておきたい[19]。

　納税意識，負担感について山本栄一（1989）[20]において以下のように述べられている。

　「間接税は負担そのものが実質的な納税者にとって不明確であることによって負担感が少ないのであって，その点は所得税では徴税方法の如何にかかわらず負担は明らかである。したがって，徴税方法による負担感の相違は主観的心理的な問題であるといえる。[21]」

　負担額は明らかであるけれども，所得税納税に関して申告納税と源泉徴収という2つの異なる徴税方法が存在していることによって，納税意識が異なるのである[22]。

　さてそれでは本章9.2で見た納税協力費と納税意識とはどのように関わっているのであろうか。9.2の表9－2，表9－3および表9－4にあるように，源泉徴収納税者（個人）は金銭的，時間的，心理的コストのいずれについても負担する納税協力費が少なく，申告納税者（個人）と源泉徴収義務者（企業）はいずれも負担するコストが大きい。

　一方，納税意識については源泉徴収納税者（個人）は低く，申告納税者（個人），源泉徴収義務者（企業）は高いと考えられる。しかし，各々の納税意識の大きさや納税協力費と納税意識の関係についてはより詳細な検討を行う必要があるといえる。そこで次にこの点に着目して見ていくこととする。

9.3.2 納税意識と納税協力費の関係

　所得税に関する申告納税者と源泉徴収納税者についての納税意識と納税協力費の関係を見る際には，視点を明確にして検討を行う必要がある。9.2で触れ

た視点を整理すると表9-5のようになる。

第1の視点は，個人の納税者を源泉徴収と申告納税に分けて考えるというものである。先に見たように源泉徴収納税者と申告納税者では負担する納税協力費がかなり異なっているといえるが，そのことと両者の納税意識の違いとはどのように関連しているのかという点である。

第2の視点は，源泉徴収所得税について源泉徴収納税者（個人）と源泉徴収義務者（事業主，企業）に分けて考えるというものである。両者の間で納税協力費が異なっているということはどのような意味を持ち，納税意識とどのように関わっているのかという視点である。

第3の視点は，納税協力費と納税意識の関係についてより詳しく見るとどのようなことが言えるかというものである。納税協力費の中でも納税意識に強い影響を与えるものは何なのであろうかという視点である。

表9-5 ◆納税意識と納税協力費の関係に関する視点

視点1	源泉徴収納税者（個人）と申告納税者（個人）に関する納税意識と納税協力費の関係
視点2	源泉徴収納税者（個人）と源泉徴収義務者（事業主，企業）に関する納税意識と納税協力費の関係
視点3	納税協力費のうち，納税意識に大きな影響を与えるもの

第1の視点と第2の視点は所得税の納税における源泉徴収と申告納税について異なる視点から見ているものである。図9-1はこの点について源泉徴収と申告納税の間のイメージを表したものである。

まず第1の視点について見ていく。源泉徴収納税者（個人）の納税について（給与所得者）は，以下のように行われている。

「給与所得に対する所得税については源泉徴収制度が採用され，給料などが支払われる時に，その支払額に応じた所得税が天引きされ，国に納付されます。さらに，その年の最後の給与等の支払いが行われる際に，その年中の給与の総額に対する正規の年税額と給与の支払いのつど天引き徴収された所得税の額とを対比して過不足額の精算（この手続を「年末調整」といいます）が行われ，給与所得者が申告納税をする手数を省くこととされています。[23]」

図9－1◆源泉徴収と申告納税

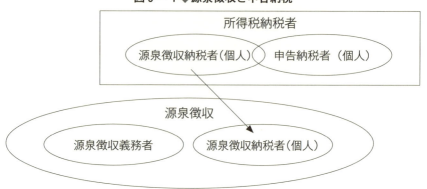

また，納付に関しては以下のようになされる。

「給与所得者などの場合は，納税者の便宜をも考慮して，毎月の給与支給の時に支払者が税額を控除して納税者に代わって納付することになっている。これが源泉徴収制度である。このため。給与所得者の場合は，申告納税の手続をする必要がないのが通例である。[24]」

つまり源泉徴収納税者（給与所得者）は，税が源泉徴収されさらに年末調整が行われるという流れで納税を行うため確定申告を行う必要がない場合が多いということである[25]。そのため9.2.2の表9－2から表9－4で見たように，納税協力費について源泉徴収納税者は申告書作成に関するコストが金銭的にも時間的にもかからず，税務署に出かけることも少なく，また税に関する知識を得るためのコストもあまり負担することはないということになる。

一方で申告納税者は納税協力費について申告を行うため申告書作成に関わるコストを金銭的，時間的にかなり負担することになり，さらに期限までに正確に仕上げなければならない（心理的コスト）と考えることになる（9.2参照）。

このことは両者の納税意識に大きく影響を与えている。源泉徴収納税者は納税協力費の負担が少なくすんでいるために納税意識もかなり低くなってしまう一方で，申告納税者は多くの納税協力費を負担しているために当然納税意識もかなり高くなる。しかし，同じ所得税納税者であるにもかかわらず源泉徴収と申告納税の間で納税意識の差が大きくなるのは問題である。源泉徴収納税者は源泉徴収義務者が源泉徴収，年末調整を行うことによって納税協力費の負担を

少なくすることができているということができるだろうが源泉徴収納税者自身の納税意識を高めることは重要であり，このことについては後に触れることとする．

次に第2の視点について見る．これは所得税納税に関する源泉徴収所得税の中の問題である．9.2.2で見たように源泉徴収納税者自身は納税協力費の負担が少なく，一方で源泉徴収義務者が多くのコストを負担している．そのため，源泉徴収納税者の納税意識は低く，源泉徴収義務者の納税意識は高くなるということが言えるが，視点1における申告納税者の納税意識の高さとは意味が少し異なっている．源泉徴収義務者は源泉徴収納税者（従業員）の税の源泉徴収，年末調整を行うことに伴って納税協力費として金銭的，時間的，さらに心理的コストを負担することになっており，その結果として納税に対する意識も高まっているということである．

第1の視点と同様に源泉徴収納税者の納税意識を少しでも高めることが大切だと考えるが，それと同時に源泉徴収義務者の負担している納税協力費の大きさに注目したい．源泉徴収納税者の負担している納税協力費は低いのであるから，源泉徴収義務者の負担する納税協力費を下げることによって源泉徴収に関する納税協力費を削減することが可能になる．この点についても後に触れることにする．

さらに第3の視点について見てみる．納税協力費のうち，金銭的，時間的コストについても納税意識に関係があるが最も影響を与えているのは心理的コストであると考えられる．納税協力費について金銭的コストや時間的コストは，例えば税理士などに対する報酬額や税務署などへの距離の程度によってどのくらいの納税協力費を負担することになるのか比較的明瞭なものであるが，心理的コストは，それぞれの納税者が様々な内容，大きさで負担をするものであるから測定が難しいうえにかなり大きな納税協力費となっていることも考えられる．この心理的コストが大きいとその結果として納税意識も高くなるということが言える．

この点に関連して，サンフォードらの研究においても，心理的コストについて考えることは非常に重要であるということが指摘されている[26]．例えば，心理的コストは特に高齢者にとって問題であるなどの点が挙げられている[27]．

以上，3つの視点に分けて見てきたが，納税協力費と納税意識に関して着目したいポイントは，主に2つである。1つは，現状においては源泉徴収納税者（個人）の納税意識が低いので高める方策としてどのようなものが考えられるのかという点である。2つ目は，納税協力費について源泉徴収義務者の負担するコストが高いため低くするための方策は考えられるのかという点である。

この2つ目の点は，徴税費と納税協力費を合わせたコストを下げるためには，1つの方法として納税協力費を下げることが大切であり[28]，その中でも源泉徴収に関わる納税協力費を小さくするためにはどのようにすればよいのかという視点である。

次の第4節ではこれら2つの点を中心に検討を行いたい。

9.4　納税協力費と納税意識の方向性

9.4.1　納税協力費の変化の可能性

納税協力費と納税意識の方向性を具体的に探る前に，まず前提について整理しておきたい。1つは，方向性として源泉徴収納税者（個人）の納税意識を高めて源泉徴収義務者の負担する納税協力費を下げるということであるが，その際に源泉徴収納税者の負担する納税協力費は上昇してもよく，源泉徴収義務者の納税意識は下がらないような方策を考えるということである。そのことによりトータルで見た場合に，源泉徴収の所得税に関して納税意識は上昇して納税協力費は低下するということの可能性を探る。この点に関して整理したものが以下の表9-6である。

2つ目は，方向性を考える際に現行の所得税に関する制度を前提としたうえで，できるだけ実現可能な方策を探るということである。

納税協力費を低下させるにはどのような方策が考えられるであろうか。この点についてサンフォードらによって研究が行われており，わが国においての具体的方策を考える際にも非常に参考になると思われるので，まずここで挙げておきたい[29]。

サンフォードらの研究によると納税協力費を低下させる方策について，一時

表9-6 ◆納税意識と納税協力費の変化(方向性)

	納税意識	納税協力費
源泉徴収納税者	上昇	上昇
源泉徴収義務者	一定	低下
源泉徴収所得税(トータル)	上昇	低下

的コスト(temporary costs),定期的コスト(regular costs),税の相互関係(tax inter-relationships)に分けて見ている[30]が,ここでは一時的コストと定期的コストに注目したい。

まず一時的コスト[31]に関しては,税制が変化すればするほど一時的コストが変動するので税制を安定化させることによってコストを最小にすることができるということである。

一方,定期的コスト[32]については,租税構造ができるだけ簡素(simple)なものに維持されていれば,納税協力費を最小にすることができるというものであり,例えば,税に関する書式,様式(tax forms)ができるだけ明瞭なものであれば,納税協力費を低下させることができるとされている。

以上の点を参考にしながら,わが国における具体的方策について一時的コスト,定期的コストに分けながら検討を行うこととする。

9.4.2 わが国における納税協力費と納税意識の方向性

源泉徴収納税者の納税意識を高めて(納税協力費は上昇してもよい),源泉徴収義務者の負担する納税協力費を低くする(納税意識は低くならないようにする)方策としてどのようなものが考えられるだろうか。源泉徴収の所得税に関してトータルで見て納税意識は上昇して納税協力費は低下するという可能性について探ってみたい。ここでは現行の制度を前提としながらできるだけ具体的なものを挙げてみることとする[33]。

表9-7は源泉徴収納税者(個人)と源泉徴収義務者の納税協力費,納税意識に影響を与える方策,要因として考えられるものを挙げ,それぞれの納税協力費,納税意識に上昇,低下,および一定のいずれの効果をもたらすのかについて見たものである。

まず1つ目の（確定）申告の機会を増やすことは，先の一時的コスト，定期的コストの両方に関係するものであり，源泉徴収納税者の納税意識と納税協力費の両方をかなり高めることを可能にし，源泉徴収義務者の納税意識，納税協力費をあまり変化させることはないといえる。具体的には，現行における申告が必要な控除の種類を変更することや，現在給与所得者であっても確定申告が必要なケースについての変更を行うなどが考えられる[34]。

2つ目の税制を明瞭で理解しやすいものとすることは，先の定期的コストに関するものであり，源泉徴収納税者の納税意識を高めながら納税協力費については理解不足による心配などが薄れることにより心理的コストを低下させることなどが考えられる。また，源泉徴収義務者について納税意識は変化せずに，納税協力費については源泉徴収納税者と同様に心理的コストを低下させることを可能にするといえる。

3つ目の税制の改正をあまり頻繁に行わないことは，先の一時的コストに関するもので，税制を変化させないことにより源泉徴収納税者，源泉徴収義務者の両者についての納税意識，納税協力費を変化させることはない（納税意識を低下させないし，納税協力費を高めない）といえる。

4つ目の納税者側の税に関する知識，理解が上昇することは，先の定期的コ

表9-7◆納税協力費，納税意識に影響を与える方策，要因[35]

	源泉徴収納税者の納税意識	源泉徴収義務者の納税意識	源泉徴収納税者の納税協力費	源泉徴収義務者の納税協力費
申告の機会を増やすこと	かなり上昇	一定	かなり上昇	一定
税制を明瞭で理解しやすいものとすること	上昇	一定	低下	低下
税制の改正をあまり頻繁に行わないこと	一定	一定	一定	一定
納税者側の税に関する知識，理解が上昇すること	上昇	一定	低下	低下

ストに関するもので，税のしくみなどがよく理解できるようになることによって源泉徴収納税者の納税意識を高めながら納税協力費（特に心理的コスト）を低下させ，源泉徴収義務者について納税意識を変化させずに納税協力費（特に心理的コスト）を低下させるといえる。

これらのことが実現することにより，源泉徴収の所得税に関して全体として納税意識が高まり納税協力費が低下することが可能になると考えられる。

9.5　低い納税協力費と高い納税意識の実現のための方策

以上，本章では，主に所得税に注目して，納税協力費や納税意識が変化するためにはどのようなことが考えられるのかなど納税協力費と納税意識の方向性について検討を行ってきた。わが国においては給与所得者である所得税納税者が多く，源泉徴収納税者の納税意識は低く源泉徴収義務者の納税協力費が高いといえる。このような現状を踏まえたうえで，源泉徴収納税者の納税意識を高めて源泉徴収義務者の納税協力費を低下させることで，源泉徴収の所得税（給与所得）に関してトータルで見て納税意識を高めて，納税協力費を低下させるための方策としてどのような方策が考えられるのかについて探ってきた。

本章のキーワードは納税意識と納税協力費であるが，後者についてはサンフォードらの研究を参考にしながらわが国における納税協力費について検討を行ってきた。

本章で触れたように，所得税に関する納税意識と納税協力費の関係を見る際には，納税者を源泉徴収納税者と申告納税者に分類して考える視点，源泉徴収納税者と源泉徴収義務者に分類して考える視点，さらに納税協力費のうち，納税意識に大きな影響を与えるものは何かについて考える視点など，視点を明確にして見ていくことが重要である。

主に本章9.4で見たように，本章で検討を行ってきた結果導かれる結論として，源泉徴収納税者の納税意識を高めながら源泉徴収義務者の負担する納税協力費を低くする方策としては，申告の機会を増やすなど様々なものが考えられる。9.4で主に挙げたもの以外にも多くの方策があるだろうが，いずれにしても大切なのは，何度も強調するように源泉徴収の所得税についてトータルで見

て納税意識は上昇，納税協力費は低下するという可能性について探ることであると考える。このことは，主に本章9.4で挙げた方策，申告の機会を増やす，税制を理解しやすいものとする，税制の改正を頻繁に行わない，納税者側の税に関する知識，理解が上昇する，そしてそのほか考えられる様々な方策のうちのいくつかが同時に行われることが実現可能であれば，その効果はより強く現れるのである。

【注】

1 この点に関しては，横山直子（2002），横山直子（2003）において検討しているので参照。
2 納税協力費に関しては，本章では，C. Sandford（1989），C. Sandford, M. Godwin and P. Hardwick（1989），C. Sandford（ed.）（1995a），C. Sandford（ed.）（1995b），C. Sandford（ed.）（2000）を参考にしている。また，横山直子（2005a）についても参照。
3 納税意識については，山本栄一（1989）を参考にしている。また横山直子（2008a）についても参照。
4 この点に関しては，横山直子（1998），横山直子（1999），横山直子（2000）において納税協力費を示しながら検討しているので参照。
5 サンフォードを中心とした納税協力費に関する研究については本章末注2に挙げたサンフォードらの文献を参考。
6 納税協力費に関する研究については，本章末注2に挙げたサンフォードらによる文献を参考。
7 先にも触れた通り，本章は横山直子（2005a）の内容にも関連しているので参照のこと。本章は横山直子（2005a）を発展させたものである。
8 納税協力費，徴税費，これらを合わせたコストなどについては，C. Sandford（1989），pp.20-21，C. Sandford, M. Godwin and P. Hardwick（1989），chap. 1，pp. 3-23を参考。
9 C. Sandford（1989），pp.20-21，C. Sandford, M. Godwin and P. Hardwick（1989），chap. 1，pp.3-23を参考。
10 C. Sandford（1989），pp.20-21，C. Sandford, M. Godwin and P. Hardwick（1989），chap. 1，pp.3-23を参考。
11 これら納税協力費に関する3つの分類やそれぞれの内容については，C. Sandford（1989），pp.20-21，C. Sandford, M. Godwin and P. Hardwick（19899, chap. 1，pp.3-23を参考。
12 納税協力費を個人の納税者と企業に分けて分類してみることについて，C. Sandford（1989），pp.20-21，C. Sandford, M. Godwin and P. Hardwick（1989），chap. 1，pp.10-12，C. Sandford（ed.）（1995b），pp.90-91を参考にしている。なお，C. Sandford, M. Godwin and P. Hardwick（1989），p.11に，個人納税者と企業のそれぞれの納税協力費について明

第9章　徴税・納税システムにおける納税意識　185

瞭に分類されているので参考。
13　日本の納税協力費について，サンフォードらの研究による分類に基づきながら考えており次の文献を参考にしている。C. Sandford（1989），pp.20-21, C. Sandford, M. Godwin and P. Hardwick（1989），chap.1, pp.10-12, C. Sandford（ed.）（1995b），pp.90-91を参考にしている。
14　納税協力費の分類など（金銭的コスト，時間的コスト，心理的コスト）やそれぞれの内容については，C. Sandford（1989），pp.20-21, C. Sandford, M. Godwin and P. Hardwick（1989），chap.1, pp.3-23, C. Sandford（ed.）（1995b），pp.90-91を参考。なお，本章9.2.1についても参照。
15　表9-2は，C. Sandford（1989），pp.20-21, C. Sandford, M. Godwin and P. Hardwick（1989），chap.1, pp.10-12, C. Sandford（ed.）（1995b），pp.90-91における，納税協力費に関する分類を参考にしながら日本の場合について考えて作成している。なお，以下表9-2，表9-3および表9-4いずれもC. Sandford, M. Godwin and P. Hardwick（1989），p.11に，個人納税者と企業のそれぞれの納税協力費について明瞭に分類されているので参考。
16　表9-3は，C. Sandford（1989），pp.20-21, C. Sandford, M. Godwin and P. Hardwick（1989），chap.1, pp.10-12, C. Sandford（ed.）（1995b），pp.90-91における，納税協力費に関する分類を参考にしながら日本の場合について考えて作成している。
17　表9-4は，C. Sandford（1989），pp.20-21, C. Sandford M. Godwin and P. Hardwick（1989），chap.1, pp.10-12, C. Sandford（ed.）（1995b），pp.90-91における，納税協力費に関する分類を参考にしながら日本の場合について考えて作成している。
18　本章の特に9.3以降，負担感，納税意識という2つの言葉を用いているが，（それぞれの意味についてより厳密に検討する必要があるけれども，）本章においては両者の意味を同様のものと考えている。
19　納税意識や負担感については，山本栄一（1989）を参考。また，横山直子（2008a），横山直子（2008b）においても検討を行っているので参照。
20　山本栄一（1989），pp.190-194参考。
21　山本栄一（1989），p.193。
22　この点に関して山本栄一（1989），pp.190-194を参考。
23　星野次彦編著（2007），p.88。
24　金子宏・清永敬次・宮谷俊胤・畠山武道（2000），p.167。
25　なお給与所得者であっても，給与の収入金額が2,000万円を超える場合，1ヶ所から給与を受けており給与所得および退職所得以外の所得が20万円を超える場合には確定申告書を提出する必要があり，また雑損控除や医療費控除などで税金の還付を受けるためにも確定申告が必要である（星野次彦（2007），p.108参考）。国税庁『平成19年分　所得税の確定申告の手引き』についても参考。
26　この点に関して，C. Sandford（1989），pp.20-21, C. Sandford（ed.）（1995b），p.92, C. Sandford（2000），p.132を参考。
27　この点に関して，C. Sandford（1989），pp.20-21, C. Sandford（ed.）（1995b），p.92を参考。
28　この点について，C. Sandford（2000），p.130を参考。
29　この点について，C. Sandford（ed.）（1995b），pp.97-99を参考。なお，この点に関して

は横山直子（2005a）においても見ているので参照。
30　この点について，C. Sandford（ed.）（1995b），pp.97-99を参考。
31　一時的コストについては，C. Sandford（ed.）（1995b），pp.97-98を参考。
32　定期的コストについては，C. Sandford（ed.）（1995b），pp.98-99を参考。
33　先に触れたとおり，ここではC. Sandford（ed.）（1995b），pp.97-99を参考にしながら考えている。
34　現行においてサラリーマンであっても確定申告が必要なケース，また還付などのため申告が必要なケースについては国税庁『平成19年分　所得税の確定申告の手引き』を参考。
35　先に触れたとおり，ここではC. Sandford（ed.）（1995b），pp.97-99を参考にしながらわが国における方策としてどのようなものが挙げられるのかについて考えて作成したものである。

第 10 章

所得税と消費税の納税意識

10.1 納税意識に影響を与える要素

　わが国の徴税・納税制度における徴税費，納税協力費，そして納税意識は多様な特徴を有している。本章は，わが国における徴税・納税制度における所得税，消費税の納税意識に着目するとともに徴税費，納税協力費との関連について注目し研究を深めているものである。本章では，申告所得税納税者，源泉徴収義務者，源泉所得税納税者，消費税納税義務者，消費税負担者それぞれの納税意識の特徴をきめ細かく詳細に分析し，納税意識に影響を与える要素を明確にしながら徴税・納税制度，徴税費の特徴を明確にし，さらに納税協力費の意義，重要性，特徴について一層明らかにする。

　納税協力費に関する研究について，イギリスにてサンフォード（C. Sandford）[1]を中心とした研究が有名で詳細な分析が数多く行われていて，納税協力費に関して本章では，サンフォードらによる研究を参考にしながらわが国の所得税，消費税の納税協力費について分析を深める[2]。サンフォードらは納税協力費について，金銭的コスト（money costs），時間的コスト（time costs），心理的コスト（psychic or psychological costs）の3つのように分類されている[3]。本章では納税協力費とともに徴税・納税制度，徴税費，そして納税意識それぞれの特徴と関連に注目する。これまでに横山直子（筆者）も納税協力費に関する研究（例えば横山直子（1998），（2000），（2008），（2010），（2011a），（2011b），（2013）など）を数多く行ってきていて，さらに納税意識

と納税協力費の特徴に関する研究（横山直子（2012））において研究を深めてきている。本章ではこれまでの研究をさらに進めて，視野を広げ視点を深く掘り下げ，納税意識の特徴と納税意識に影響を与える要素を分析することに加えて，徴税・納税制度，徴税費・納税協力費の大きさ，特徴と，納税意識との関連についても着目し分析を深めるということが本章の特徴である。

本章は，第1に，所得税，消費税の徴税・納税制度と納税意識の関連について注目しながら納税意識に影響を与える要素を一層明確にし，第2に，申告所得税納税者，源泉徴収義務者，源泉所得税納税者，消費税納税義務者，消費税負担者それぞれの納税意識の特徴，納税協力費の大きさと所得税，消費税に関する徴税費との関連について分析を行う。そして第3に，所得税，消費税に関する徴税・納税制度，徴税費，納税協力費の特徴，意義を一層明確にしながら，納税意識との関連の重要性について明らかにする。

10.2 所得税・消費税の徴税・納税制度と納税意識

10.2.1 所得税，消費税の徴税費

所得税，消費税それぞれに関する徴税費を測定するための1つの方法として，各税の担当税務職員数から計算するということが考えられる[4]。本章では，10.3，10.4にて所得税，消費税の納税協力費と徴税費の大きさの割合比の比較を行うため，それぞれの値の大きさの比を見ておきたい。本章では，以下のような方法で所得税，消費税の徴税費の割合比を測定することによって，申告納税所得税，源泉徴収所得税，消費税に関する「徴税費の割合比」について見ることとする。

国税庁機構図，管区表（国税庁編（2012）『国税庁統計年報書』））[5]より，国税庁機構には国税庁，税務大学校，国税不服審判所，札幌国税局，仙台国税局，関東信越国税局，東京国税局，金沢国税局，名古屋国税局，大阪国税局，広島国税局，高松国税局，福岡国税局，熊本国税局，沖縄国税事務所，税務署がある（図10-1は国税庁機構図に関する図である）。本章においては所得税，消費税に関する徴税費の割合比に注目しているので，国税庁，国税局の課税部を

第10章　所得税と消費税の納税意識

図10－1 ◆国税庁機構図

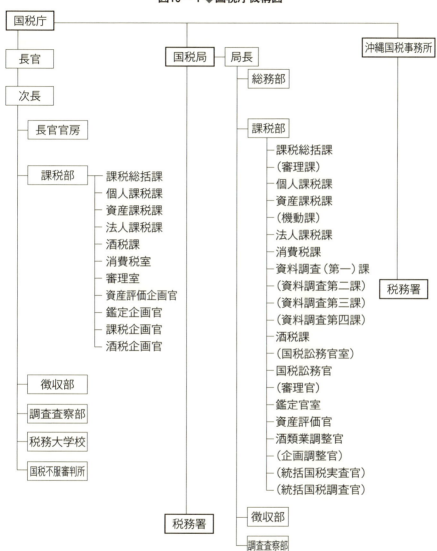

出所：国税庁編（2012）『〔第136回〕国税庁統計年報書〈平成22年度版〉』大蔵財務協会における国税庁機構図，管区表を参考にして作成しており，国税庁，国税局の課税部について注目しながら作成している。詳細については，国税庁機構図，管区表を参考。

見ると，国税庁の課税部に課税総括課，個人課税課，資産課税課，法人課税課，酒税課，消費税室，審理室，資産評価企画官，鑑定企画官，課税企画官，酒税

企画官があり，国税局の課税部（国税局（　）内は，一部の国税局にあるもの）には，課税総括課，(審理課)，個人課税課，資産課税課，(機動課)，法人課税課，消費税課，資料調査（第一）課，(資料調査第二課)，(資料調査第三課)，(資料調査第四課)，酒税課，(国税訟務官室)，国税訟務官，審理官，鑑定官室，資産評価官，酒類業調整官，(企画調整官)，(統括国税実査官)，(統括国税調査官) がある。ここで，申告所得税については，国税庁，国税局の各課税部における個人課税課担当職員数，源泉所得税については，国税庁，国税局の各課税部における法人課税課の中の源泉所得税担当税務職員数，消費税については，国税庁課税部の消費税室，国税局課税部の消費税課担当税務職員数の合計から各税について測定した値の比を各税の徴税費の割合比と考え，徴税費割合比であらわすように計算を試みている[6]。

10.2.2　所得税，消費税の徴税費比較

図10-2は，申告所得税，源泉所得税，消費税に関する徴税費についての割合比について見たものである。図10-2が示しているように，申告所得税に関

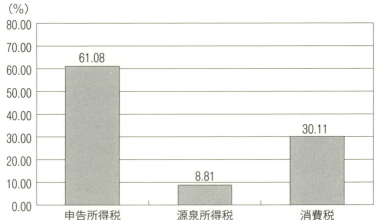

図10-2 ◆申告所得税，源泉所得税，消費税の徴税費に関する割合比（平成22年）

出所：国税庁編（2012）『国税庁統計年報書（平成22年度版）』，大蔵財務協会（2013）『『財務省職員録〈平成25年版〉』より，各税について測定した値の比を各税の徴税費の割合比と考えて測定し作成したもの。C. Sandford, M. Godwin and P. Hardwick (1989) における測定方法についても参考にしながら日本の徴税費の場合の割合比の値を測定している。横山直子（2010），(2011a)，(2011b)，(2013) についても参考。

する徴税費の割合比が約61.08%とこの中で最も大きく，源泉所得税と比較するとおよそ7倍，消費税と比べて約2倍の割合比の大きさであることがわかる。

10.2.3 徴税・納税制度と納税意識

ここで所得税，消費税の徴税・納税制度と納税意識の関連について特に注目しながら，納税意識に影響を与える要因，要素について一層明確にする。

申告所得税，源泉所得税，消費税に関する徴税・納税制度の特徴と納税意識の特色について考察を深めるために，納税意識の意義[7]に注目しながら本章の分析にとって重要であるキーワードを示すこととする。

納税意識に関してみると，シュメルダース（G.Schmölders）[8]において租税意識について詳細に述べられている。税負担に関してシュメルダースにおいて，「たいてい簡単に数量化できる『客観的な（objektiven）』税負担は，『主観的な（subjektive）』税負担あるいは『負担感（Belastungsgefühl）』と区別されている[9]」と述べられ，また，所得税に関して，「所得税の負担感は，客観的な負担に関する知識が少ないこととその他の歪みのある主観的な印象もあるけれども，財の価格に税負担が含められている税負担に関する漠然とした推測と比較するとかなり明確なものである[10]」と述べられ，消費税に関して，「消費税について，たいてい，はじめ負担感は，納税者，いわば気づかれない課税について『知っている人（Mitwisser）』である納税者の範囲内に生じ，その人びとは，『現金徴収（Inkassoaufgabe）』を担当している人びとである[11]」とされている。

平井源治（2000）[12]において，財政心理学の観点について詳しく述べられており，税の負担感に関して，「一般的にいうと，直接税は納税者の目に見えやすく，間接税は商品価格の中に含まれているので感知されにくい。[13]」と述べられている[14]。

山本栄一（1989）[15]において，租税意識，負担感について「間接税は負担そのものが実質的な納税者にとって不明確であることによって負担感が少ないのであって，その点は所得税では徴税方法の如何にかかわらず負担感は明らかである。したがって，徴税方法による負担感の相違は，主観的心理的な問題であるといえる。[16]」と述べられている。

このような数多くの貴重な研究からも，徴税・納税制度と納税意識にはとても深い関連，つながりがあることがわかる。納税意識に関して本章の分析にとって重要なキーワードは，第1に徴税費・納税協力費，第2に徴税方法，徴税・納税制度，第3に客観性・主観性である。これらのキーワードの視点から，申告所得税，源泉所得税，消費税に関する徴税・納税制度，徴税費，納税協力費の意義と重要性，そして納税意識との関連については本章10.4にて明らかにする。

10.3 所得税・消費税に関する納税意識，納税協力費の大きさと徴税費

　所得税，消費税に関して申告所得税納税者，源泉徴収義務者，源泉所得税納税者，消費税納税義務者，消費税負担者に注目し，それぞれの納税意識の特徴，納税協力費の大きさについて見るとともに所得税，消費税に関する徴税費との関連について分析を行う。

　納税協力費について，サンフォードらはさらに以下のように3つに分類している[17]。金銭的コスト（money costs），時間的コスト（time costs），心理的コスト（psychic or psychological costs）であり，金銭的コストは，納税者が税理士に支払う報酬，税の計算を担当する従業員に対するコストなど，時間的コストは，納税者の申告書作成に必要な時間などに関するコスト，心理的コストは，納税者が納税に際して心配な気持ちを持つことなどに関するコストである。

　納税協力費について，これまでにも横山直子（筆者）は例えば横山直子(2010)，(2011a)，(2011b)，(2013)において所得税，消費税に関する納税協力費を計算しており，本章にて納税協力費についてこれらを参考にしさらに緻密に分析を深めながら測定する。本章の大きな特徴は，以下の点である。第1に，申告所得税，源泉所得税，消費税の納税協力費のそれぞれの割合比について比較するということ，第2に，納税協力費に関するベネフィット，ロスについても考え合わせて納税協力費の値を測定するという点である。そして第3に，納税協力費測定について，『税理士報酬規定』（近畿税理士会）（以下，税理士

報酬規定）を基準として，さらに所得税，消費税の納税協力費の特質に十分に着目して研究を深め，金銭的コスト，時間的コスト，心理的コストを考え合わせながら計算を行う[18]という点である。

10.3.1 所得税，消費税の納税協力費

① 申告所得税の納税協力費

　申告所得税の納税協力費については，事業所得納税者に注目する。申告所得（事業所得）納税者については税の計算を行うとともに税に関する申告書作成にかかるコストと時間（コスト），税の計算の確認，申告書作成・確認など心理的コストも含めてかなり大きな納税協力費があると考えられる[19]。

　申告所得税納税者に関する納税協力費について，「税務代理報酬」，「税務書類作成報酬」（いずれも『税理士報酬規定』（近畿税理士会）におけるもの）を基準として測定する。『税理士報酬規定』では，税務代理報酬について総所得金額基準により，例えば総所得金額が200万円未満の場合6万円，300万円未満の場合7万5千円，500万円未満の場合10万円，1,000万円未満の場合17万円，2,000万円未満の場合25万5千円とされている。申告所得納税者（事業所得）について所得階級別に見て500万円以下が約85％，500万円超が約15％である[20]。そこで「税務代理報酬」10万円と「税務書類作成報酬」（税理士報酬規定にて税務書類作成報酬は税務代理報酬額の30％相当額とされている）3万円（10万円の30％相当額）の合計13万円を申告所得税の納税協力費（金銭的コスト，時間的コスト，心理的コストを含んで考える）と考えて測定する。

② 源泉所得税の納税協力費

　源泉所得税の納税協力費に関しては給与所得の源泉徴収所得税に注目する。源泉徴収義務者は月々の税の計算，源泉徴収事務，そして年末調整事務等[21]，大きい納税協力費を負担していると考えられる[22]。

　源泉徴収義務者（給与所得）に関する納税協力費測定について，年末調整事務に関するコストを基準として計算することとし，『税理士報酬規定』では，税務書類作成報酬に関して年末調整関係書類について，1事案につき2万円，10件を超えて作成するときは1件増すごとに2千円を加算するとされているた

め，時間的コスト，金銭的コストそれぞれ2万円あると考える。さらに心理的コストについて「税務相談報酬」（『税理士報酬規定』）を基準として算出する。「税務相談報酬」は『税理士報酬規定』にて，口頭によるものの場合，1時間以内2万円とされているので心理的コスト2万円であるとして計算し，源泉所得税の納税協力費は（金銭的コスト，時間的コスト，心理的コスト含めて）6万円とする。

　ここで，源泉所得税の納税協力費に関するベネフィット分について注目したい。源泉徴収義務者は月々，税の源泉徴収を行い翌月に納付を行うとするとベネフィットが生まれるという視点について，サンフォードらの研究における測定方法を参考にしながら[23]，日本における納税協力費ベネフィット分について測定する。

　例えば毎月1日から30日の間に税の源泉徴収を行い，翌月の10日に税を納付する場合，源泉徴収義務者はベネフィットを受けることになる。税の源泉徴収と納付の日の間が広がると，1日増えるに応じて$T/365$ずつ（Tは年税額）ベネフィット分が増える。ベネフィットの大きさは，月で見て，（平均で見て）年税額の12分の1の額の9日分の額（365分の9日分）であり，毎月ベネフィットは生じるので$T/12 \times 12 \times 9/365$である。また，毎月1日から30日の間に源泉徴収が行われるので（平均で見て）追加的に15日分（365分の15日分）ベネフィットを加えて考え，$T/12 \times 12 \times (9+15)/365 = 24/365 T$となり，金利を1％とするとベネフィットの価値の値は$24/365 T \times 0.01$となる。納税協力費の値からベネフィットの大きさを引いた値がネットのベネフィットということになる。

③　消費税の納税協力費

　消費税の納税協力費について，個人事業者と法人に関する納税協力費に注目する。消費税の納税義務者について，税の計算を行い税に関する申告書を作成するコストと時間（コスト）があり，また税の計算の確認，申告書作成・確認など心理的コストも含めて考えるととても大きな納税協力費があると考えられる[24]。基準期間における課税売上高が5,000万円以下の課税期間について，消費税簡易課税制度選択届出書を提出した場合に簡易課税制度が適用される[25]。そ

こで一般申告と簡易申告の2つに報酬額を分類したうえで納税協力費を測定する。

消費税に関する納税協力費について，「税務代理報酬」，「税務書類作成報酬」，「税務相談報酬」（いずれも『税理士報酬規定』（近畿税理士会）におけるもの）を基準として測定する。『税理士報酬規定』では期間取引金額5千万円未満の場合，税務代理報酬について8万円，また税務書類作成報酬について税務代理報酬の50％相当額とされているので4万円（8万円の50％相当額）の合計12万円（金銭的コストと時間的コストを含んで考える）に，先に述べた税務相談報酬額2万円（心理的コストと考える）と合わせて合計14万円を簡易申告の場合の納税協力費の大きさとする。一方，一般申告については期間取引金額の最高額の分類における税務代理報酬15万円と税務書類作成報酬7万5千円（15万円の50％相当額）の合計22万5千円（金銭的コストと時間的コスト含んで考える）に，税務相談報酬額2万円（心理的コストと考える）と合わせて合計24万5千円を一般申告の場合の納税協力費の大きさとする。

一般申告，簡易申告についてこのように納税協力費を測定し，個人事業者と法人の合計件数[26]より一般申告，簡易申告それぞれについて計算を行い，さらに還付申告についての納税協力費（一般申告と同様の納税協力費とする）も同様に計算した上で算出された金額に加えて消費税に関する納税協力費の値とする。

消費税についても納税協力費に関するベネフィット分とさらにロス分について注目したい。ここでもサンフォードらの研究における測定方法を参考にしながら[27]，日本における消費税の納税協力費ベネフィット分，ロス分について測定する。

消費税の納税協力費ベネフィット分について，課税期間を1年として課税期間の翌日から2ヶ月後に消費税額を納付すること[28]を考える場合，事業者はベネフィットを受けることになる。ベネフィットの大きさは課税期間（1年）について（平均で見て）年税額の12分の6に加えて，さらに年税額のうちの2ヶ月分（年税額の12分の2）のベネフィットが得られることになり，$6/12T + 2/12T$（Tは年税額）つまり$2/3T$の大きさのベネフィット分になる。金利を1％とするとベネフィットの価値の値は$2/3T \times 0.01$となる。

一方，消費税の還付がある場合，2ヶ月後には還付される（課税期間1ヶ月[29]）ことを考える場合，事業者はロスを受けることになる。この場合のロスの値は，各月の平均で見て年還付額の24分の1に加えて，さらに2ヶ月分（12分の2ヶ月分）のロスがあることになり年還付額をRとすると$1/24R+2/12R$つまり$5/24R$の大きさのロス分となり，金利を1％とするとロスの価値の値は$5/24R×0.01$となる。ベネフィット分からロス分を引いた値がネットのベネフィットであり，納税協力費の値からネットのベネフィットを引いた値がネットの納税協力費の値ということになる。

なお①式のように各税の納税協力費の値（$COMPCSi$）を各税の税収（TRi）で割って各税の百円当たりの納税協力コスト（$COMPCi$）を算出している（iは申告所得税（事業所得），源泉所得税（給与所得），消費税を表し，TRiはi税の税収，$COMPCi$はi税の納税協力コストを表している）。

$$COMPCi = COMPCSi / TRi ×100 \cdots ①$$

10.3.2　所得税，消費税に関する納税協力費の比較

①　納税協力費の比較

表10-1は申告所得税，源泉所得税，消費税の納税協力費と納税協力コストに関して示したものであり，表10-2は源泉所得税に関する納税協力費ベネフィット分，ネットの納税協力費，納税協力コストについて，表10-3は消費税に関する納税協力費ベネフィット分，ロス分，ネットの納税協力費，納税協力コストについて表したものである。各税の納税協力費について比較しているものが図10-3であるが，図10-3より消費税の納税協力費がかなり大きく，申告所得税，源泉所得税の納税協力費の約3倍の大きさがあることが見てとれる。図10-4はネットの納税協力費について各税で比較しているものであるが，ベネフィットも考え合わせてネットの納税協力費で見ると消費税の納税協力費に関するベネフィット分が大きいことから，消費税のネットの納税協力費の値が小さくなっていることがわかる。

第10章 所得税と消費税の納税意識

表10-1 ◆申告所得税，源泉所得税，消費税の納税協力費（平成22年）

（単位：百万円，人，件）

	申告所得納税者数・源泉徴収義務者数，消費税（個人事業者，法人）等（人）（件）	納税協力費（百万円）	税収（百万円）	納税協力コスト（円／税収百万円当たり）
申告所得税	1,429,101（人）人	185,783	487,340	38.122
源泉所得税	3,620,660（件）件	217,240	8,501,306	2.555
消費税	3,385,401（件）件	682,298	7,487,412	9.113

注：申告所得税納税者（事業所得），源泉徴収義務者（給与所得に関する所得税について），消費税に関する納税協力費について見ている。
出所：国税庁編（2012）『国税庁統計年報書（平成22年度版）』，『税理士報酬規定』（近畿税理士会）によって納税協力費を算出し作成したもの。C. Sandford, M. Godwin and P. Hardwick（1989）における測定方法についても参考にしながら日本の納税協力費の場合の値を算出，測定している。横山直子（2010），（2011a）（2011b），（2013）についても参考。

表10-2 ◆源泉所得税に関するネットの納税協力費（平成22年）

（単位：百万円，納税協力コストは円／税収100円当たり）

	納税協力費	納税協力費（ベネフィット分）	納税協力費（ネット）	納税協力コスト（ネット）
源泉所得税	217,240	5,590	211,650	2.490

注：源泉徴収義務者（給与所得に関する所得税について）について見ている。
出所：国税庁編（2012）『国税庁統計年報書（平成22年度版）』，『税理士報酬規定』（近畿税理士会）によって納税協力費を算出し作成したもの。C. Sandford, M. Godwin and P. Hardwick（1989）における測定方法についても参考にしながら日本の納税協力費の場合の値を算出，測定している。横山直子（2010），（2011a）（2011b），（2013）についても参考。

表10-3 ◆消費税に関するネットの納税協力費（平成22年）

（単位：百万円，納税協力コストは円／税収100円当たり）

	納税協力費	納税申告（ベネフィット分）	還付申告（ロス分）	納税協力費（ネット）	納税協力コスト（ネット）	納税申告（税額）	還付申告（税額）
消費税	682,298	63,430	4,223	623,091	8.322	9,514,477	2,027,065

注：・消費税収については現年分，また消費税国税分である。
　　・消費税に関する納税協力費について見ている。
出所：国税庁編（2012）『国税庁統計年報書（平成22年度版）』，『税理士報酬規定』（近畿税理士会）によって納税協力費を算出し作成したもの。C. Sandford, M. Godwin and P. Hardwick（1989）における測定方法についても参考にしながら日本の納税協力費の場合の値を算出，測定している。横山直子（2010），（2011a）（2011b），（2013）についても参考。

図10－3 ◆申告所得税，源泉所得税，消費税の納税協力費比較（平成22年）

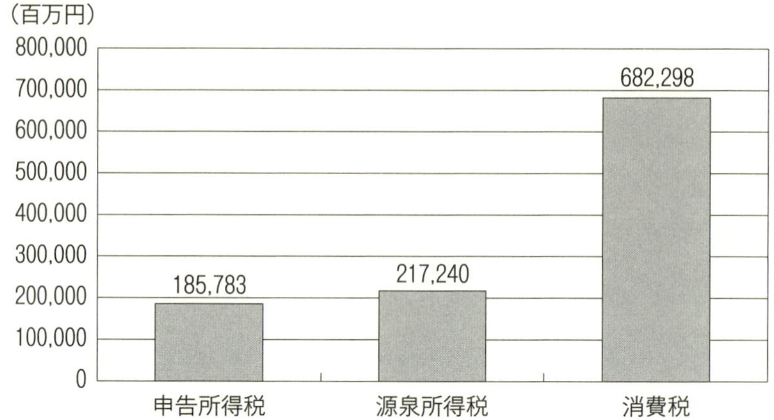

(百万円)
- 申告所得税: 185,783
- 源泉所得税: 217,240
- 消費税: 682,298

注：申告所得税納税者（事業所得），源泉徴収義務者（給与所得に関する所得税について），消費税に関する納税協力費について見ている。
出所：国税庁編（2012）『国税庁統計年報書（平成22年度版）』，『税理士報酬規定』（近畿税理士会）によって納税協力費を算出し作成したもの。C. Sandford, M. Godwin and P. Hardwick（1989）における測定方法についても参考にしながら日本の納税協力費の場合の値を算出，測定している。横山直子（2010），（2011a）（2011b），（2013）についても参考。

図10－4 ◆ネットの納税協力費比較（平成22年）

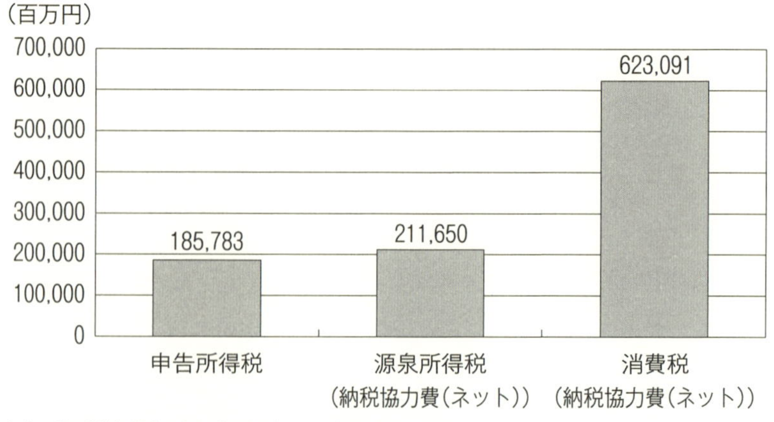

(百万円)
- 申告所得税: 185,783
- 源泉所得税（納税協力費(ネット)）: 211,650
- 消費税（納税協力費(ネット)）: 623,091

注：申告所得税納税者（事業所得），源泉徴収義務者（給与所得に関する所得税について），消費税に関する納税協力費について見ている。
出所：国税庁編（2012）『国税庁統計年報書（平成22年度版）』，『税理士報酬規定』（近畿税理士会）によって納税協力費を算出し作成したもの。C. Sandford, M. Godwin and P. Hardwick（1989）における測定方法についても参考にしながら日本の納税協力費の場合の値を算出，測定している。横山直子（2010），（2011a）（2011b），（2013）についても参考。

② 納税協力コストの比較

　各税の納税協力コストの値について比較しているものが図10－5，各税のネットの納税協力コストの値について比較しているものが図10－6である。図10－5より，納税協力コストで比較すると申告所得税の納税協力コストの値がかなり大きく，消費税の納税協力コストと比べても約4倍の大きさであることがわかる。図10－6より，ネットの納税協力コストで見ると，消費税の納税協力コストの大きさが小さくなっていることが見てとれる。

図10－5◆申告所得税，源泉所得税，消費税の納税協力コスト比較（平成22年）

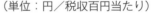
（単位：円／税収百円当たり）

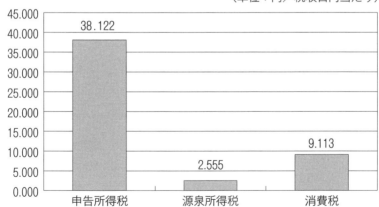

注：申告所得税納税者（事業所得），源泉徴収義務者（給与所得に関する所得税について），消費税に関する納税協力コストについて見ている。
出所：国税庁編（2012）『国税庁統計年報書（平成22年度版）』，『税理士報酬規定』（近畿税理士会）によって納税協力費を算出し作成したもの。C. Sandford, M. Godwin and P. Hardwick（1989）における測定方法についても参考にしながら日本の納税協力費の場合の値を算出，測定している。横山直子（2010），（2011a）（2011b），（2013）についても参考。

図10-6 ◆申告所得税,源泉所得税,消費税の納税協力コスト(ネット)比較(平成22年)

(単位:円／税収百円当たり)

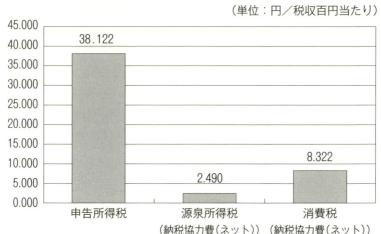

注:申告所得税納税者(事業所得),源泉徴収義務者(給与所得に関する所得税について),消費税に関する納税協力コストについて見ている。
出所:国税庁編(2012)『国税庁統計年報書(平成22年度版)』,『税理士報酬規定』(近畿税理士会)によって納税協力費を算出し作成したもの。C. Sandford, M. Godwin and P. Hardwick (1989)における測定方法についても参考にしながら日本の納税協力費の場合の値を算出,測定している。横山直子(2010),(2011a)(2011b),(2013)についても参考。

10.3.3 所得税,消費税の徴税費・納税協力費比較

図10-7においては,申告所得税,源泉所得税,消費税の納税協力費に関する割合比について比較し,図10-8は各税のネットの納税協力費に関する割合比について比較しているものである。本章10.2の図10-2,申告所得税,源泉所得税,消費税の徴税費に関する割合比の比較と比べると,図10-2より徴税費の割合比で見ると申告所得税の徴税費の割合比が60％以上と最も大きいのに対して,図10-7,図10-8より納税協力費で見ると(ネットの納税協力費で見ても),消費税の納税協力費の割合が60％以上とかなり大きいことが見てとれる。また,徴税費の割合比で見ると,源泉所得税については申告所得税の徴税費割合比と比較して約7分の1程度とかなり小さい割合比であるのに対して,納税協力費の割合比で見ると申告所得税の納税協力費割合比と比較して同じくらいの割合比(少し大きい)であることがわかる。

図10-7 ◆申告所得税, 源泉所得税, 消費税の納税協力費に関する割合比（平成22年）

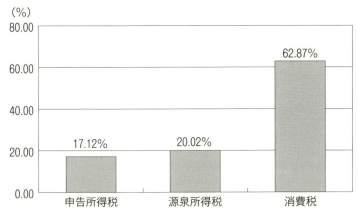

注：申告所得税納税者（事業所得），源泉徴収義務者（給与所得に関する所得税について），消費税に関する納税協力費について見ている。
出所：国税庁編（2012）『国税庁統計年報書（平成22年度版）』，『税理士報酬規定』（近畿税理士会）によって納税協力費の割合比を算出し作成したもの。C. Sandford, M. Godwin and P. Hardwick（1989）における測定方法についても参考にしながら日本の納税協力費の場合の値を算出，測定している。横山直子（2010），（2011a）（2011b），（2013）についても参考。

図10-8 ◆申告所得税, 源泉所得税, 消費税の納税協力費（ネット）に関する割合比（平成22年）

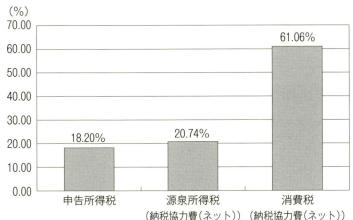

注：申告所得税納税者（事業所得），源泉徴収義務者（給与所得に関する所得税について），消費税に関する納税協力費について見ている。
出所：国税庁編（2012）『国税庁統計年報書（平成22年度版）』，『税理士報酬規定』（近畿税理士会）によってネットの納税協力費の割合比を算出し作成したもの。C. Sandford, M. Godwin and P. Hardwick（1989）における測定方法についても参考にしながら日本の納税協力費の場合の値を算出，測定している。横山直子（2010），（2011a）（2011b），（2013）についても参考。

10.4 徴税・納税制度，徴税費，納税協力費の意義と納税意識との関連の重要性

　所得税，消費税に関する徴税・納税制度，徴税費・納税協力費の大きさと特徴，さらにその意義と重要性を一層明確にしながら納税意識との関連の重要性について明らかにする。

10.4.1 徴税・納税制度，徴税費，納税協力費と納税意識の関連

　図10-9は，徴税・納税制度，徴税費，納税協力費と納税意識の関連について示しているものである[30]。本章10.2において触れているように，納税意識に関連して本章の分析にとって重要なキーワードは，第1に徴税費・納税協力費，第2に徴税方法，徴税・納税制度，第3に客観性・主観性である。図10-9より，納税意識は徴税方法，徴税・納税制度と深く関連しており，納税意識と徴税費，納税協力費（特に納税協力費）も強い関連があり，納税意識において重要な客観性・主観性は徴税方法，徴税・納税制度と大きく関連していることを表し，また，徴税方法は徴税費・納税協力費と強い関連があり，徴税費と納税協力費はそれぞれ深く関連し合っているということについても示している。

　本章の分析にとって重要なキーワードに関して，第1に徴税費・納税協力費の視点から納税意識との関連について見ると，納税意識が高いと納税協力費も大きいということがいえると考えられる。源泉所得税の源泉徴収義務者は源泉所得税納税者と比較して納税協力費がかなり大きく納税意識も高いといえる。消費税についても，納税義務者は消費税負担者と比べて納税協力費が大きく納税意識もかなり高いといえる。本章10.3で表しているように，消費税の納税協力費はかなり高いといえるので注目すべきである。第2に徴税方法の視点，第3の客観性，主観性の視点から見る納税意識との関連については，本章10.2において見ているように[31]，所得税については申告と源泉という徴税方法の特徴によって，それぞれの納税意識の大きさ・特徴も影響を受けており，申告所得税納税者は税額が客観的に明確であり納税意識も高く，源泉所得税納税者は税額の明確さが低く（税の負担感はあり），納税意識は低いといえる。所得税

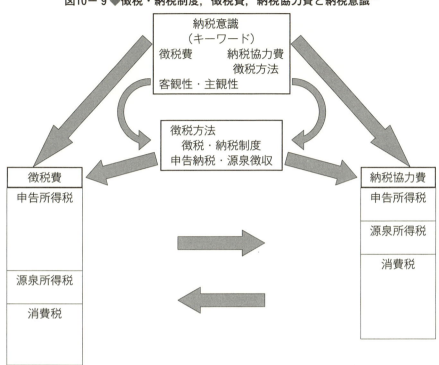

図10－9 ◆徴税・納税制度，徴税費，納税協力費と納税意識[32]

と消費税の納税意識について考える場合にも，税額に関する客観性の視点は重要なキーワードであり，所得税について源泉徴収義務者と源泉所得税納税者，消費税について消費税納税者と消費税負担者それぞれについて税額の客観性，納税意識について見ることが重要である。

ここで注目すべきは，納税意識が低い場合，納税協力費は小さく，納税意識が高い場合，納税協力費は大きいといえるという点である。また，納税意識と徴税費の関連について見るために，徴税費と納税協力費の関連について本章4.2にて研究を深める。

10.4.2 徴税費，納税協力費と納税意識の関連の重要性

徴税費，納税協力費に注目すると，重要なのは，徴税費と納税協力費を合わせた広義の徴税費の値を小さくするということである[33]。例えば，広義の徴税

費の大きさが同じ場合，納税協力費と徴税費はそれぞれどのような大きさであるのかが重要である．広義の徴税費が同じ大きさのままであれば，納税協力費が低く，徴税費が高いという傾向が望ましいといわれている[34]．これは，納税協力費は逆進的である可能性があり，税に関する心理面コストに影響を及ぼし，納税協力費の心理的コスト上昇につながるといえるのである[35]．申告所得税，源泉所得税，消費税に関する徴税費，納税協力費について，広義の徴税費の大きさに注目し，特に納税協力費を低くするための方策について考えることが重要であり，その中で，広義の納税協力費と納税意識の関連について考えることもまた重要である．

10.5 納税協力費の奥深さと納税意識との関連

わが国における所得税と消費税に関する徴税・納税制度，納税意識について，本章では，納税意識の特徴と納税意識に影響を与える要素を分析することに加えて，徴税・納税制度，徴税費・納税協力費の特徴と，納税意識との関連についても着目し分析を深めているものである．本章は，所得税，消費税に関する徴税・納税制度と納税意識の関連について注目しながら納税意識に影響を与える要素を一層明確にし，申告所得税，源泉所得税，消費税それぞれに関する納税協力費の大きさと納税意識の特徴，徴税費との関連について分析を行い，所得税，消費税に関する徴税・納税制度，徴税費，納税協力費の特徴，意義を一層明確にしながら，納税意識との関連の重要性について明らかにしている．

本章における分析の中から得られる重要な視点について第1は，納税意識，徴税・納税制度，徴税費，納税協力費の関連についての視点，第2は，納税協力費の意義の大きさ，奥深さについての視点である．第1の視点は，申告所得税，源泉所得税，消費税に関する納税協力費，徴税費は，それぞれの特色を有しているが，いずれも納税意識，徴税方法と深く関連を持っているということに関する点である．第2の視点について，特に納税協力費は心理的コストの大きさにも関連して納税意識と強い関連がある．また，源泉所得税，消費税に関する納税協力費のベネフィットについてなど，納税協力費の大きさ，特徴をより一層明らかにするうえで注目すべきものが多い中で，納税協力費に関する分

析をますます深めることの意義は大きい。

【注】

1 納税協力費に関して，C. Sandford, M. Godwin and P. Hardwick（1989），C. Sandford (ed.)（1995），C. Sandford（2000）を参考にしている。
2 サンフォードらの研究では，税制が機能する中でのコストについて，徴税側が負担する公共部門のコスト（administrative costs（以下，徴税費））と納税者が負担する民間部門のコスト（compliance costs（以下，納税協力費））と，両者を合わせたコスト（operating costs（以下，広義の徴税費））に分類されており（この点について，C. Sandford, M. Godwin and P. Hardwick（1989），chap.1, pp. 3 -23を参考），本章においてもこれらの分類を参考にしながら納税協力費について分析を深める。
3 これら納税協力費に関する3つの分類や内容については，C. Sandford, M.Godwin and P. Hardwick（1989），chap. 1 , pp. 3 -23を参考。
4 横山直子（1998），横山直子（2011a）を参考。
5 国税庁編（2012）『国税庁統計年報書（平成22年度版)』参考。
6 本章では，大蔵財務協会（2013）『財務省職員録（平成25年版)』より，国税庁，国税局の各課税部における各担当部門の人数を数え，それぞれ各税について合計してその値を各税（申告所得税，源泉所得税，消費税）の徴税費の割合比と考えて表している。
7 納税意識について，ここで見ている G. Schmölders（1970），平井源治（2000），山本栄一（1989）とともに，例えば，小西砂千夫（1997）においては日本の納税意識について述べられ，丸山高満（1971）にては租税意識の態様について，丸山高満（1974）においては租税意識の形成について述べられているなど本書にとっても大変貴重な研究があるので参考。また，これまでに，筆者（横山直子）も納税意識に関する研究（例えば横山直子（2008b），（2012），（2013）など）を数多く行ってきていて，本書ではこれらの研究をさらに進めて，申告所得税，源泉所得税，消費税の徴税・納税制度，徴税費，納税協力費，納税意識に着目してその特徴を一層明らかにしながら分析を深めている。
8 G. Schmölders（1970），chap. 5 第34節参考。
9 G. Schmölders（1970），S.326.
10 G. Schmölders（1970），S.327.
11 G. Schmölders（1970），S.327.
12 平井源治（2000），pp.49-53参考．
13 平井源治（2000），p.52.
14 またさらに，平井源治（2003）では，日本人の財政意識の構造について詳細な分析が行われている。また，平井源治（1977）に租税心理学について述べられている。
15 山本栄一（1989），pp.190-194参考．
16 山本栄一（1989），p.193.
17 これら納税協力費に関する3つの分類や内容については，C. Sandford, M. Godwin and P. Hardwick（1989），chap. 1 , pp. 3 -23を参考。

18 申告所得税,源泉所得税,消費税の納税協力費の測定方法や説明について横山直子 (2010),(2011a),(2011b),(2013) などを参考。各税の納税協力費率測定にあたって,税理士に委託する場合を想定し『税理士報酬規定』（近畿税理士会）を基準として用いて擬制計算を行っている。
19 この点について横山直子 (2013) 参考。
20 国税庁編 (2012)『国税庁統計年報書（平成22年度版）』を参考。
21 国税庁『年末調整のしかた（平成20年分）』参考。
22 この点について横山直子 (2013) 参考。
23 C. Sandford, M. Godwin and P. Hardwick (1989), pp.89-91, pp.246-247を参考。
24 この点について横山直子 (2013) 参考。
25 北林隆明編 (2013), p.276参考。詳細については, 北林隆明編 (2013) を参考。
26 国税庁編 (2012)『国税庁統計年報書（平成22年度版）』における消費税, 納税申告（一般・簡易申告）件数, 還付申告件数（いずれも個人事業者, 法人の合計件数）より計算。
27 C. Sandford, M. Godwin and P. Hardwick (1989), pp.115-119, pp.259-260を参考。
28 課税期間は原則として 1 年であり（北林隆明編 (2013), pp.60-62, 課税事業者は, 課税期間ごとに原則として, その課税期間の末日の翌日から 2 月以内に消費税および地方消費税の確定申告書を提出し, その申告に係る消費税額等を納付することとされている（北林隆明編 (2013), p.327）。詳細については北林隆明編 (2013) を参考。
29 1 月ごとの課税期間特例の場合を考える（北林隆明編 (2013), pp.60-63）。詳細については北林隆明編 (2013) を参考。
30 納税意識に関して, G. Schmölders (1970), chap. 5 第34節, 平井源治 (2000) pp.49-53, 山本栄一 (1989), pp.190-194を参考にしながら申告所得税, 源泉所得税, 消費税に関する納税意識について考えている。
31 G. Schmölders (1970), chap. 5 第34節, 平井源治 (2000) pp.49-53, 山本栄一 (1989), pp.190-194を参考にしながら申告所得税, 源泉所得税, 消費税に関する納税意識について考えている。
32 納税意識に関して, G. Schmölders (1970), chap. 5 第34節, 平井源治 (2000) pp.49-53, 山本栄一 (1989), pp.190-194を参考にしながら申告所得税, 源泉所得税, 消費税に関する納税意識について考えている。また, 横山直子 (2008b), (2012), (2013) についても参考。
33 これらの点について C. Sandford (2000), pp.117-141を参考。
34 C. Sandford (2000), pp.129-130参考。
35 C. Sandford (2000), pp.129-130参考。

第 11 章

地方税に関する納税協力費と納税意識

11.1　住民税の税負担感の視点

　わが国の地方財政は「三位一体の改革」[1]により，国税から地方税への税源移譲が行われている。

　この，税源移譲については「「三位一体の改革」では，国税から地方税への税源移譲が改革の基軸として位置づけられなければならない。[2]」とされる。税源移譲は個々の納税者にとっては，住民税の負担増という形で直接大きな影響を受けるものである[3]。

　このような状況の中で本章において取り上げる主な論点，キーワードは効率性と納税意識の2つである。その理由の1つは，住民税の負担増に伴い納税意識が一層高くなると思われるが，この納税意識の意味は1つではなく，いくつかの視点から見た意味が考えられるため，詳しく分類し，詳細な検討が必要であると考えるからである。住民税の負担はなぜ重く感じられるのか，徴税方法の違いによって納税意識は異なるのではないか[4]などいくつかのケースに分類しながら検討を行う。

　さらに，この点に関連して，徴税行政と納税意識の関係についての検討も合わせて行うことが重要であると考えるからである。徴税行政の効率性[5]を高める場合に納税意識はどのように変化するのであろうか，など，徴税行政の方向性を考え合わせながら検討を進める。そのため本章では効率性について特に徴

税行政の効率性に注目して検討することにしたい。

本章では特に所得税から個人住民税への税源移譲[6]に着目している。その中で、様々な視点から見た納税意識を考慮しながら納税者の納税意識はどのように変化するのか、望ましい徴税行政の方向性はどのようなものかを考えることにする。

本章の目的は、納税意識と効率性を高めることを可能にする徴税システムとはどのようなものであるかを探ることである。

11.2 徴税行政の効率性の視点の整理

11.2.1 住民税の徴税システム[7]

個人の住民税の納税は、給与所得者と給与所得者以外の者に区分されている[8]。

給与所得者の住民税に対しては特別徴収の方法が採用されており、毎年6月から翌年の5月までの12回に分けて、毎月の給料の支払の際に、給与の支払者が市町村から通知された各人ごとの税額を給与から差し引いて納税する方法がとられている。

一方、給与所得者以外の者の住民税に対しては、普通徴収の方法が採用され、市町村において税額を計算して、これを納税通知書によって納税者に通知し、納税者は通知を受けた税額を、通常年4回（6月、8月、10月、翌年の1月）に分けて納税するという方法がとられている。

給与所得者の納税者については、「税額を給与から差し引いて納税する」という点において国税の所得税（源泉徴収される所得税）と納税方法が同様であるが、以下の点が異なっている[9]。

① 住民税の税額の計算は、市町村で行い、給与支払者が行わないこと。
② 住民税の税額は、前年中の所得金額を基準として計算されているので、差し引かれる年の所得の多寡とは関連がないこと。したがって、年末調整などの手続きは不要とされること。

これら①、②の点については、納税に際して給与支払者が負っている負担[10]

という意味において，国税の所得税に比べると低い負担で済んでいるということがいえる。国税の所得税の場合，源泉徴収義務者は月々の徴収業務と年1回の年末調整事務を行うという負担を負っているからである[11]。この点は本章において重要視している問題であり後に触れることとする。

以下の図11−1，図11−2は，普通徴収，特別徴収それぞれのしくみを示したものである[12]。なお，2つの図（しくみ）における矢印について，実線の矢印は徴税コストを，点線の矢印は納税協力コストを示している[13]。

徴税コストは課税当局によって負担されるコスト，一方納税協力コストは民

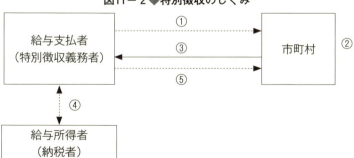

図11−1◆普通徴収のしくみ[15]

① 申告書の提出（3月15日　所得税の確定申告をした者は不要）
② 税額の計算
③ 税額の通知（6月）（納税通知書）
④ 納税（6月，8月，10月，翌年の1月）

図11−2◆特別徴収のしくみ[16]

① 給与支払報告書の提出（1月31日まで）
② 税額の計算
③ 特別徴収税額の通知（5月31日まで）
④ 給与の支払の際税額を徴収（6月から翌年の5月まで毎月の給料支払日）
⑤ 税額の納入（翌月10日まで）

間部門が負担するもので個人納税者や企業などによって負担されるコストであり，徴税行政の効率性や徴税コストを考える際には，納税協力コストも含めた形でのコストを考えなければならない[14]。

11.2.2 現行住民税徴税システムにおける徴税コストと納税協力コスト

上記の図11－1において，普通徴収については，徴税コストが②と矢印③，納税協力コストが矢印①と矢印④で示されているということになる。一方，特別徴収については，図11－2において徴税コストが②と矢印③，納税協力コストが矢印①，矢印④，矢印⑤で示されている。

ここで，国税の所得税に関する納税協力コスト，徴税コストと比較してどのような相違があるのかを考えてみたい。

普通徴収の場合，図11－1の①に「申告書の提出（3月15日　所得税の確定申告をした者は不要）」とあるように，納税協力コストは国税の所得税納税者においては国税所得税にかかるコスト以外には別途かからないと想定できる。しかも，税額の計算は国税所得税では納税者自身が行うのに対して，住民税の場合は，市町村においてなされるのである（図11－1の②）。ただし，国税所得税納税者ではなく住民税のみの納税者である場合には，税額の計算は行う必要がないけれども申告書の提出は必要なのでその分の納税協力コストを負担するということになる。

一方，特別徴収については，住民税の特別徴収義務者が行う，図11－2の①「給与支払報告書の提出」にあたって，国税源泉所得税の場合には負担することのない納税協力コストが生ずることになる。また，国税源泉所得税とは異なり住民税特別徴収に関する税額の計算は市町村で行われる（図11－2の②）。

先に述べたように，徴税行政の効率性を考える際には徴税コストだけではなく納税協力コストも含めた形のトータルコストを低くしなければならないという点に留意する必要がある。そのため，徴税行政の効率性を高める徴税行政について検討する場合には，徴税コストと納税協力コストを合わせたトータルのコストを最小にするように考えなければならないのである。

この点に関連して，トータルのコストが同じ場合，徴税コストが大きく納税協力コストが小さいという傾向が望ましいと考えられている点に注目すべきで

ある[17]。

11.3 納税意識の多様性

11.3.1 納税意識の意味の分類

　納税意識を高めるため徴税行政とはどのようなものかを探るためには，納税意識の意味を厳密にとらえる必要がある。そこで，以下のような山本栄一(1989)[18]における見解を参考にして，納税意識の意味について分類を行う[19]。

　「所得税でも徴税方法の相違によって，源泉徴収と申告納税とでは負担感の相違が存在することについて触れておく。このばあいに負担感が異なるといっても，直接税と間接税との間で異なるのとは事情が違う。間接税は負担そのものが実質的な納税者にとって不明確であることによって負担感が少ないのであって，その点は所得税では徴税方法の如何にかかわらず負担は明らかである。したがって，徴税方法による負担感の相違は主観的心理的な問題であるといえる。[20]」

　この見解において，納税意識に関して2つの意味が示されている。1つは，税負担額が明確でないために負担感が少なくなるという点であり，もう1つは，負担額がはっきりしているのにもかかわらず源泉徴収のような形の徴税方法が採用されることによって負担感が主観的心理的に弱くなるという側面である[21]。

　このような見解を参考にして，納税意識に関する側面を以下の表11-1のように2つに分類することとする。

表11-1 ◆納税意識の分類

A	税負担額が不明確なため低くなる納税意識
B	徴税方法の違いによって低くなる納税意識

11.3.2 住民税の負担感

　ここでは，上記の11.3.1における納税意識の意味の分類をふまえて，住民

税の負担感についていくつかのケースに分けて検討を行うことにする。1つ目のケースは、住民税の負担はなぜ国税の所得税よりも重く感じられるのかという視点であり、2つ目は所得税における申告と源泉徴収、住民税における普通徴収と特別徴収という徴税方法の違いによる負担感の大きさの相違に関する点である。さらに3つ目は、徴税行政の方向性の1つとして国税所得税と地方の住民税に関する徴税の一元化[22]を行ったと想定した場合に負担感はどのように変化すると考えられるのかという視点である。なお、徴税の一元化システムについては11.4で見ているので、しくみなど詳しくは次節で述べることとするが、ポイントは国税所得税と地方の住民税に関する徴税システムを一元化して両税の納税が同時期に行われることを目指すものである[23]。

【ケース1　住民税と所得税（国税）の負担感】

住民税の負担が国税所得税と比較して重く感じられることに関して、林宏昭（2001）において以下のような見解がある。

「地方税に関しては、国税と比較して重税感が強くなる傾向がある。通常の生活で地方税をはっきりと意識するのは、サラリーマンの場合は給与明細で所得税と住民税（都道府県＋市町村）が並んで示されているのを目にするときであろう。所得税は毎月の給与額に応じて源泉徴収が行われ、賞与に関しても一定の率で所得税が課される。そして、すべての給与と賞与の支払額が確定する12月に「年末調整」が行われて年間の所得税額が決定される。

これに対して、住民税はそれぞれの年の所得が確定した翌年にその所得に対する税額が算出され、それを12等分した金額が6月からさらに翌年の5月にかけて源泉徴収される。つまり、算定の基礎となる所得と税の間には1年以上のずれが生じることになる。[24]」

林宏昭（2001）において、住民税の負担が重く感じられる理由として以下のように述べられている。

「所得税は賞与からも徴収されるのに対して住民税は毎月の給与からしか徴収されない。そのために、年間の収入のうち賞与の割合が高い人は毎月の給与からの住民税源泉徴収額が所得税と同じかそれを上回るケースがある。[25]」

これは、先に見た納税意識の意味の分類（表11-1）にあてはめて考えると、

AとB両方に該当する問題である。

　住民税の額がこのようなしくみになっていることを知らない住民税の特別徴収納税者の場合，住民税の1年全体の税額を理解するというよりも月々に徴収される税額の方に注目をすると考えられるので，年税額が12等分された毎月の住民税の額が大きければ重い負担感を感じるのである（表11－1のAに関連）。もちろん，厳密に言えば，納税者は本来住民税の年税額についても当然知っているはずなので税額が不明確ということではないが，月々の徴収税額が住民税特有のものであるためにこのような負担感の重さにつながっているという意味では，本当の税額がわかりづらくなってしまっているという見方はできるであろう。

　一方，徴税方法の違いから負担感が変化する（表11－1のB）という視点にも関連している。所得税，住民税ともに納税者から見れば税が毎月源泉徴収されるという意味では同じである。ただし，所得税は現年課税であるのに対して住民税は前年課税であり，先に見たように税額は市町村において計算される。このような徴税方法の違いから現行のような住民税額算出方法が採用されることになっているのであり，住民税の負担感が大きく感じられるということがいえるだろう。

【ケース2　申告と源泉徴収（所得税）ならびに普通徴収と特別徴収（住民税）】
　ここでは，徴税方法の違いから生じる負担感・納税意識の違いの問題（表11－1のBに関連）について見る。先に触れたが，山本栄一（1989）において述べられているように「徴税方法による負担感の相違は主観的心理的な問題である。[26]」

　ただし，次のケース3の視点にも関連するが，申告と普通徴収そして源泉徴収と特別徴収ではそれぞれの間で納税意識は異なっているといえる。

　給与所得者以外の場合，国税所得税は申告納税により納税を行い住民税は普通徴収によって納税を行うことになる。本章11.2で見たように，住民税については税額の計算が市町村で行われるという点が両者の納税意識の違いに結びついている。つまり，国税所得税については申告書を作成する際に納税者自身が税額を計算するため住民税の場合と比較して納税意識がより高くなるといえ

る。

　一方，給与所得者の場合においても所得税と住民税では納税意識が異なると考えられる。納税者本人にとっては，所得税，住民税ともに毎月源泉徴収されるという意味において納税意識がほとんど変わらないといえるだろうが，源泉徴収義務者（特別徴収義務者）にとっては意識に違いが生じる。所得税の場合，給与所得者の税額を源泉徴収義務者が計算しなければならないため意識がより高くなるのである。これは，厳密にいうと，源泉徴収義務者（特別徴収義務者）の意識の問題であって，納税者の納税意識の問題とは異なる視点ということになるかもしれない。しかし，わが国においては源泉徴収によって納税を行う納税者の割合が非常に多く，つまり，源泉徴収義務者の負担が非常に大きいといえるので，源泉徴収義務者の意識の大きさの問題は重要な視点であると考える。

【ケース3　徴税一元化を行った場合】

　ここで，国税所得税と地方の住民税に関して徴税の一元化を行った場合に納税者の負担感はどのように変化するのか（表11－1のBに関連）について見る（徴税一元化システムのしくみなど詳細については本章11.4で見ている）。

　徴税一元化が行われると，所得税と住民税の納税が同時期に行われることが可能になる。そのため，現行の所得税が現年課税，住民税は前年課税というような相違は解消され，両者ともに現年課税が採用されることになる。

　さらに，大きな違いは，現行の住民税については税額計算が市町村で行われているという点が変わるということである。つまり徴税一元化のもとでは，普通徴収については国税所得税の確定申告の際に納税者が住民税についても同時に税額の計算をして納税を行い，特別徴収については特別徴収義務者が給与所得者についての月々の住民税の税額計算を行い税を源泉徴収する。

　このように徴税が一元化されると住民税の現年課税の実現と徴税方法の変更が行われることになる。その場合の納税者の納税意識はどのように変化するのであろうか。

　住民税が現年課税になり徴税方法が変わることに伴い普通徴収，特別徴収ともに納税意識は高くなる側面，低くなる側面の両方が考えられる[27]。

前者は，税額の計算を納税者本人が行う（普通徴収），あるいは特別徴収義務者が行う（特別徴収）ことによって，納税者（特別徴収の場合は特別徴収義務者）の意識が高くなるという側面である。ただし，上記【ケース2】で見たように，徴税一元化のもとにおいても給与所得者は税が源泉徴収されるという意味において同じなので納税者本人の納税意識は変わらない。

一方後者は，住民税の現年課税に伴って所得税と住民税の税額計算が普通徴収，特別徴収ともに同時期に行われるので所得税，住民税を合わせた税額に注目するようになり個々の税額に対する意識が低くなって，住民税のみに対する納税意識は現行よりも低くなる可能性があるという側面である。

このように，徴税一元化が採用された場合の納税意識の変化は，高くなる側面と低くなる側面あるので判断が難しいといえる。

以上のケース1からケース3の視点について，それぞれ表11-1の納税意識の意味の分類におけるいずれの問題であるのかを整理したものが表11-2である。

表11-2◆ケース1，2，3と納税意識の意味の分類

ケース	内　容	納税意識の意味の分類
ケース1	住民税と所得税（国税）の負担感	AならびにB
ケース2	申告と源泉徴収（所得税）ならびに普通徴収と特別徴収	B
ケース3	徴税一元化を行った場合	B

11.3.3　納税意識を高めるための方策

上記で見たように，納税意識の問題は，申告と源泉徴収，普通徴収と特別徴収，現行の徴税行政と徴税一元化，国税所得税と地方の住民税など，様々な組み合わせの中でその高低を論じなければならないものであるといえる。この点について整理したものが表11-3である。

Ⅰは，国税において申告納税される所得税が源泉徴収される所得税よりも納税意識が高いことを示している。

Ⅱは，国税の申告所得税と普通徴収が採用される住民税とを比べると国税の

申告所得税の納税意識が高くなることを表している。これは先に見たように，住民税の税額計算は市町村において行われるのに対して，所得税の税額計算は納税者本人が行うからである。

Ⅲは，住民税においては，普通徴収の場合の方が特別徴収の場合よりも納税意識が高いことを示す。

Ⅳは，国税の源泉徴収される所得税の方が特別徴収の住民税よりも納税意識が高いかあるいは同じであるということを示している。これは先に触れたように給与所得者の場合，所得税，住民税ともに毎月，税が源泉徴収されるという点において納税意識はほとんど同じであるが，源泉徴収義務者（特別徴収義務者）の納税意識には違いがあるという視点である。つまり，所得税については給与所得者の税額計算を源泉徴収義務者が行わなければならないため，税額は市町村で計算されその金額を源泉徴収するという住民税と比較すると意識が高くなるということである。

Ⅴは，普通徴収の住民税において，現行の徴税行政の場合と徴税一元化を想定した場合とを比較して納税意識の高低を比べたものである。この視点については先に触れた通り，納税意識の高低を判断することが非常に難しい。その理由は，徴税一元化が行われることにより住民税の現年課税が実現して徴税方法が変わることになるので，納税意識が高くなる面と低くなる面の両面が考えられるからである。つまり，徴税一元化によって税額の計算を納税者本人が行うことになるので意識が高くなる側面と，一方で所得税と住民税の税額計算が同

表11－3◆納税意識の高低に関する比較

	項目　1	納税意識の高低[注]	項目　2
Ⅰ	申告所得税	＞	源泉徴収所得税
Ⅱ	申告所得税	＞	普通徴収住民税
Ⅲ	普通徴収住民税	＞	特別徴収住民税
Ⅳ	源泉徴収所得税	＞または＝	特別徴収住民税
Ⅴ	現行普通徴収住民税	＜または＞	徴税一元化普通徴収住民税
Ⅵ	現行特別徴収住民税	≦または≧	徴税一元化特別徴収住民税

注：納税意識の高低については＞，≧，＝，＜，≦の記号で表している。例えば＞の場合，表の左側の欄の項目（項目1）の方が納税意識は高いことを示している。

時期に行われることにより両税の合計税額に注目するようになり住民税のみに対する納税意識は現行よりも低くなる側面があるということである。

ⅥについてもⅤと同様に，特別徴収の住民税における現行と徴税一元化の間の納税意識の高低比較は判断が難しい。ただ，Ⅴの普通徴収の場合と異なる点は，特別徴収の場合，徴税一元化のもとにおいても税額計算は納税者本人が行うのでなく特別徴収義務者によって行われるので，徴税一元化が行われた場合でも納税者本人の納税意識はほとんど変わりなく，特別徴収義務者の意識が高くなる。

これまで見てきたことをふまえたうえで，納税意識を高めるための方策としてはどのようなものが考えられるであろうか。大きく分けると次の3つに分けることができる（表11－4）。

1つ目は，徴税方法として申告納税の方法を採用するということである。これは，表11－3の納税意識の高低比較において納税意識が，申告所得税は源泉徴収所得税よりも高い（Ⅰ），申告所得税は普通徴収住民税よりも高い（Ⅱ），徴税一元化普通徴収住民税は現行普通徴収住民税よりも高い（Ⅴ）[28]側面があるということからいえる。

なお表11－3のⅤは，（次節で見るように）徴税一元化により国税所得税と住民税の税額計算が同時期に行われ所得税の申告書と同じ時期に住民税の申告書を提出するという方法を想定しているので，住民税についても納税者本人が税額計算を行うことから納税意識が高くなる側面があるということを示している[29]。

2つ目は，住民税について現年課税を採用するということである。これは，表11－3において普通徴収，特別徴収のいずれにおいても徴税一元化によって徴税方法が変更された方が現行よりも納税意識は高くなる（Ⅴ，Ⅵ）側面があることからいえる[30]。

表11－4 ◆納税意識を高めるための方策

方策1	徴税方法として申告納税を採用
方策2	住民税について現年課税の採用
方策3	納税者にとっての税額の明確化

3つ目は，納税者にとって税額が明確になるようにするということである。これは，徴税一元化が行われることによって現行の徴税行政よりも住民税の税額が納税者にとって明確になり納税意識が高くなる（表11-3のⅤ，Ⅵ）[31]側面があるということからいえる。徴税一元化により住民税についても所得税と同じように現年課税が行われて税額が明確になるということである。

これまで見てきたように3つの方策を達成させるための1つの方向性として徴税一元化が考えられる。しかしいくつかの問題が残る。

その1つは，給与所得者にとっては徴税一元化が行われた場合においても所得税，住民税ともに税が源泉徴収されるということに変わりはないため納税意識は同様のままであるという点である。わが国は納税者の大部分が給与所得者であるためこの問題は大きいといえる[32]。

さらに別の問題として，住民税において，現行の徴税システムと徴税一元化を想定した場合の納税意識を比べてもその高低を判断することが非常に難しいという点である。そのため徴税一元化についてはより慎重に考える必要がある。

11.4 徴税行政の方向性と納税意識

本節において徴税行政の方向性について納税意識，徴税行政の効率性を考え合わせながら現行の徴税システムと徴税一元化を行った場合を比較してより詳細に検討を行うこととする。

11.4.1 現行の徴税システムと徴税一元化

徴税一元化が行われた場合，徴税コスト，納税協力コスト，納税意識などはどのように変化するのであろうか。

以下の図11-3から図11-6は，所得税（国税）と住民税（地方税）に関する現行の徴税システムのしくみ（図11-3と図11-4）と徴税一元化を行った場合のしくみ（図11-5と図11-6）についてそれぞれ見たものである[33]。図11-1，11-2と同様，実線の矢印は徴税コストを，点線の矢印は納税協力コストを表している[34]。

第11章　地方税に関する納税協力費と納税意識　219

図11－3◆現行の徴税システムのしくみ（申告納税所得税・普通徴収住民税の場合）

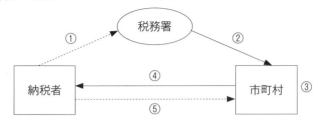

① 申告書の提出（確定申告　3月15日まで）（所得税はこの際に納税）
② 申告書を各市町村へ送付
③ 税額の計算
④ 税額の通知（6月）（納税通知書）
⑤ 納税（6月，8月，10月，翌年の1月）

図11－4◆現行の徴税システムのしくみ（源泉徴収所得税・特別徴収住民税の場合）

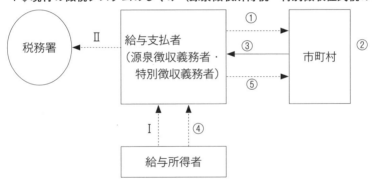

Ⅰ　所得税の徴収
Ⅱ　納税
　① 給与支払報告書の提出（1月31日まで）
　② 税額の計算
　③ 特別徴収税額の通知（5月31日まで）
　④ 給与の支払の際税額を徴収（6月から翌年の5月まで毎月の給料支払日）
　⑤ 税額の納入（翌月の10日まで）

図11−5 ◆徴税一元化を行った場合のしくみ（申告納税所得税・普通徴収住民税の場合）

① 申告書の提出（所得税，住民税とも）（所得税はこの際に納税）
② 申告書を各市町村へ送付
③ 納税

図11−6 ◆徴税一元化を行った場合のしくみ（源泉徴収所得税・特別徴収住民税の場合）

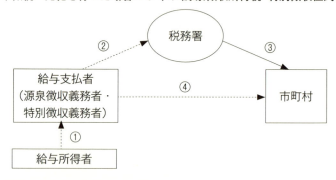

① 税額の徴収（所得税，住民税とも）
② 納付書の提出，納税（翌月10日まで）
③ 納付書を市町村へ送付
④ 納税

　上記図11−5の申告納税所得税・普通徴収住民税について徴税一元化を行った場合のしくみであるが，矢印①は納税者本人が住民税についても税額を計算して所得税と同様の様式の申告書を作成するということを示している。そして，所得税と同時期に住民税についての納税も行う（矢印③）のである。
　また，図11−6の源泉徴収所得税，特別徴収住民税について徴税一元化を行った場合のしくみは，基本的に月々行われる税の源泉徴収のシステムを表している。まず矢印①は給与支払者が現行の所得税に加えて住民税についても毎月税額計算して税を源泉徴収することを示している。納付書に関しても，現行，

所得税について作成しているものと同様の様式の納付書を住民税についても各市町村別に作成することとなる（矢印②）。

なお，図11－6の徴税一元化（源泉徴収所得税，特別徴収住民税）の場合においても，給与支払者は現行の給与支払報告書にあたるものを作成して提出する必要があると考えられる。

申告納税所得税，普通徴収住民税に関して現行の徴税システム（図11－3）と徴税一元化を行った場合（図11－5）について比較すると，第1に徴税コストが低下することがわかる。現行のシステムを表す図11－3における③と矢印④に対応するものが徴税一元化の場合を表す図11－5には存在しない。つまり，徴税一元化により，税額は納税者本人が計算を行うことになるため市町村の徴税担当職員についての徴税コストが相当削減されることによるものである。さらに，納税協力コストに関しては，徴税一元化により所得税，住民税の税額計算方法をできる限り同様のものに近づけることや納税の時期が所得税，住民税ともに同じということなどが実現可能であることを想定すると低くなる可能性があるといえる。

次に源泉徴収所得税，特別徴収住民税に関して現行の徴税システム（図11－4）と徴税一元化を行った場合（図11－6）について比較する。まず，申告納税所得税，普通徴収住民税の場合と同様に徴税コストが低下することがわかる。現行のシステムを示す図11－4の②と矢印③に対応するものが徴税一元化の場合を示す図11－6には存在していない。徴税一元化により住民税について特別徴収義務者が税額計算を行うので市町村の徴税担当職員に関する徴税コストが大きく削減可能であることによる。ただし，徴税一元化によって現年課税が実現することに伴い住民税についても年末調整が必要となるため，特別徴収義務者が負担する納税協力コストが増加する。さらに特別徴収義務者は給与所得者の税額計算を行う，納付書を作成するなど負担が増加するといえる。

11.4.2　徴税一元化による徴税効率と納税意識

11.4.1で見てきたように，現行の徴税システムから徴税一元化システムに移る場合，徴税コスト，納税協力コストともに変化する。徴税一元化を行った場合の徴税コスト，納税協力コスト，両者のトータルコスト，納税意識につい

て現行の徴税システムと比較して整理すると表11-5，表11-6のようになる。

申告納税所得税・普通徴収住民税について現行と徴税一元化を比較した場合（表11-5）は，徴税一元化により徴税トータルコストを低下させることができると考えられる。これは11.4.1で述べたように，市町村の徴税担当職員に関する徴税コストを削減できるとともに，住民税の税額計算方法や申告書の様式を所得税に近づけ，さらに納税時期を同じにすることで納税協力コストについても現行と同様あるいは低下させることが実現可能であると考えられるからである。

一方，源泉徴収所得税・特別徴収住民税について現行と徴税一元化を比較した場合（表11-6）は，先に触れたように徴税一元化により納税協力コストが上昇すると考えられるため，徴税コストは削減できるとしても納税協力コストの上昇度合によってトータルコストは上昇する場合，低下する場合の両方が考えられることになる。つまり，徴税一元化の場合のトータルコストを低下させるためにはできるだけ納税協力コストの上昇を抑える必要があるということである。そのためには，徴税一元化によって特別徴収義務者が負担することになるコスト（税額の計算，納付書の作成，年末調整など）をいかに低く抑えるかということになる。この点については，徴税一元化に移行する際の工夫により実現可能であると考える。これらのコスト（税額計算，納付書の作成，年末調整など）は現行においても所得税については給与支払者が負担していることであるので，現行の所得税について行っていることにプラスして負担する部分を少なくするように工夫するということである（もちろん，所得税と住民税で控除や税率が異なっているままであるとしても可能である）。

住民税についても税額計算，納付書の作成，年末調整などをできるかぎり所得税と同様の方法，様式で行うことができるような徴税一元化を目指すことにより，徴税コストと納税協力コストを合わせたトータルコストを低下させることは可能なのである。

納税意識の問題については，11.3でも見たように，徴税一元化により納税意識が高くなる面と低くなる面の両面が考えられるため慎重に検討を行う必要がある。しかし，本章11.3で述べたように1つの方向性として徴税一元化への移行は納税意識を高くすることを可能にする要素を多く持っているといえ

表11−5◆徴税効率と納税意識に関する現行と徴税一元化の場合の比較
（申告納税所得税・普通徴収住民税の場合）

現行徴税システム	高低比較	徴税一元化
徴税コスト	＞	徴税コスト
納税協力コスト	≧	納税協力コスト
徴税トータルコスト	＞	徴税トータルコスト
納税意識	＞または＜	納税意識

注：表の中央の高低比較欄は＞，≧，＜の記号で表している。例えば，徴税コストについては徴税一元化の場合の方が低いということを示している。

表11−6◆徴税効率と納税意識に関する現行と徴税一元化の場合の比較
（源泉徴収所得税・特別徴収住民税の場合）

現行徴税システム	高低比較	徴税一元化
徴税コスト	＞	徴税コスト
納税協力コスト	＜	納税協力コスト
徴税トータルコスト	＞または＜	徴税トータルコスト
納税意識	≧または≦	納税意識

注：表の中央の高低比較欄は＞，≧，＜，≦の記号で表している。例えば，徴税コストについては徴税一元化の場合の方が低いということを示している。

る[35]。

11.5　高い納税意識と徴税行政の効率性

　以上，本章では，国税から地方税への税源移譲が行われて納税者にとって住民税の負担が大きくなる中で，納税意識と徴税の効率性を高めるような徴税システムとはどのようなものであるのかについて検討を行ってきた。本章における主な論点，キーワードは効率性（特に徴税行政の効率性）と納税意識である。
　納税意識については11.3で見たように税負担額の明確性に関する側面や徴税方法に関連する側面などがあるので，徴税行政の方向性と納税意識について考える際には，納税意識の意味を詳細に考え合わせたうえで検討する必要がある。

一方，徴税行政の効率性については徴税コストだけではなく納税協力コストも含めたトータルのコストを低くすることを考え，実現するための徴税システムの方向性を本章において検討してきた。

本章における検討の結果，納税意識を高めるためにも徴税行政の効率性を高めるためにも，いくつかの条件が必要ではあるが徴税一元化を行った場合の方が望ましいという1つの結論が導かれる。

徴税一元化によるメリットとしては，第1に（普通徴収住民税について）申告納税を採用することができる，第2に住民税について現年課税を採用できる，第3に納税者にとっての税の負担額が明確になる，第4に，これら第1から第3の点に関連して，徴税コストと納税協力コストを合わせたトータルのコストを低下させることができる可能性がある，などの点が挙げられる。

第1から第3については11.3の表11-4の納税意識を高めるための方策1, 2, 3に対応するものであり，第4の点は，11.4で検討したものである。

11.4で見たように，徴税一元化の実現が徴税行政の効率性をプラスの方向へ導くためには，可能なかぎり住民税の税額計算方法や申告書様式を現行所得税に近づけ納税時期を同じにして（普通徴収），さらに特別徴収義務者が行う税額計算，納付書の作成，年末調整などをできるかぎり所得税と同様の方法，様式で行うことができるようにすること（特別徴収）などが必要である。

一方，本章で触れたように，問題点として徴税一元化が行われた場合においても給与所得者にとっては所得税，住民税ともに税が源泉徴収されるということに変わりはないため納税意識は変わらないことや，住民税において現行と徴税一元化の場合の納税意識を比べてもその高低を判断することが非常に難しいという点が挙げられる。しかし徴税一元化が納税意識と徴税行政の効率性の両方に与えるプラスの効果の意義は大きいと考える。

【注】

1　三位一体の改革について，本章では，神野直彦編著（2006），平岡和久・森裕之（2005）を主に参考にしている。
　　三位一体の改革とは，次のようなものである。「「三位一体の改革」とは，地方税，地方

第11章　地方税に関する納税協力費と納税意識　225

交付税，国庫補助負担金（国庫支出金のうち委託金を除いた大部分のもの）をこれまでの中央集権的な財政構造から分権社会に相応しい財政構造へ転換するために，それぞれを連動させて改革するということが本来的な意味です。」（平岡和久・森裕之（2005）p.20）また，「「三位一体の改革」とは国税から地方税への税源移譲，補助金の改革，交付税の改革という国と地方自治体との財政関係を構成する三つの要素を，有機的に関連づけて，国と地方自治体との財政関係を「本来の形に戻すこと」だといってよい。」（神野直彦編著（2006）「第1章　三位一体の改革の意義と課題─自治体の役割を高め「下から上へ」の改革を目指せ！─」（神野直彦），p.3，とされる。
2　神野直彦編著（2006）第1章（神野直彦），p.3.
3　三位一体の改革の税源移譲については，本章では，主に神野直彦編著（2006）「第3章　三位一体改革の到達点（第2節　地方税の改革（株丹達也））」を参考にしている。また，平岡和久・森裕之（2005），根岸欣司（2006）についても参考。なお，横山直子（2007b），において納税者の負担の変化について見ているので参照。
4　徴税方法と負担感については，山本栄一（1989）pp.193-194，において述べられているので参照。また同書，第8章を参照。
5　本章において，徴税行政の効率性とは，徴税費・徴税コスト（納税協力費も含めたもの）が低いことを意味している。この点に関しては，横山直子（1999），横山直子（2007a），を参照。
6　神野直彦編著（2006）第3章第2節（株丹達也），参考。
7　本章では，住民税の徴税システムについて，主に以下の文献を参考にしている。地方税制度研究会編（2006），市町村税務研究会編（2006），なお，所得税と住民税の徴税システムに関しては，横山直子（1999），（2007a），（2007b）についても参照。
8　普通徴収，特別徴収について，地方税制度研究会編（2006）p.135を参考にしている。
9　この点について，地方税制度研究会編（2006），p.163を参考。
10　これは，本章で触れている「納税協力コスト」に関する問題である。納税協力コストについては，C. Sandford, M. Godwin and P. Hardwick（1989），C. Sandford（ed.）（1995a）などで詳しく述べられているので参照。
11　納税協力コスト，徴税コストなどについては，上記本章末注10の文献と横山直子（1998），（1999），（2000），（2005），（2007a），（2007b）を参照のこと。
12　これらしくみについては，市町村税務研究会編（2006），p.242（普通徴収），p.247（特別徴収）を参考。また，地方税制度研究会編（2006），pp.161-163についても参照。
13　徴税コスト，納税協力コストの考え方については，本章末注10の文献などで詳しく述べられているので参照。また，横山直子の論文（本章末注11の論文）を参照。
14　徴税コスト，納税協力コスト，そして両者を合わせたコストの考え方について，上記本章末注10，11に挙げた文献を参照。横山直子（2005），本書第4章において詳しく見ているので参照。
15　市町村税務研究会編（2006）p.242を参考にして作成。
16　市町村税務研究会編（2006）p.247を参考にして作成。
17　このことについては，C. Sandford（2000），p.130を参考。また，横山直子（2005）も参照。
18　納税意識，負担感について，山本栄一（1989）第8章を参照。
19　なお，厳密にいうと納税意識と負担感のそれぞれの意味は同一ではないが，本章におい

ては両者の意味を同様のものとして考えている。
20　山本栄一（1989）p.193.
21　これらの点については，山本栄一（1989）pp.190-194を参考。
22　徴税一元化システムとは，徴収一元化ともいわれるものである。本章では，主に以下の文献を参考にしている。池上岳彦編著（2004）第8章（中村芳昭），pp.286-289，碓井光明（2001）pp.41-46，田村政志・桑原隆広編集（2003）。また，横山直子（1999），（2007a）についても参照。
23　横山直子（1999），（2007a）を参照。なお，詳細については本章第4章を参照のこと。
24　林宏昭（2001）p.31.
25　林宏昭（2001）p.32，なお，同書 p.32に次のような見解があるので参照。「地方税の場合には，負担に対する見返りが少ないと認識されることが多く，これがさらに重税感を募る結果になっているのではないかと考えられる。」（林宏昭（2001）p.32）
26　山本栄一（1989）p.193，本章11.3.1参照。
27　この点に関して横山直子（2007a），pp.57-59を参照。なお，横山直子（2007a），pp.57-59においては納税意識は特に普通徴収の場合「低くなる」としている。
28　表11-3のVについては先に見たように，現行普通徴収住民税の方が納税意識は高くなるという側面も考えられるので注意が必要である。
29　上記本章末注28を参照。
30　表11-3のV, VIについては先に見たように，普通徴収，特別徴収ともに現行の徴税行政下の方が納税意識は高くなるという側面が考えられるので注意が必要である。
31　上記本章末注30を参照。
32　この点に関連して，以下のような見解がある。「ほとんどの納税者が源泉徴収で納税が完結しているのであるから徴税事務と納税意識が必ずしもリンクしているわけではない。」（林宏昭（2001）p.66）
33　本章11.2の図11-1，図11-2と同様，図11-3から図11-6などしくみについては市町村税務研究会編（2006）p.242（普通徴収），p.247（特別徴収）を参考にしている。また，地方税制度研究会編（2006）pp.161-163についても参照。なお，図11-3，図11-4，図11-5，図11-6は，これらを参考にしながら国の徴税システムも考えるために税務署も含めて図を作成している。これらしくみや現行と徴税一元化との比較については，横山直子（1999），（2007a）についても参照。本章は，横山直子（2007a）において行っている現行と徴税一元化の比較をさらに発展させて検討している。なお，本章では，国税庁『平成19年分　年末調整のしかた』についても参考にしている。
34　徴税コスト，納税協力コストについては，本章末注10, 11, 12, 13, 14を参照。
35　この点に関しては，本章11.3を参照のこと。

第12章

今後の徴税・納税制度
――マイナンバー制度を考える

12.1 今後のわが国における徴税・納税制度の方向性において重要な視点

　本書では，主に所得課税を中心に注目し，徴税・納税制度の中に存在する問題について，第1部「徴税・納税制度の制度分析」，第2部「徴税・納税のコスト分析」，第3部「納税意識と納税協力費の分析」に分けて，分析・検討を行ってきた。

　本書は，所得課税の中でも，特に（給与所得に対する）所得税に大きく焦点をあてているものである。そのことに関連して，源泉徴収・年末調整制度について特に注目し，それを取り巻く問題などについて，徴税・納税システムという観点から検討を行ってきた。

　各章において得られたことについては，各章の結論部分の節（むすびの節）などの部分において述べている[1]。本書における検討・分析（制度分析，コスト分析，納税意識・納税協力費分析）を通して，今後の徴税・納税システムに関しての重要な点が浮かび上がってきたことは，各章で見たとおりである。

　本章では，本書における分析・検討を通じて得られたことを考え合わせ，今後のわが国における徴税・納税制度の方向性に関して，特に述べておきたいことについて触れておくこととする。

　第1に，年末調整制度についてである。

　わが国における徴税・納税制度の中で，本稿において大きく注目したものの

1つとして，給与所得に対する所得税に関する源泉徴収・年末調整制度があるが，本書においては，その中でも，特に年末調整制度を問題視している。本書で見てきたように，給与所得税納税者に対して，申告の機会を与えないことは，納税に対する意識や関心に関する問題にとどまらず，問題が多い。またさらに，本書で見たように，年末調整制度が存在していることによって，源泉徴収義務者が負担する納税協力費は相当なものになっていると考えられるのである[2]。

また，この点に関連して，本書第5章などで触れたように，シャウプ勧告における，年末調整に対する考え方が注目される。シャウプ勧告[3]は，源泉徴収について，「①年末調整を最小限度に止めること，②年末調整を税務署に移管すること」[4]，というように述べていたのである。

続いて第2に，納税協力費（コスト）[5]に関してである。

本書において見てきたように，わが国における徴税・納税制度の中に存在する問題を考える際に，納税協力費（コスト）が非常に重要なキーワードとなること，また，納税協力費（コスト）に注目することが大変重要であるということを強調したい。つまり，本書で分析を行ってきたように，徴税・納税制度における徴税・納税に関するコストの分析を行う際には，徴税費と納税協力費を合わせた広義の徴税費[6]で考えることが重要なのである。そのためにも，本書において試算を行ったように，納税協力費の測定が重要な意味を持ってくるのである[7]。

この点に関しては，源泉徴収義務者に関する納税協力費に関連して，本書でも触れたように，1940年当時の，徴収交付金[8]について注目される。

そして，第3に，納税意識についてである。

上記第2の点に関連して，納税意識の視点は，今後のわが国における徴税・納税制度の方向性を考えるうえで，納税協力費の問題とともに非常に重要なキーワードになるといえる。納税協力費は心理的コストの大きさにも関連して，納税意識と強い関連がある。本書で見てきたように，所得税や消費税に関する納税協力費や徴税費はそれぞれの特色を有しているが，いずれも納税意識，徴税方法と深く関連を持っているということに注目することは重要な視点である。本書においても見てきたように納税協力費に関して心理的コストを考慮に入れて納税協力費の問題を検討することが重要であり，そのことは納税意識の問題

に着目し検討を一層深めることの重要性と密接に関連している。

徴税，納税制度，徴税費，納税意識，納税協力費に関する問題は，マイナンバー制度と大きく関連していると考えられるため，続いて，マイナンバー制度と納税協力費，納税意識について見ておきたい。

12.2　マイナンバー制度と納税協力費・納税意識

平成27年10月から，マイナンバーが通知されることとなり[9]，今後，納税協力費，納税意識の意義，重要性はますます高まると考えられるため，ここでは，マインナンバー制度と，主に，徴税費・納税協力費，納税意識との関連という観点から見ていくこととする。

12.2.1　マイナンバー制度のしくみ

内閣府（内閣官房）「マイナンバー　社会保障・税番号制度概要資料」（平成27年8月版）において，マイナンバー制度の導入趣旨（効果等）について以下のように述べられている。

「番号制度は，複数の機関に存在する個人の情報を同一人の情報であるということの確認を行うための基盤であり，社会保障・税制度の効率性・透明性を高め，国民にとって利便性の高い公平・公正な社会を実現するための社会基盤（インフラ）である」とされ，「社会保障・税・災害対策の各分野で番号制度を導入」するとされている。

また，マイナンバー制度の効果について，特に税に対する効果について注目してみると，「より正確な所得把握が可能となり，社会保障や税の給付と負担の公正化が図られる」，「社会保障や税に係る各種行政事務の効率化が図られる」，「ITを活用することにより添付書類が不要となる等，国民の利便性が向上する」などが挙げられている。

これらの効果は，徴税費・納税協力費さらには納税意識と非常に大きく関連しているといえるため，後に注目することとする。

ここで，マイナンバー制度のしくみについて見ると[10]，「住民票を有する全員に付番されるもの（付番）」で，「複数の機関間において，同一人の情報を紐

付けし，相互に活用する仕組み（情報連携）」で，「個人が自分が自分であることを証明するための仕組み（本人確認）」であるとされる。

なお，マイナンバーの利用範囲として税分野に着目すると，「国民が税務当局に提出する確定申告書，届出書，調書等に記載」とされている。

ここで，本書の視点から見て注目したいのは，マイナポータル（平成29年1月以降順次サービス開始予定）と呼ばれているものについてである。マイナポータルについて，「①自治体などが保有する自らの特定個人情報の閲覧（自己情報表示），②国や自治体などの間の特定個人情報のやり取りの記録の閲覧（情報提供等記録表示），③自治体などからの予防接種や年金，介護などの各種のお知らせの受け取り（お知らせ情報表示），④引っ越しなどライフイベントに関する手続きの官民横断的なワンストップ化（ワンストップサービス）」などとされる[11]。

このマイナポータルが進められることで，納税協力費に大きな効果が生じることが予想されるが，この点については，以下，12.3で見ることとする。

マイナンバー制度が導入される中，特に徴税・納税の視点から見ると，影響は大きいといえる。徴税費だけでなく納税協力費への大きな効果が期待されるのである。納税協力費の面からいうと，納税者の利便性が大きくなるような方向で進むことで，納税協力費の低下も期待でき，徴税費，納税協力費を合わせたトータルの費用の低下にもつながるといえる。

12.2.2 マイナンバー制度の意義—税の観点を中心に

上記12.2.1で見た，マイナンバー制度のしくみを考え合わせたうえで，マイナンバー制度が進むことで税の観点（特に納税協力費，納税意識の視点）から見て期待されることや意義はどのようなものであるかについて検討したい。

マイナンバー制度は，税の観点から見ると，より大きなプラスの効果を生みだしていく可能性を含んでいるといえる。上記12.2.1で見たマイナンバー制度のしくみから見て注目したい点は，正確性，公正性，効率性，（納税者にとっての）利便性である。これらの点は，税を考えるうえで極めて重要な視点であるとともに，納税協力費，納税意識の方向性を考えるうえでも重要なキーワードであるといえる。

マイナンバー制度が，今後ますます大きなプラスの効果を生みだしていくために重要な点について，八木晃二（2013）[12]において以下のように述べられている。

「「社会保障と税の公平化・効率化のためのマイナンバー制度」実現に必要な仕組みは何なのであろうか。

言うまでもないが，税を取りはぐれないことと，社会保障を正しく給付する（払い過ぎ，払い漏れの防止）仕組みである。そのためには，個人単位，世帯単位での所得や金融資産から得られる利子所得・配当金，株式譲渡益および社会保障の給付額等を正確に捕捉し，名寄せによる合算の把握をもれなく実施することが必要となる。[13]」

また，森信茂樹（2015）[14]では，「マイナンバーの活用は，日本のこれまでの行政のプロセスや納税者の権利などを大きく変える可能性がある。その際には，納税者の観点からマイポータルの利便性をいかに高めていくかという点が，今後のカギを握っている。[15]」とされ，さらに，税務に活用する番号の点について以下のように述べられている。

「企業等の源泉徴収義務者は，従業員に支払った給与についての源泉徴収票を，企業等所在地の税務署と給与支払報告書を従業員の住所地の市町村に，それぞれ提出している。この源泉徴収票と給与支払報告書は同内容であるので，e-LTax（エルタックス，地方税のポータル）に電子的に送信し，番号の活用により必要な提出先（自治体）に振り分けることができれば，企業の事務負担額軽減につながる。[16]」

これらの点は，本書で注目している納税協力費に関する問題と密接に関連している。マイナンバー制度が，納税者の利便性をより高める方向で進むことにより，納税協力費の低下につながる大きな効果に結びつくことが期待される。これは，本書において見てきている納税協力費における金銭的コスト，時間的コスト，心理的コストのいずれのコストの低下にもつながるということである。

12.2.3 納税協力費，納税意識との関連

マイナンバー制度の進展による納税協力費，納税意識の方向性を明らかにするために，マイナンバー制度と納税協力費，納税意識との関連について検討を

深める[17]。

　森信茂樹（2015）において，納税者の視点からの番号の活用[18]に関して，「マイナンバー制度で重要なことは，納税者にとって利便性が高く有益な制度の導入を考えることである。この制度を徴税側にだけ任せておいたのでは，徴税の論理にもとづく活用法になってしまう。[19]」とされ，さらに，所得税における給与所得に関して選択的な自主申告制度について述べられ，「自らの税額を申告により確定する自主申告制度を導入することは，納税者意識の高揚をもたらし，社会への参加意識を高め，タックスペイヤーとして税金の使途を監視する目を養い，民主主義の原点につながる効果をもたらす。[20]」とされている。

　マイナンバー制度の進展と納税協力費の方向性の視点から見ると，納税協力費の金銭的コストだけでなく，時間的コスト，心理的コストも含めて考える必要がある。例えば，申告書を作成する時間の縮小など納税者にとっての利便性が高くなることによって時間的コストを縮小することができるであろうし，マイナンバー制度の活用方法について，納税者にとってわかりやすく，心配な気持ちが大きくならないようなしくみになることで心理的コストも小さく抑えることができ，納税協力費全体を低くすることができるはずである。

　また，マイナンバー制度のさらなる進展によって，納税者の利便性だけでなく，正確性，公正性，効率性も高まることが期待でき，そのことが納税者意識の高まりに結びつき，納税協力費は低いが納税意識も低くなるということではなく，「納税協力費が低く，納税意識は高い」という望ましい形の実現も可能になるといえるのである。さらに税の申告制度の一層の拡大にもつながれば，納税協力費低下，納税意識上昇へと効果が一層高まることが期待できる。

　上述のように，今後，わが国において納税協力費について考える際には，金銭的コストとともに時間的コスト，心理的コストについても考慮することが重要である。（本書において前の章でも述べたように，）徴税費，納税協力費の中で，特に納税協力費を小さくすることが重要であることをここでも強調しておきたい。納税協力費を低くすることによって，徴税費，納税協力費を合わせたトータルのコストがより低くなることにつながるといえるのである[21]。

【注】

1 結論については，各章の結論部分の節などを参照のこと。
2 本書第5章，6章，参照。また，横山直子（1998），（1999），についても参照。
3 Shoup Misson, *Report on Japanese Taxation*, General Headquarters Supreme Commander for the allied Powers. Tokyo, Japan. September 1949. Appendix Volume IV.
4 Shoup Misson, *Report on Japanese Taxation*, General Headquarters Supreme Commander for the allied Powers. Tokyo, Japan. September 1949. Appendix Volume IV, pp.10-11を参考。
5 納税協力費（コスト）については，本文の中で述べたように，イギリスにおけるサンフォードの研究を主に参考にしている。納税協力費とは，サンフォードらによる研究における，compliance costs を日本語にしたものである。納税協力費については，主に，C. Sandford, M. Godwin and P. Hardwick（1989），C. Sandford（1989），C. Sandford (ed.)（1995a），C. Sandford (ed.)（1995b），C. Sandford（2000）を本書においては，参考にしている。詳しくは，本書第4章で見ているので，第4章で挙げている文献などを参照。また，本書巻末の参考文献におけるその他の C. Sandford による文献についても参照。
6 広義の徴税費に関しては，主に，イギリスにおけるサンフォードらによる研究を参考にしている。広義の徴税費とは，サンフォードらによる研究における，operating costs を日本語にしたものである。広義の徴税費，徴税費，納税協力費などコストの分類については，主に，C. Sandford, M. Godwin and P. Hardwick（1989），C. Sandford（1989），C. Sandford (ed.)（1995a），C. Sandford (ed.)（1995b），C. Sandford（2000）を本書においては，参考にしている。詳しくは，本書第4章で見ているので，第4章で挙げている文献などを参照。また，本書巻末の参考文献におけるその他の C. Sandford による文献についても参照。
7 本書において，納税協力費を算定する際に，税理士報酬規定を用いて擬制計算を行っているが，現在は，税理士報酬規定はない。しかし，その場合においても，基準となっていると考えられ，納税協力費の算定について税理士報酬規定（当時）を用いて擬制計算を行うことは意義があると考える。納税協力費の算定については，本書においては，第4章，第5章，第6章，第7章，第8章参照。また，横山直子（1998），（1999），（2000）を参照のこと。
8 この点に関して，小林長谷雄・雪岡重喜・田口卯一共著（1941），pp.183-185，小林長谷雄・雪岡重喜・田口卯一共著（1942），pp.195-197参考。これらによると，例えば，甲種の勤労所得に対する分類所得税の納税者1人に付き10銭を交付されるとなっていた。この点については，納税協力費と非常に関連することであり，注目したい点である。
9 マイナンバー制度の概要について，内閣府（内閣官房）「マイナンバー ―社会保障・税番号制度概要資料」（平成27年8月版）を参考。
10 マイナンバー制度のしくみ，利用範囲についても，内閣府（内閣官房），本章末注9を参考。
11 マイナポータルについて，内閣府（内閣官房），本章末注9を参考。
12 八木晃二編著（2013），pp.16-18参考。
13 八木晃二編著（2013），p.18。
14 森信茂樹（2015），第6章においてマイナンバーの活用について詳しく述べられている。

15　森信茂樹（2015），p.221.
16　森信茂樹（2015），pp.226-227.
17　横山直子（2011d）において，電子徴税システムと納税協力費に関して研究を行っているので参考。横山直子（2011d）において，関西社会経済研究所の「地方行政改革研究会（主査：林宏昭関西大学教授）」と「抜本的税財政改革研究会（主査：橋本恭之教授関西大学教授）」の共同事業として，2010年8月2日から8月4日に韓国における行政安全部，情報化振興院，地域情報開発院にて行われたヒアリング調査について，ヒアリングを行わせていただいた内容について，電子徴税システム，電子申告システムに関する点に注目し，参考にしながらわが国の徴税・納税システムの方向性について考察している。
18　森信茂樹（2015），pp.236-244において納税者の視点からの番号の活用に関して詳しく述べられている。
19　森信茂樹（2015），p.236.
20　森信茂樹（2015），p.241.
21　これらの点に関連して，横山直子（2011d）についても参考。

＊　本書の作成などに関して，イギリスのオックスフォード大学において，筆者の研究に関連し，役立てることのできる，多くの本や資料を見つけることができたため，Bodleian Library, Bodleian Law Library, Economics Library など，図書館をよく利用させていただいたことに，御礼を申し上げたい。
　本書の作成など研究活動を行っている中で，オックスフォード大学ハートフォードカレッジの Baker 先生（Mr. Peter Baker）や Noorden 先生（Mr. Roger J. Van Noorden）から，たくさんのご配慮や貴重なコメントをいただいたことに，心より御礼を申し上げたい。カレッジの方々からも，様々なご配慮，コメントをいただいたことに御礼を申し上げたい。
　また，イギリスのバース大学の Godwin 先生（Mr. Michael Godwin）や Lawson 先生（Dr. Colin Lawson）にお会いさせていただく機会を与えていただき，その際に，イギリスにおける，所得税納税システム，所得税制度，徴税コスト，納税協力コストなどに関して，様々なことについて教えていただくことができ，論文作成などについても，貴重なご意見・コメントをいただいたことに，心より御礼を申し上げたい。

〔付録〕納税協力費算定に関する資料

●納税協力費の算出方法について

　第5，6，7，8，10章において，わが国における納税協力費を数値，金額で示しているものについて，その算出方法を簡単に説明する。

1　留意事項

① 　納税協力費の算出に際して，近畿税理士会『税理士報酬規定』（平成6年6月一部改正）（以下，『税理士報酬規定』）を参考として用いて，納税に関する事務を税理士に委託すると仮定した場合にいくら支払っているのかを算出して納税協力費とし，擬制計算を試みたものである。

② 　申告所得税の場合，申告納税者が，また，源泉所得税の場合，源泉徴収義務者が，税理士に納税に関する事務を委託したと仮定したときの費用を，税理士報酬規定より算出し，納税協力費とする。

③ 　税理士報酬規定に定められた額は，最高限度額を示したものである。なお，現在（平成27年）では，税理士報酬規定は廃止されているが，現在もこの規定は，各税理士事務所において，参考として用いられている。

④ 　本書で触れているように，本来は，納税協力費の算出の際には，金銭的コストのみでなく，時間的コスト，心理的コストも考慮に入れる必要があるが，本書においては，税理士報酬規定を用いて計算を行っている額の中に，これらすべてのコストが含まれていると考えて，擬制計算を行っている。

⑤ 　各章によって，納税協力費算出のプロセスが，若干異なるので，注意されたい。源泉所得税の納税協力費について，年末調整事務に関するコストのみを考慮している。また，事業所得の納税協力費の算出について，第5章，第6章，第10章では，事業所得納税者の人数で見ているのに対して，第8章では，申告所得納税者数の人数の合計で見ている。

2 第5章における納税協力費

2.1 源泉徴収義務者の年末調整事務に関する費用の算出

　第5章では，源泉所得税の納税協力費について，源泉徴収義務者が年末調整事務に関して負担する費用を納税協力費と考える。年末調整の事務を税理士に委託すると仮定した場合に，いくら支払っているかを算出して納税協力費として考える。

2.1.1　国税庁編『国税庁統計年報書』大蔵財務協会（各年度版）（以下，『国税庁統計年報書』），における「事業所規模別　源泉徴収義務者数」を参考に，源泉徴収義務者が何人の年末調整事務を担当しているのかを調べる。事業所規模別　源泉徴収義務者数は以下のような形式になっている。
＊表①のN1からN7に，それぞれの源泉徴収義務者数（人）が入る。

表①　事業所規模別　源泉徴収義務者数

事業所規模別	源泉徴収義務者数
10人未満	N1
10人以上	N2
30人以上	N3
100人以上	N4
500人以上	N5
1,000人以上	N6
5,000人以上	N7

2.1.2　税理士報酬規定（年末調整関係書類作成報酬額（『税理士報酬規定』における「税務書類の作成報酬」）にあてはめて考えるために，以下のように（表②），便宜上，考える（中位数をとっている）。
＊事業所規模の人数を，源泉徴収義務者が年末調整を行う必要があるものの人数とし，従業員人数として表示している。

表②

源泉徴収義務者数	従業員人数（人）
N1	10人まで
N2	20人
N3	65人
N4	300人
N5	750人
N6	3,000人
N7	5,000人

2.1.3　税理士報酬規定（年末調整関係書類作成報酬額（『税理士報酬規定』における「税務書類の作成報酬」の「その他の書類」，参照）より，以下のように計算を行う。

＊規定より（規定では，一事案20,000円，10件（人）を超えたら1件増すごとに2,000円を上乗せしていくとされている），従業員が10人までの源泉徴収義務者からは，20,000円の報酬，従業員が10人を超える源泉徴収義務者からは，従業員1人増えるごとに，2,000円加算。

＊例えば，従業員数20人である源泉徴収義務者についての年末調整事務に関する納税協力費の合計額は，次の通りに計算する。報酬は10人までの20,000円プラス残り10人に対して10×2,000円の金額ということになる。20,000円＋2,000円×10＝2,000円×10＋2,000円×10＝20×2,000円となる。これに従業員数20人の源泉徴収義務者数（N2）を掛けて，N2×20×2,000円とする。上記表①，表②の事業所規模別源泉徴収義務者ごとに，以下同様に計算する。

2.1.4　上記，2.1.3で算出した事業所規模別源泉徴収義務者ごとの納税協力費の値を合計し，源泉徴収義務者が年末調整事務に関して負担する納税協力費とする。

2.2 事業所得納税者の納税協力費の算出

→申告書など,「税務書類の作成報酬」を納税協力費とみなす。

2.2.1 『国税庁統計年報書』における「事業所得納税者の所得種類別表」を参考にして,合計所得階級別の人数を事業所得について調べる[1]。

2.2.2 税理士報酬規定(『税理士報酬規定』における「税務書類の作成報酬」)にあてはめて計算を行うために,便宜上,200万円未満,300万円未満,500万円未満,1,000万円未満,2,000万円未満,3,000万円未満,5,000万円未満,5,000万円以上の8つに分類して考える。

2.2.3 税理士報酬規定(『税理士報酬規定』における「税務書類の作成報酬」)より,税務代理報酬(所得税)の30%相当額とされているので,これを参考に,報酬額を以下のように考える。

『税理士報酬規定』によると,税務代理報酬について総所得金額基準により,例えば,総所得金額200万円未満の場合6万円,300万円未満の場合7万5千円,500万円未満の場合10万円,1,000万円未満の場合17万円,2,000万円未満の場合25万5千円,3,000万円未満の場合30万円,5,000万円未満の場合40万円,5,000万円超の場合45万円とされている。税務書類作成報酬は税務代理報酬の30%相当額とされるため,税務代理報酬の30%相当額を総所得金額基準区分ごとに計算する。

2.2.4 上記2.2.1,2.2.2,2.2.3より,合計所得階級別で見た(8分類で見た)事業所得納税者数計に,総所得金額基準区分ごとの税務書類作成報酬額を掛けた値を算出し,その8分類における各金額の合計額の値を計算し事業所得納税者の納税協力費とする。

[付録]納税協力費算定に関する資料　239

③　第6章における納税協力費

　『税理士報酬規定』を参考として用いながら，1人当たりで見た納税協力費について金銭的コスト，時間的コスト，心理的コストに分類して算出し，1人当たり納税協力費に源泉所得税の場合は源泉徴収義務者数（給与所得）を掛けて，また申告所得税の場合は申告納税者数（事業所得）を掛けて源泉所得税，申告所得税それぞれの納税協力費合計を算出している。詳細については本書（第6章）の説明を参照。

④　第7章における納税協力費

　『税理士報酬規定』を参考にしながら，簡易申告，一般申告について納税協力費を計算し，さらに還付申告の納税協力費についても計算したうえで，消費税の納税協力費を算出している。測定方法の詳細については本文の説明（第7章）を参考。

⑤　第8章における納税協力費

5.1　普通徴収住民税に関する納税協力費の算出

　『税理士報酬規定』を参考にしながら，（国税の）申告所得税の納税協力費の30％相当額を普通徴収住民税の納税協力費として考える。納税協力費測定方法の詳細については本文の説明（第8章）を参考。申告所得税（国税）の納税協力費測定方法については上記，2.2における測定方法を参考。なお，第8章では（事業所得納税者だけでなく）申告所得納税者数全体で見て計算している。

5.2　特別徴収住民税に関する納税協力費の算出

　『税理士報酬規定』を参考にしながら，普通徴収住民税の場合と同様に，所

得税，源泉所得（給与所得）税の納税協力費の30％相当額を特別徴収住民税の納税協力費として考える。給与支払報告書を従業員居住の各市町村へ提出する必要があるため，『税理士報酬規定』を参考にして，納税協力費を考える。納税協力費測定方法の詳細については本文の説明（第8章）を参考。所得税，源泉所得税（給与所得）の納税協力費測定方法については上記，2.1における測定方法を参考。

6 第10章における納税協力費

『税理士報酬規定』を参考にしながら，申告所得税（事業所得），源泉所得税（給与所得），消費税について納税協力費を算出している。測定方法の詳細については本書（第10章）に詳しく述べているので参考。（なお第6章における申告所得税協力費とは，納税協力費の測定方法が少し違うため大きさが少し違う。本文を参考。）

【注】

1 事業所得は，（当時，）営業所得，農業所得，その他事業所得に分かれて示されている。例えば，営業所得と農業所得では，納税に関する事務の内容について性質が異なると考えられるが，いずれの事業所得についても，事業所得として同様に考えている。

【参考文献】

Bailey, S. J. (2002), *Public Sector Economics: Theory, Policy and Practice, Second edition*, Palgrave.
Connolly, S. and Munro (1999), A., *Economics of the Public Sector*, Pearson Education, Financial Times Prentice Hall
Dowell, S. (1884), *A History of Taxation and Taxes in England from the earliest times to the present day*, Longmans, Green, Vol. II, III.
Foreman, A. and G. Mowles (2003), *Tax Handbook 2003-04*, Pearson Education, Zurich.
Frampton, D. (1993), *Practical Tax Administration*, Fiscal Publications, Bath
Hope-Jones, A. (1939), *Income Tax in the Napoleonic Wars*, Cambridge University Press.
Ishi, H. (1993), *The Japanese Tax System, Second edition*, Clarendon Press Oxford, Oxford University Press.
James, S. and C. Nobes (2003), *The Economics of Taxation, 7th edition, updated 2003/2004*, Pearson Education, Financial Times Prentice Hall.
Kay, J.A. and M.A. King (1983), *The British Tax System, third edition*, Oxford University Press.
Kay, J. A. and M. A. King (1990), *The British Tax System, 5th edition*, Oxford University Press.
Kennedy, W. (1964), *English Taxation 1640-1799, an essay on policy and opinion*, 1st edition 1913, G. Bell & Sons Ltd., 1913, reprinted by Frank Cass & Co. Ltd., New impression 1964, A. M. Kelley, reprints of economic classics.
Lewis, A. (1982), *The Psychology of Taxation*, Martin Robertson, Oxford.
Lymer, A. and D. Hancock (2003), *Taxation Policy and Practice, 9th edition, 2002/2003*, Thomson Learning.
Melville, A. (2005), *Taxation Finance Act 2004, 10th edition*, Pearson Education, Financial Times Prentice Hall.
Manes, A. (1907), *Die Einkommensteuer in der englischen Finanz-Politik und -Literatur*, Gustav Fischer.
Nightingale, K. (2002), *Taxation Theory and Practice, 4th edition, 2002/2003*, Pearson Education, Financial Times Prentice Hall.
Rowes, P. (2004), *Taxation and self-assessment, incorporating the Finance Act 2003, 22nd edition, 2003*, Thomson Learning.
Sabine, B. E. V. (1966), *A History of Income Tax*, George Allen & Unwin.
Sandford, C. (1973), *Hidden Costs of Taxation*, Institute for Fiscal Studies, Publication No.6.
Sandford, C., M. Godwin, P. Hardwick and M.Butterworth (1981), *Costs and Benefits of VAT*, Heinemann Educational Books.
Sandford, C., M. Godwin and P. Hardwick (1989), *Administrative and Compliance Costs of Taxation*, Fiscal Publications, Bath.
Sandford, C. (1989), " (General Report,) Administrative and Compliance Costs of

Taxation " *Cahiers de droit fiscal international*, International Fiscal Association (IFA), Rotterdam.

Sandford, C. (1992), *Economics of Public Finance, 4th edition, An Economic Analysis of Government Expenditure and Revenue in the United Kingdom*, Pergamon Press.

Sandford, C. (1993), *Successful Tax Reform: Lessons from an Analysis of Tax Reform in Six Countries*, Fiscal Publications, Bath.

Sandford, C., (ed.) (1995a), *Tax Compliance Costs Measurement and Policy*, Fiscal Publications, Bath.

Sandford, C., (ed.) (1995b), *More Key Issues in Tax Reform*, Fiscal Publication, Bath.

Sandford, C. (ed.) (1998), *Further Key Issues in Tax Reform*, Fiscal Publications, Bath.

Sandford, C. (2000), *Why Tax Systems Differ: A Comparative Study of the Political Economy of Taxation*, Fiscal Publications, Bath.

Saunders, G., D. Smailes and G. Antczak (2002), *Tolley's Income Tax 2002-03, 87th edition*, LexisNexis Butterworths Tolley.

Schmölders, G. (1970), *Finanzpolitik,Dritte,neu überarbeitete Auflage*, Springer-Verlag, Berlin · Heidelberg · New York.

Seligman, E. R. A. (1914), *The Income Tax , A Study of the History, Theory, and Practice of Income Taxation at Home and Abroad, 2nd edition*, revised and enlarged with a new chapter, The Macmillan Company.

Shoup Mission (1949), *Report on Japanese Taxation*, General HeadQuarters Supreme Commander for the allied Powers, Tokyo, Japan. September 1949 Appendix Volume IV.

Smith, A. (1976), *Inquiry into the Nature and Causes of the Wealth of Nations*, edited by Edwin Cannan, with a new Preface by George J. Stigler, Two Volumes in One, The University of Chicago Press.

Tiley, J. (2000), *Revenue Law, 4th edition*, Hart Publishing.

Torgler, B. (2007), *Tax Compliance and Tax Morale; A Theoretical and Empirical Analysis*, Edward Elgar Publishing Limited.

Yamamoto, E. (1983), "Characteristics of Japanese Income Taxation and Role of Withholding Tax System", *Kwansei Gakuin University*.

Board of Inland Revenue, *Annual Report for the year ending 31st March*, The Stationery Office, HMSO, (Annual).

HM Customs and Excise, *Annual Report and Accounts*, The Stationery Office, HMSO, (Annual).

HM Treasury, *PUBLIC EXPENDITURE Statistical Analyses*, The Stationery Office, HMSO, (Annual).

HM Treasury (2004), *Review of the Revenue Departments (Financing Britain's Future)*, The Stationery Office, HMSO, 2004.

National Statistics, Board of Inland Revenue (2000), *Inland Revenue Statistics 2000*, A National Statistics publication, The Stationery Office, HMSO.

池上岳彦（2004）『分権化と地方財政』岩波書店。
池上岳彦編著（2004）『【自治体改革第7巻】地方税制改革』ぎょうせい。
池田篤彦編（2001）『図説日本の税制（平成13年度版）』財経詳報社。
石弘光（1994）『税金の論理』講談社現代新書。
石弘光（2009）『消費税の政治経済学』日本経済新聞出版社。
伊藤忠通（1988）「付加価値税の納税協力費」『租税研究』465号（1988年7月）。
井藤半彌著・木村元一補訂（1980）『財政学（十三訂版）』千倉書房，（1983年3刷）。
稲垣光隆編（2002）『図説日本の税制（平成14年度版）』財経詳報社。
牛嶋正（2004）『租税原理―課題と改革』有斐閣。
碓井光明著（2001）『要説　地方税のしくみと法』学陽書房。
宇波弘貴編著（2013）『図説日本の税制〈平成25年度版〉』財経詳報社。
梅屋真一郎（2015）『マイナンバー国家改造計画　12ケタの番号が日本社会を変える』日経BP社。
浦東久男（1998）「地方税の課税における都道府県と市町村との関係」『総合税制研究』No.6。
大蔵省（財務省）『財政金融統計月報（租税特集）』（各年分）。
大蔵省主税局（1975）『欧米税制調査報告書集』。
大蔵省昭和財政史編集室編（1957）『昭和財政史第五巻―租税―』東洋経済新報社。
大蔵省財政史室編（1977）『昭和財政史―終戦から講和まで―第7巻　租税（1）』東洋経済新報社，（1987年第3刷発行）。
大蔵財務協会（2013）『財務省職員録〈平成25年版〉』大蔵財務協会。
大蔵財務協会（2014）『財務省職員録〈平成26年版〉』大蔵財務協会。
大阪市財政局税務部『大阪市税務統計』（平成18年度）各年度版。
大住莊四郎（2002）『パブリック・マネジメント―戦略行政への理論と実践』日本評論社。
大槻則一・牧俊朗共著（1992）『ザ・国税庁』ぎょうせい，（3版）。
尾崎護（1988）「消費税をめぐる諸問題―特に消費税の転嫁とコンプライアンス・コストの問題について」『租税研究』470号（1988年12月）。
尾崎譲（1993）『G7の税制―税制の国際的潮流はどうなっているのか―』ダイヤモンド社。
貝塚啓明（2003）『財政学〔第3版〕』東京大学出版会。
勝正憲（1938）『日本税制改革史』千倉書房。
勝正憲（1940）『所得税及法人税』千倉書房。
金子宏（1991）「わが国の所得税と源泉徴収制度―その意義と沿革―」『日税研論集』第15号。
金子宏編著（2001）『21世紀を支える税制の論理　第2巻　所得税の理論と課題〔二訂版〕』税務経理協会。
金子宏（2003）『租税法〔第9版〕』弘文堂。
金子宏（2007），『租税法〔第12版〕』弘文堂。
金子宏・清永敬次・宮谷俊胤・畠山武道（2000），『税法入門［第4版］』有斐閣（有斐閣新書）。
北林隆明編（2013）『図解消費税（平成25年版）』大蔵財務協会。
北村裕明（1998）『現代イギリス地方税改革論』日本経済評論社。
木下和夫著（1992）『税制調査会―戦後税制改革の軌跡―』税務経理協会。
近畿税理士会（昭和55年10月制定，平成6年6月一部改正）『税理士報酬規定』（各年分）。
国税庁編（1990）『国税庁四十年史』大蔵財務協会。

国税庁編（2000）『国税庁五十年史』大蔵財務協会。
国税庁編『国税庁統計年報書』大蔵財務協会，各年度版。
国税庁『平成19年分　年末調整のしかた』。
国税庁『平成19年分　所得税の確定申告の手引き』。
国税庁『平成20年分　年末調整のしかた』。
国税庁『年末調整のしかた』（各年分）。
国税庁企画課編『税務統計から見た申告所得税の実態』各年分。
小西砂千夫（1997）「日本の租税意識と税制改革」『産研論集』24号。
小西砂千夫（2007）『地方財政改革の政治経済学―相互扶助の精神を生かした制度設計』有斐閣。
小林長谷雄・雪岡重喜・田口卯一共著（1941）『源泉課税』賢文館。
小林長谷雄・雪岡重喜・田口卯一共著（1942）『源泉課税と其の實務』大東書館。
小林幸夫編（2010）『図解消費税（平成22年版）』大蔵財務協会。
小山廣和（2003）『税財政と憲法―イギリス近・現代の点描―』有信堂高文社。
財政調査会編『国の予算』はせ書房，各年分。
齊藤愼・林宜嗣・中井英雄共著（1991）『地方財政論』新世社。
齋藤貴男（1996）『源泉徴収と年末調整』中公新書。
財務省（大蔵省）主計局編集『各省各庁歳出決算報告書』財務省印刷局，各年度版。
財務省　財務総合政策研究所編『財政金融統計月報　租税特集』第624号，2004。
サイモン・ジェームズ，クリストファー・ノブズ著，日向寺純雄監訳，菊池裕子，榊原正幸訳（1996）『課税の経済学』勁草書房。
佐藤慎一編（2004）『図説日本の税制（平成16年度版）』財経詳報社。
佐藤進（1965）『近代税制の成立過程』東京大学出版会，（復刊第2刷，1982）。
佐藤進（1970）『現代税制論』日本評論社。
佐藤進（1979）『日本の税金』東京大学出版会。
佐藤進（1990）『日本の租税文化』ぎょうせい。
佐藤進・林健久編（1994）『地方財政読本（第4版）』東洋経済新報社。
佐藤進・宮島洋共著（1990）『戦後税制史（第二増補版）』税務経理協会。
シュメルダーズ，G. 山口忠男・中村英雄・里中恆志・平井源治訳（1981）『財政政策〔第3版〕』中央大学出版部。
J.A. ケイ／M.A. キング，田近栄治訳（1989）『現代税制の経済学　イギリスの現状と改革』東洋経済新報社。
市町村税務研究会編（2006）『平成18年度版要説住民税』ぎょうせい。
市町村税務研究会編（2008）『平成20年度版要説住民税』ぎょうせい。
自治省税務局長監修（1998）『やさしい地方税（平成10年度版）』大蔵財務協会。
自治省税務局長編（1992）『地方税の現状とその運営の実態』地方財務協会。
島恭彦（1963）『財政学概論』岩波書店，（1966年第4刷発行）。
シリクンショト・スメト（1998）『源泉徴収所得税法の研究―日本とタイの比較を中心として―』成文堂。
神野直彦（1998）『システム改革の政治経済学』岩波書店。
神野直彦・金子勝編著（1998）『地方に税源を』東洋経済新報社。
神野直彦（2004）『地域再生の経済学』（中公新書），中央公論新社（8版）。

神野直彦編（2004）『【自治体改革第8巻】地方財政改革』ぎょうせい。
神野直彦／澤井安勇編著（2004）『ソーシャル・ガバナンス』東洋経済新報社。
神野直彦編著（2006）『三位一体改革と地方税財政－到達点と今後の課題―』学陽書房。
『図説日本の税制』財経詳報社，各年度版。
住澤整編著（2014）『図説日本の税制（平成26年度版）』財経詳報社。
税経編『各国税局・管内税務署職員配属便覧』各年度版。
税務大学校研究部編（1996）『税務署の創設と税務行政の100年』大蔵財務協会。
税制調査会編（1986）『税制の抜本的見直しについての答申（昭和61年10月）』。
税制調査会編（1994）『今後の税制のあり方についての答申（平成5年11月）』大蔵省印刷局。
代田純（1999）『現代イギリス財政論』勁草書房。
田口和夫（1978）「租税心理学について」『税務大学論叢』12。
武田昌輔（1983）『近代税制の沿革―所得税・法人税を中心として―』（日本税理士会連合会編集）（現代税務全集39），ぎょうせい。
田村政志・桑原隆広編集（2003）『〔新時代の地方自治⑤〕分権時代の地方税務行政』ぎょうせい。
地方財政調査研究会編集『市町村別決算状況調』地方財務協会，各年度版。
地方財政調査研究会編集『地方財政統計年報』地方財務協会，各年版。
地方財務協会編集（2003）『地方税制の現状とその運営の実態』地方財務協会。
地方財務協会編集（2008）『地方税制の現状とその運営の実態』地方財務協会。
地方税制度研究会編（2006）『平成18年度版やさしい地方税』大蔵財務協会。
東京大学社会科学研究所編著（1974）『戦後改革7 経済改革』東京大学出版会，（1981年5刷）。
富岡幸雄（1992）『背信の税制』講談社。
内閣府（内閣官房）「マイナンバー―社会保障・税番号制度概要資料」（平成27年8月版）。
日本租税研究協会編『税制参考資料集』各年度版。
根岸欣司（2006）『現代の租税』白桃書房。
野上敏行（1998）『知っておきたい住民税の常識（第2版）』税務経理協会。
橋本恭之（2002）「イギリスの税制改革」『総合税制研究』No.10，（財）納税協会連合会。
橋本徹（1986）「税制の基本的方向[1]　地方税・地方財政」『日税研論集』vol.1。
橋本徹（1988）『現代の地方財政』東洋経済新報社。
橋本徹編著（1995）『地方税の理論と課題』税務経理協会。
橋本徹・牛嶋正・米原淳七郎・本間正明編（1991）『地方財政』有斐閣，（1993年初版第2刷発行）。
土生芳人（1963）「ナポレオン戦争期のイギリス所得税」『法経学会雑誌』（岡山大学）12巻4号。
林健久・貝塚啓明編（1973）『日本の財政〔東京大学産業経済研究叢書〕』東京大学出版会。
林健久編（2003）『地方財政読本（第5版）』東洋経済新報社。
林榮夫（1958）『戦後日本の租税構造』有斐閣。
林宏昭（2001）『これからの地方税システム』中央経済社。
林宜嗣（2006）『新・地方分権の経済学』日本評論社。
平井源治（1977）「租税心理学概論―E．ショーラーの所説を中心に―」『産業経済研究』第18巻第2号。

平井源治（1987）「租税負担と租税意識」『産業経済研究』第28巻第1号。
平井源治（2000）「所得税の課税原則―公平性，効率性そして納税者心理―」『明海大学経済学論集』第12巻第1号。
平井源治（2003）「日本人の財政意識」『明海大学経済学論集』第15巻第1号。
平岡和久・森裕之（2005）『検証「三位一体の改革」―自治体から問う地方財政改革』自治体研究社。
平田敬一郎・忠佐市・泉美之松編（1979）『昭和税制の回顧と展望〈上巻〉〈下巻〉』大蔵財務協会。
日向寺純雄（1990）「新税と租税心理学」『青山経済論集』第42巻第1・2号。
日向寺純雄（1987）「納税者心理について」『租税研究』451。
福田幸弘監修・シャウプ税制研究会編（1985）『シャウプの税制勧告』霞出版社。
藤田晴（1992）『所得税の基礎理論』中央経済社。
藤田武夫（1976）『現代日本地方財政史（上巻）―現代地方財政の基本構造の形成』日本評論社。
藤田武夫（1978）『現代日本地方財政史（中巻）―高度成長と地方財政の再編成』日本評論社。
星野次彦編著（2007）『図説日本の税制（平成19年度版）』財経詳報社。
本間正明編著（1994）『ゼミナール現代財政入門』日本経済新聞社（2版）。
前田高志（1995）「地方分権と地方税制；地方税の現状と課題」『地方分権をめざした地方税のあり方に関する研究』日本租税研究協会。
松隈秀雄監修・日本租税研究協会（1959）『戦後日本の税制』東洋経済新報社。
丸山高満（1971）「租税意識とその形成についての一考察（1）」『自治研究』第47巻第11号。
丸山高満（1974）「租税意識とその形成についての一考察（19）」『自治研究』第50巻第3号。
水野勝（2006）『税制改正五十年―回顧と展望―』大蔵財務協会。
宮内豊編（2006）『図説　日本の税制（平成18年度版）』財経詳報社。
宮島洋（1986）『租税論の展開と日本の税制』日本評論社。
宮島洋（2009）「消費税改革の諸課題」『税経通信』第64巻第15号（通巻917号，2009年12月号）。
宮谷俊胤（1991）「源泉徴収制度の概要と問題点」『日税研論集』第15号。
持田信樹（2004）『地方分権の財政学―原点からの再構築』東京大学出版会。
森田朗・大西隆・植田和弘・神野直彦・苅谷剛彦・大沢真理編（2003）『講座　新しい自治体の設計1　分権と自治のデザイン　ガバナンスの公共空間』有斐閣。
森信茂樹・河本敏夫（2012）『マイナンバー　社会保障・税番号制度―課題と展望』（KINZAIバリュー叢書）金融財政事情研究会。
森信茂樹（2015）『税で日本はよみがえる―成長力を高める改革―』日本経済新聞出版社。
八木晃二編著（2013）『マイナンバー法のすべて』東洋経済新報社。
矢野浩一郎（1997）『地方税財政制度（第5次改訂版）』学陽書房。
矢野浩一郎（2003）『地方税財政制度（第7次改訂版）』学陽書房。
山本栄一（1975）『租税政策の理論（関西学院大学経済学研究叢書16）』有斐閣。
山本栄一（1989）『都市の財政負担』有斐閣。
横山直子（1998）「わが国における所得税納税システムの問題点―徴税コストと徴税行政の公平性―」『関西学院経済学研究』第29号。
横山直子（1999）「所得課税に関する国と地方の徴税コスト比較」『経済情報学論集』第13号。

横山直子（2000）「源泉徴収・年末調整システムにおける徴税コスト」『経済情報学論集』第14号。
横山直子（2002）「わが国における所得税納税システムの特徴」『経済情報学論集』第16号。
横山直子（2003）「わが国における申告納税制度と源泉徴収制度」『経済情報学論集』第17号。
横山直子（2005a）「納税システムにおける納税協力費―納税協力費の根拠と位置づけに関連して―」『経済情報学論集』第20号。
横山直子（2005b）「イギリスの所得税における PAYE システムの特徴」『経済情報学論集』第21号。
横山直子（2007a）「地方財政の改革と徴税システムの方向性」『経済情報学論集』第23号。
横山直子（2007b）「地方の行政サービスの改革をめぐる視点と地方税のゆくえ」『経済情報学論集』第24号。
横山直子（2008a）「地方財政における効率性と納税意識」『経済情報学論集』第26号。
横山直子（2008b）「納税協力費と納税意識」『経済学論究』第62巻第1号（関西学院大学経済学部研究会発行）。
横山直子（2009）「所得税と住民税に関する徴税制度・納税制度」『経済情報学論集』第28号。
横山直子（2010）「所得税に関する納税協力費の特徴」『経済情報学論集』第29号。
横山直子（2011a）「わが国における徴税費・納税協力費の測定と特徴」『経済情報学論集』第30号。
横山直子（2011b）「わが国における消費税の納税協力費の特徴」『経済情報学論集』第31号。
横山直子（2011c）「住民税の前年・現年課税をめぐる問題と納税協力費」『経済情報学論集』第32号。
横山直子（2011d）「電子徴税システムと納税協力費に関する研究」『租税研究』No.740。
横山直子（2012）「わが国における所得税・消費税の納税意識と納税協力費の特徴」2012第69回日本財政学会報告論文。
横山直子（2013）「所得税と消費税に関する納税協力費比較」『大阪産業大学経済論集』第14巻第2号。
横山直子（2015）「徴税・納税制度と納税意識に関する研究―所得税・消費税を中心に―」『大阪産業大学経済論集』第16巻第1・2合併号。

索　引

【欧文】

PAYE（Pay-As-You-Earn）…………53
PAYEシステム…… 2, 53, 54, 55, 58, 59, 63, 64, 65, 66, 68, 69, 118, 119

【あ】

青色事業専従者………………………49
青色申告者………………………48, 50
青色申告制度…………………………47
青色申告特別控除………………48, 50
青色申告納税者………………………49
青色申告納税者数……………………48
一元化………………………………153
一時的コスト… 82, 86, 117, 146, 180, 182
一般申告……………… 137, 142, 148, 195
医療費控除……………… 26, 27, 28, 33, 34

【か】

確定申告…8, 24, 26, 27, 31, 33, 34, 42, 50, 101, 111, 178, 182, 210, 214
確定申告書………………… 69, 160, 230
課税期間………… 140, 143, 147, 194, 195
課税期間とベネフィット………………149
課税最低限…………………………160
課税標準………………………………31
簡易課税……………………………142
簡易課税制度………………… 147, 194
簡易申告…… 137, 140, 142, 147, 148, 195
関税……………………………………88
間接税…………………………… 47, 176
還付……………… 27, 60, 62, 66, 138, 196
還付申告……………………………141
基準期間……………………………194
規則的コスト…………………… 82, 86
基礎控除………………………8, 57, 65
寄付金控除……………… 26, 27, 28, 33, 34
客観性・主観性……………… 192, 202
逆進的………………………………204
キャッシュ・フロー…………………55
キャッシュ・フロー・ベネフィット
　　………………………………117
キャッシュ・フロー利益……………84
給与…………………………………100
給与支払報告書………………… 161, 210
給与所得…… 1, 2, 3, 4, 8, 9, 16, 17, 24, 34, 38, 41, 42, 44, 49, 50, 51, 59, 97, 101, 109, 110, 111, 121, 124, 193, 228
給与所得（所得税）………………115
給与所得控除……………………30, 31, 49
給与所得控除額………………………32
給与所得者…… 24, 30, 31, 32, 34, 46, 47, 101, 111, 160, 161, 171, 178, 182, 183, 208, 213, 214, 215, 216, 218, 221
給与所得者数…………………………40
給与所得税……… 19, 21, 45, 107, 108, 110
給与所得税納税者………… 24, 38, 40, 228
給与所得納税者…… 27, 40, 42, 43, 45, 50
給与所得納税者数……………………50
金銭的コスト…68, 78, 81, 93, 116, 120, 121, 122, 124, 125, 127, 130, 131, 136, 154, 172, 173, 179, 187, 192, 193, 194, 195, 231, 232
勤労控除………………………………8

索引

勤労所得 ………… 3, 4, 5, 6, 7, 8, 9, 16, 41
勤労所得（給与所得） ……………99
グロスとネットの納税協力費 ……… 128
グロスの納税協力費 …………… 117, 130
クロヨン問題 ………………… 111
源泉 ………………………… 8
源泉課税 …… 4, 5, 6, 7, 8, 9, 16, 41, 42, 99, 100, 112
源泉課税制度 ……………… 54, 55
源泉所得 ………………… 17, 24, 38, 44
源泉所得（給与所得）税 …………… 155
源泉所得（給与所得）税納税者数 … 154
源泉所得税 … 17, 18, 19, 20, 21, 22, 23, 24, 37, 37, 38, 40, 46, 46, 50, 97, 98, 105, 107, 108, 109, 115, 121, 124, 131, 153, 155, 156, 159, 160, 161, 162, 164, 190, 191, 192, 193, 194, 196, 200, 202, 204, 210
源泉所得税（給与所得）… 130, 156, 196
源泉所得税額 ………………… 170
源泉所得税納税者 … 18, 19, 21, 22, 23, 24, 38, 187, 188, 192, 202
源泉所得税納税者数 ……………… 33, 37
源泉所得納税者数 ………………16
源泉徴収 … 4, 7, 8, 9, 16, 24, 31, 33, 37, 42, 47, 53, 62, 66, 68, 99, 100, 102, 106, 111, 112, 117, 161, 170, 177, 178, 180, 183, 194, 211, 212, 213, 215, 216
源泉徴収・年末調整 … 2, 3, 33, 34, 53, 54, 63, 65, 68, 69, 76, 80, 93, 97
源泉徴収・年末調整制度 …………… 227
源泉徴収表 ………………… 37, 101, 111
源泉徴収義務者 …… 17, 21, 33, 37, 47, 50, 53, 68, 79, 93, 108, 110, 111, 121, 124, 127, 128, 155, 156, 161, 170, 172, 173, 175, 176, 177, 178, 180, 181, 183, 187, 188, 192, 194, 202, 209, 214, 216, 228
源泉徴収義務者数 ………………… 22, 23
源泉徴収所得税 …… 115, 116, 119, 121, 124, 127, 128, 131, 132, 170, 175, 177, 179, 193, 217, 220, 221, 222
源泉徴収所得税が存在 …………… 120
源泉徴収所得税納税者 …………… 128
源泉徴収制度 … 1, 3, 16, 28, 33, 37, 46, 47, 50, 59, 97, 98, 100, 111, 112
源泉徴収納税者 … 171, 172, 173, 175, 176, 177, 178, 180, 182
源泉徴収納税者自身 …………… 179
源泉徴収納税者の納税意識 …… 181, 183
源泉分離課税制度 ………………… 101
源泉分離選択課税 ………………… 101
源泉分離選択課税制度 …………… 101
現年課税 …… 164, 213, 214, 215, 217, 218, 221, 224
広義の徴税コスト …… 107, 110, 157, 158
広義の徴税費 … 2, 3, 23, 37, 77, 82, 85, 87, 93, 107, 109, 110, 153, 155, 156, 157, 163, 164, 165, 203, 228
控除 …………………………… 27, 63
公的年金 …………………………30, 102
公平 ………………………………28
公平感 ……………………………31
効率性 ………………………… 223
効率性と納税意識 …………… 207
コーディング・イン ……………66
国税 …………………………… 223
個人住民税 ………………… 160, 208
個人住民税所得割 ……………… 152
雇用所得 ……………………………57

【さ】

財政心理学……………………………… 191
雑所得…………………………………… 102
雑損控除…………………26, 27, 28, 33, 34
山林所得………………………………… 4
シェデュール………………………… 55, 57
シェデュールシステム……………… 56, 57
時間（コスト）………………………… 131
時間的コスト…… 68, 78, 79, 81, 93, 116, 120, 121, 122, 124, 125, 127, 130, 131, 131, 136, 154, 172, 173, 174, 179, 187, 192, 193, 194, 195, 231, 232
事業所得…… 4, 38, 49, 50, 110, 111, 122, 124, 125
事業所得（所得税）…………………… 115
事業所得者………………………… 32, 38
事業所得税…………………… 107, 108
事業所得税納税者……………………… 109
事業所得納税者………………………… 193
事業専従者給与…………………… 48, 50
資産（相続・贈与，地価）税……… 97
資産（相続・贈与税）税……………… 104
資産税…………………………………… 106
市町村民税……………………………… 153
実額控除………………… 30, 32, 42, 46
支払調書………………………… 37, 111
支払調書提出制度………………………47
シャウプ勧告…47, 100, 101, 102, 111, 228
シャウプ税制…………………………… 101
社会保険料控除……………………… 26
重税感………………… 38, 42, 43, 50, 51
住宅取得等特別控除………………… 28
住民税…118, 152, 153, 154, 155, 156, 157, 158, 159, 161, 163, 164, 165, 208, 212, 213, 214, 215, 216, 217, 218, 220, 222, 224
住民税の負担………………………… 223
住民税の負担感……………………… 211
酒税………………………… 97, 104, 106
純納税協力費……………………………83
譲渡益…………………………………… 102
譲渡所得………………………………… 112
消費税97, 104, 105, 106, 118, 135, 136, 137, 139, 147, 149, 187, 188, 190, 191, 192, 194, 196, 199, 200, 202, 204
消費税簡易課税制度選択届出書…… 194
消費税納税義務者……………… 187, 188, 192
消費税の納税協力費のベネフィットとロス…………………………………… 137
消費税負担者………… 187, 188, 192, 202
所得課税………………………… 2, 3, 152, 227
所得控除………………………………… 26, 28
所得税…… 1, 2, 3, 4, 5, 8, 9, 16, 26, 32, 38, 42, 46, 50, 53, 54, 55, 56, 57, 69, 88, 99, 106, 111, 118, 119, 120, 130, 131, 132, 152, 153, 155, 156, 159, 163, 164, 165, 170, 172, 173, 177, 183, 187, 188, 191, 192, 202, 204, 208, 209, 210, 212, 214, 215, 216, 217, 218, 227
所得税額…………………………………19
所得税制度……………………………… 170
所得税と住民税に関する徴税制度・納税制度……………………………… 153
所得税納税システム……2, 16, 17, 21, 33, 37, 53, 76, 80, 97, 98
所得税納税者………………………… 183
所得税負担感……………………………47

所得税法	98
申告	6, 24, 28, 212, 215
申告書	79, 161, 164, 178, 232
申告所得	24, 38
申告所得税	17, 20, 21, 22, 37, 38, 39, 40, 44, 45, 46, 50, 97, 98, 104, 106, 107, 115, 122, 124, 125, 131, 153, 155, 156, 159, 160, 161, 164, 190, 191, 192, 193, 196, 199, 200, 204, 215, 217
申告所得税(事業所得)	130, 196
申告所得税額	170
申告所得税納税者	18, 19, 21, 23, 33, 122, 127, 187, 188, 192, 202
申告所得税納税者数	24, 154
申告所得納税者	50, 125, 172
申告所得納税者数	37, 124
申告と源泉	202
申告納税	4, 7, 8, 30, 33, 38, 97, 106, 177, 217, 224
申告納税者	27, 39, 45, 48, 170, 173, 175, 176, 177, 178, 183
申告納税所得税	115, 116, 119, 120, 121, 220, 221, 222
申告納税制度	7, 8, 9, 16, 37, 47
申告納税方式	98
申告納付	147
心理的コスト	68, 78, 79, 81, 84, 93, 116, 120, 121, 122, 124, 125, 127, 128, 130, 131, 136, 154, 172, 173, 174, 179, 183, 187, 192, 193, 194, 195, 204, 228, 231, 232
税額	31
税額控除	26, 28
税源移譲	207, 208, 223
税制改革	3, 4, 7, 8, 9
税制改正	7
税制調査会答申	28
税制の簡素化	81
税の負担感	24, 47, 202
税負担	26, 191
税負担額	211, 223
税務行政費	46
生命保険料控除	26, 27, 28, 33
税理士報酬規定	109, 119, 121, 122, 127, 137, 154, 155, 156, 192, 193, 195
専従者給与	49, 50
前年課税	213
前年課税方式	160
総合課税制度	16
総合所得税	4, 5, 7, 9, 16, 41, 99
総合累進所得税	37, 42, 100, 111, 112
総納税協力費	83
租税意識	191
租税負担	6
損害保険料控除	27, 28, 33

【た】

退職給与金等(退職所得)	99
退職所得	4, 6, 16
タックス・コード	59, 63, 64, 66
担税力	112
担税能力	26
地方財政における効率性	119
地方税	223
超過累進税率	4, 7, 16, 99
徴収義務者	3
徴収交付金	6
徴税	4, 229

徴税・納税システム……………… 1, 2, 3
徴税・納税制度……3, 135, 187, 188, 191, 192, 202, 204, 227, 228
徴税一元化…160, 161, 162, 163, 164, 165, 214, 215, 216, 217, 218, 220, 221, 222, 224
徴税行政…………………… 207, 211, 218
徴税行政の公平性……………1, 3, 97, 207
徴税行政の効率性…… 208, 210, 218, 224
徴税効率…………………………3, 53, 76, 97
徴税コスト…21, 22, 33, 37, 46, 50, 88, 92, 97, 98, 102, 103, 105, 106, 110, 111, 153, 157, 158, 209, 210, 218, 221, 222, 224
徴税システム………………… 208, 221, 223
徴税制度………………… 152, 159, 160, 165
徴税と納税………………………………… 1
徴税の一元化………………… 212, 214
徴税の一元化システム……………… 212
徴税の効率性………………………1, 223
徴税費… 1, 2, 3, 23, 33, 37, 42, 50, 76, 78, 81, 82, 87, 93, 97, 99, 102, 103, 107, 108, 109, 115, 118, 152, 153, 154, 155, 156, 157, 164, 165, 170, 171, 187, 188, 190, 191, 192, 200, 202, 203, 204, 228, 229, 230, 232
徴税費（コスト）………………… 53, 87
徴税費（徴税コスト）…………77, 82, 85
徴税費用…………………………………47
徴税方法……47, 192, 202, 207, 212, 217
帳簿……………………………48, 49, 51
帳簿方式…………………………… 147
直接税……………………………… 103
定期的コスト………… 117, 146, 181, 182
道府県民税……………………… 153

特定支出控除………………… 31, 32, 101
特定支出控除制度…………17, 34, 46, 111
特別徴収……152, 153, 154, 155, 156, 157, 159, 164, 209, 212, 213, 214, 215, 216, 217
特別徴収義務者… 164, 210, 214, 215, 221
特別徴収住民税…153, 155, 157, 159, 160, 162, 164, 220, 221, 222
特別徴収住民税納税協力費………… 155
特別徴収納税者……………………… 213

【な】

ネットの納税協力費…117, 130, 137, 138, 140, 143, 145, 149, 196, 200
ネットのベネフィット…………… 130, 196
年末調整…7, 24, 28, 33, 34, 42, 63, 66, 67, 68, 70, 100, 108, 109, 110, 111, 160, 164, 178, 222, 228
年末調整事務………………… 121, 209
年末調整制度… 1, 8, 9, 16, 28, 34, 46, 97, 101, 170, 227, 228
年末調整の制度……………………42, 100
納税……………………………………… 4
納税意識… 1, 3, 24, 31, 47, 119, 170, 171, 175, 176, 177, 178, 179, 180, 182, 184, 187, 191, 192, 202, 204, 208, 211, 213, 214, 215, 216, 217, 218, 223, 224, 228, 229, 230, 231, 232
納税義務者……………………… 6, 202
納税協力コスト… 77, 139, 149, 196, 199, 209, 210, 218, 221, 222, 224
納税協力費… 1, 2, 3, 6, 17, 21, 22, 23, 24, 33, 37, 50, 66, 68, 70, 76, 77, 78, 79, 80, 81, 85, 87, 93, 107, 108, 109, 111, 115,

索　引

116, 117, 118, 119, 120, 121, 124, 127,
128, 130, 131, 132, 135, 136, 137, 139,
140, 142, 142, 146, 147, 148, 149, 152,
154, 155, 156, 159, 164, 165, 170, 171,
173, 175, 176, 177, 178, 180, 182, 183,
184, 187, 192, 193, 194, 196, 200, 202,
203, 204, 228, 229, 230, 231, 232
納税協力費（コスト）…………53, 88, 97
納税協力費に関するベネフィット，
　ロス……………………………… 140
納税協力費に関するベネフィットと
　ロス…………………… 137, 147, 148
納税協力費に関するベネフィット分 195
納税協力費のベネフィット………… 204
納税協力費のベネフィット，ロス… 138
納税協力費のベネフィット分… 128, 132
納税協力費ベネフィット分…… 194, 196
納税協力利益………………………… 84
納税者………………………27, 171, 223
納税者の負担感………………… 47, 214
納税者の利便性………………… 230, 231
納税申告……………………………… 141
納税制度………… 152, 159, 160, 165, 229
納税通知書…………………………… 160
納付書…………………………… 163, 221

【は】

配当・利子所得………………………… 16
配当所得………………………99, 100, 101
配当利子所得………………………… 4, 6
非累積型システム………… 60, 62, 63, 70
賦課……………………………………… 4
賦課課税………………………… 4, 6, 7, 8
付加価値税…………………………… 88

賦課徴収……………………………… 6, 153
負担が逆進的……………………118, 128, 132
負担感…………………… 176, 191, 211, 213
普通徴収… 152, 153, 154, 155, 156, 157, 159
　164, 208, 209, 210, 212, 213, 214, 215,
　216, 217
普通徴収住民税… 153, 155, 157, 159, 160,
　161, 164, 217, 220, 221, 222, 224
不動産所得…………………………………… 4
フリー・ペイ………………………………61
分離課税……………………………………98
分類所得税…………… 4, 5, 6, 7, 9, 16, 41, 99
分類所得税制度………………………………4
ベネフィット…… 66, 129, 130, 140, 143,
　144, 194
ベネフィット分………………… 117, 194
法人税………… 4, 88, 97, 104, 106, 118

【ま】

マイナポータル…………………… 230
マイナンバー制度　131, 229, 230, 231, 232

【や】

予算課税……………………………… 8
予算課税制度………………………… 9

【ら】

利子………………………………… 16, 98
利子所得…………………………… 101
累積型源泉徴収………………………66
累積型システム………… 60, 62, 66, 69
累積的基準………………………… 119
ロス………………………………… 140

〔著者紹介〕

横山　直子（よこやま　なおこ）

関西学院大学商学部卒業。
関西学院大学大学院商学研究科博士課程前期課程修了。
関西学院大学大学院経済学研究科博士課程前期課程修了。
2006年関西学院大学大学院経済学研究科博士課程後期課程修了。
博士（経済学）。
姫路獨協大学経済情報学部教授を経て，現在，大阪産業大学経済学部教授。

主要業績：「わが国における徴税費・納税協力費の測定と特徴」『経済情報学論集』第30号，2011。「電子徴税システムと納税協力費に関する研究」『租税研究』第740号（日本租税研究協会）2011。「所得税と消費税に関する納税協力費比較」『大阪産業大学経済論集』第14巻第2号，2013。「地方税に関する徴税・納税制度と納税協力費に関する研究」（横山直子論文），（奈良県税制調査会著）『望ましい地方税のありかた―奈良県税制調査会からの発信―』（発行：奈良県，発売所：清文社）2014。「徴税・納税制度と納税意識に関する研究―所得税・消費税を中心に―」『大阪産業大学経済論集』第16巻第1・2合併号，2015。

徴税と納税制度の経済分析

2016年2月25日　第1版第1刷発行

著　者　横　山　直　子
発行者　山　本　　　継
発行所　㈱中央経済社
発売元　㈱中央経済グループ
　　　　パブリッシング

〒101-0051　東京都千代田区神田神保町1-31-2
電　話　03(3293)3371(編集代表)
　　　　03(3293)3381(営業代表)
http://www.chuokeizai.co.jp/
印刷／東光整版印刷㈱
製本／誠　製　本㈱

ⓒ 2016
Printed in Japan

＊頁の「欠落」や「順序違い」などがありましたらお取り替えいたしますので発売元までご送付ください。(送料小社負担)

ISBN 978-4-502-17831-3　C3033

JCOPY〈出版者著作権管理機構委託出版物〉本書を無断で複写複製（コピー）することは，著作権法上の例外を除き，禁じられています。本書をコピーされる場合は事前に出版者著作権管理機構（JCOPY）の許諾を受けてください。
JCOPY〈http://www.jcopy.or.jp　eメール：info@jcopy.or.jp　電話：03-3513-6969〉